HISTOIRE ET CRITIQUE DES RÈGLES

SUR LA PREUVE

DE LA FILIATION NATURELLE

HISTOIRE ET CRITIQUE DES RÈGLES

SUR LA PREUVE

DE LA FILIATION NATURELLE

EN DROIT FRANÇAIS ET ÉTRANGER

PAR

PAUL BARET

DOCTEUR EN DROIT, LICENCIÉ ÈS LETTRES
AVOCAT A LA COUR D'APPEL DE PARIS

(Cet ouvrage a obtenu, en 1869, le 1ᵉʳ prix Beaumont)

PARIS

A. MARESCQ AINÉ, LIBRAIRE-ÉDITEUR

17, RUE SOUFFLOT, 17

1872

CORBEIL. — TYP. ET STÉR. DE CRÉTÉ FILS.

À Monsieur LABBÉ

PROFESSEUR A LA FACULTÉ DE DROIT DE PARIS

Son élève respectueux,

PAUL BARET

HISTOIRE ET CRITIQUE DES RÈGLES

SUR LA PREUVE

DE LA FILIATION NATURELLE

EN DROIT FRANÇAIS ET ÉTRANGER

PREMIÈRE PARTIE

ANCIEN DROIT FRANÇAIS

CHAPITRE I

Des dispositions législatives sur la preuve de la filiation naturelle.

Le plus ancien texte de loi que nous connaissions, sur la matière, est une ordonnance rendue par le roi Henri II, au mois de février de l'an 1556. Elle dispose en ces termes : « Que toute femme qui se trouvera convaincue d'avoir celé tant sa grossesse que son enfantement, sans avoir déclaré l'un ou l'autre, et avoir pris de l'un ou de l'autre témoignage suffisant, même de la vie ou de la mort de son enfant lors de l'issue de son ventre, et après se trouve l'enfant avoir été privé, tant du saint sacrement de baptême, que sépulture publique et accoutumée, soit telle femme tenue et réputée d'avoir homicidé son enfant, et pour réparation punie de mort et dernier supplice (1). »

Le but de cette ordonnance était d'empêcher la suppression de part, mais il se trouva qu'elle assurait la constatation de la filiation naturelle, car une déclaration de grossesse ou d'accouchement, faite par la femme, est une reconnaissance d'enfant. La déclaration se faisait, d'après l'usage (car il n'y a rien sur ce point dans l'ordonnance), à Paris devant le commissaire, dans le reste du royaume au greffe ou devant le juge (2). L'officier qui la recevait ne pouvait pas exiger que la femme nommât l'auteur de sa grossesse (3). Enfin la femme était seule tenue de faire la déclaration : « un arrêt du parlement de Dijon, du 20 février 1668, a jugé que le magistrat ne pouvait obliger les matrones d'aller lui déclarer les filles qu'elles avaient accouchées (4). »

L'ordonnance ne fut guère obéie, car elle faisait violence à un sentiment qui est plus fort, chez la femme, que la crainte des châtiments; aussi dut-on la publier à plusieurs reprises, mais ce fut toujours sans succès. Voici ce qu'on lit dans Guyot sur ce point : « Il a été enjoint aux juges royaux et autres, de faire publier cet édit tous les trois mois, au prône des paroisses. Henri III, par un autre édit de 1585, a ordonné aux curés de publier celui de 1556. Une déclaration du 26 février 1708 leur a fait la même injonction, avec ordre d'en certifier les gens du roi, sous

(1) Isambert, *Recueil général des anciennes lois françaises*, t. XIII, p. 472, *in fine.*

(2) Guyot, *Répertoire*, t. V, v° *Grossesse*, p. 600.

(3) Guyot, *ibid.* : « Dufail, liv. III, chap. cccci, cite un arrêt du Parlement de Rennes, du 28 mars 1637, qui fait droit sur la prise à partie de certains juges, qui avaient poursuivi extraordinairement une fille, pour n'avoir pas déclaré le père de son enfant. »

(4) Guyot, *ibid.*, p. 602.

peine d'y être contraints par la saisie de leur temporel. Enfin, entre autres arrêts qui ont renouvelé l'obligation de publier la loi dont il s'agit, le Journal des Audiences en rapporte un du 16 mars 1731 (1). » En désespoir de cause, si l'on peut s'exprimer ainsi, certains tribunaux ordonnèrent de visiter les filles qu'on soupçonnait d'être grosses ; « cette inquisition révoltante a été condamnée par deux arrêts du parlement de Dijon, du 2 mai 1705 et de 1715 (2). »

L'ordonnance de 1556 paraît être le seul texte de loi qui ait trait, encore qu'indirectement, à la preuve de la filiation naturelle. Les règles sur les actes de baptême se rapportent à la filiation légitime, car l'ordonnance de 1667 (3) et celle de 1736 (4) exigent qu'on mette dans l'acte le nom des *père et mère* de l'enfant. Cependant il est probable que l'indication de la mère naturelle faisait preuve ; en effet, on voit dans l'ordonnance de 1579 (5) que les curés, en déposant au greffe le double de leurs registres, devaient affirmer judiciairement qu'ils contenaient la vérité, or aucun texte ne leur défendait de relater le nom de la mère quand ils ignoraient si elle était mariée, ou même quand ils savaient qu'elle ne l'était pas. Du reste, je ne puis citer aucune autorité sur ce point.

(1) *Répertoire*, t. V, v° *Grossesse*, p. 600.

(2) Guyot, *ibid*. Parlement de Paris, 16 décembre 1761 et 2 octobre 1776 ; Conseil d'Artois, 8 novembre 1781.

(3) Ordonnance touchant la réformation de la justice (avril 1667), Isambert, t. XVIII, p. 158.

(4) Déclaration concernant la forme de tenir les registres des baptêmes... (9 avril 1736), Isambert, t. XXI, p. 405.

(5) Ordonnance de Blois (novembre 1579), Isambert, t. XIV, p. 423.

CHAPITRE II

Comme il n'y avait pas d'autres règles sur la preuve de la filiation naturelle, on établissait cette preuve, en pays de droit écrit ou en pays de coutume, par la reconnaissance, par la possession d'état, par le témoignage et les présomptions de l'homme.

PREMIER POINT. — RECONNAISSANCE.

La reconnaissance pouvait se faire en justice ou par acte extrajudiciaire. Il y a un exemple fameux de reconnaissance faite en justice : dans un procès criminel où plaidait l'avocat Gerbier, l'affaire du boucher des Invalides (1783). Extrajudiciairement, on pouvait reconnaître un enfant par acte sous seing privé, ou par acte authentique : par exemple dans l'acte de baptême (2). Un autre acte authentique où la filiation naturelle était parfois constatée, c'est l'acte de mariage ; il faut toutefois remarquer que cette reconnaissance était aussitôt suivie de légitimation : la filiation naturelle était constatée, puisque deux personnes non mariées présentaient un enfant comme issu de leur commerce, mais

---

(1) Le défaut de documents ne permet pas de remonter plus haut que le seizième siècle.

(2) Voy. Fournel, *Traité de la Séduction,* p. 131.

le vice de son origine était aussitôt réparé par la vertu du sacrement : *Tanta vis est matrimonii...* Il y avait une cérémonie symbolique (1) : on plaçait les enfants sous le poêle, et le mariage leur donnait comme une seconde naissance, car, suivant Laurière (2), le poêle représentait le lit conjugal. Selon d'autres, ce serait le giron de l'Église, ou encore un voile jeté par elle sur le passé des époux.

Nous avons supposé, jusqu'à présent, une reconnaissance par acte public ou privé, mais il ne paraît pas qu'on ait jamais exigé, pour la validité de la reconnaissance, qu'elle fût mise en écrit, l'aveu purement verbal était sans doute une preuve suffisante de la filiation.

DEUXIÈME POINT. — POSSESSION D'ÉTAT.

Si l'aveu, même verbal, de la paternité ou de la maternité était une preuve suffisante, à plus forte raison la possession d'état devait-elle prouver la filiation, tant à l'égard du père qu'à l'égard de la mère. C'est en effet ce que nous apprend Bacquet, dans son *Traité du droit de bâtardise*, Ire partie, chap. I, n° 2 : « Il y a des enfants naturels *qui ex concubina domo retenta nati sunt*, et desquels les père et mère sont certains. » Le passage suivant du répertoire de Guyot n'est pas moins formel : « le père est obligé de fournir des aliments à celui qui se dit son fils, et qui est en possession de la filiation. C'est ce qui a été jugé par arrêt du 21 août 1626 (3). »

(1) Elle n'était pas indispensable. Voy. Pothier, *Du contrat de mariage :* Comment se fait la légitimation, § 3.

(2) Sur la règle 40 de Loisel, liv. I : « Enfants nés avant le mariage, mis sous le poêle, sont légitimés. »

(3) Voy. v° *Aliments. Adde :* Arrêt du Parlement de Paris du 4 juin 1766, Nouv. Denizart, v° *Bâtard*, § 2, p. 277 : « La Cour... déclare N. (Marie-Aurore) *en possession de l'état de fille naturelle* de Maurice, comte de Saxe, *la maintient et garde dans ledit état et possession d'icelui...* »

Enfin, on peut joindre à ces autorités, mais sans y attacher la même importance, ce que disait Cochin dans l'affaire Bourgelat (1) : « De toutes les preuves qui assurent l'état des hommes, il n'y en a point de plus solide, de plus puissante, que celle de la possession publique... C'est ébranler les fondements de la tranquillité publique, que de ne pas reconnaître l'autorité de la possession publique de l'état. Celui qui l'a en sa faveur n'est point obligé de remonter à d'autres preuves, elle tient lieu de tous les titres que les ordonnances désirent, elle supplée aux actes de célébration de mariage, aux écrits baptistaires, *et à tous les actes qui sont ordinairement employés pour fixer l'état des hommes...* On ne citera pas ici tous les arrêts qui ont maintenu des enfants sur la seule foi de la possession d'état, le nombre en serait infini. »

TROISIÈME POINT. — RECHERCHE DE LA MATERNITÉ
ET DE LA PATERNITÉ.

Il n'y avait pas de règles particulières sur la preuve de la maternité, par conséquent nous n'avons pas à nous arrêter sur ce sujet. Au contraire, il faut examiner en détail ce qui se rapporte à la recherche de la paternité, car, la règle du Code étant contraire à l'ancien droit, on ne peut juger sûrement le changement qui s'est produit, si l'on n'a pas une idée claire des usages et des abus d'alors.

§ 1er. *Sources.*

Indiquons d'abord quels ouvrages nous avons consultés en vain. Dans son traité *des Personnes*, Pothier ne dit rien

---

(1) Tome I, p. 590, édition de 1771. Il s'agissait de filiation légitime, mais ses expressions sont générales, et celles que nous soulignons paraissent se rapporter aux déclarations de grossesse et aux reconnaissances.

de la preuve de la filiation naturelle. La dissertation de
Daguesseau *sur les Bâtards*, et le traité de Bacquet *sur la
Bâtardise* ne donnent que l'histoire de la condition sociale
du bâtard et les règles sur la dévolution des biens qu'il
laisse en mourant. Suivant Loisel, dans ses règles, au n° 41 :
« *Qui fait l'enfant le doit nourrir;* » mais cet auteur
n'indique pas comment l'enfant peut rechercher celui qui lui
doit des aliments. Enfin nous ne voyons rien à recueillir ni
dans les notes de Laurière sur Loisel, ni dans son glos-
saire du droit français publié d'abord par Ragueau, ni dans
les *Lois civiles* de Domat, ni dans les œuvres de Dumoulin.

Le seul auteur qui traite à peu près complétement la
question, c'est Fournel, avocat au Parlement de Paris (1).
Son livre, intitulé : *Traité de la Séduction*, a été publié à
Paris en 1781 (un vol. in-18). Antérieur de peu d'années
à la révolution française, il contient en abrégé le dernier
état de notre ancienne jurisprudence, car l'auteur ne se
borne pas à l'examen de la jurisprudence du Parlement
de Paris, mais il tient compte, à l'occasion, de celle des
parlements de France. La clarté de Fournel, les renvois
judicieux qu'il fait aux recueils d'arrêts, le soin et la précision qu'on remarque dans toute la suite de son travail,
semblent nous autoriser à lui accorder une grande confiance. Du reste il s'en faut de beaucoup que tout l'ouvrage se rapporte à la preuve de la paternité, aussi avons-
nous pensé qu'il était bon d'en extraire ce qui s'y trouve
de plus important sur la recherche de la paternité. (Voy.
aux *Pièces justificatives*.)

Si le travail de Fournel est clair et assez complet, il n'en
est pas de même des explications données par Poullain-
Duparc sur le même sujet. Son ouvrage, antérieur à celui de

---

(1) Mort en 1820. Il a été bâtonnier de l'Ordre en 1816.

Fournel, a été publié à Rennes en 1770; c'est un exposé en plusieurs volumes des règles du droit français suivant les maximes de Bretagne. De développements assez longs sur la recherche de la paternité, il y a fort peu de chose à tirer : pour faire l'extrait qui est aux *Pièces justificatives*, nous avons dû écarter bien des points obscurs, et ne garder que ce que nous avons cru comprendre.

A l'appui de Fournel et de Poullain-Duparc, on joindra ce qui est dans le recueil de Denizart (1), au mot *Grossesse*. Mais comme il y a dans ce passage une confusion entre la séduction et le rapt de séduction, et que Denizart est accusé par Fournel (2) de citer parfois, à l'appui d'une opinion, des arrêts qui décident le contraire (accusation bien fondée, comme on le verra), il est prudent de ne pas accorder trop de confiance à cet auteur. Du reste, quand son témoignage sera conforme à celui de Fournel et de Poullain-Duparc, il pourra servir de confirmation. On doit lui reconnaître le mérite d'une clarté parfaite, mérite dangereux, il est vrai, quand il accompagne et rend séduisante l'exposition d'une théorie qui n'est qu'une imagination de l'auteur : nous verrons comment des auteurs modernes du premier mérite s'y sont laissé prendre.

Les trois auteurs qu'on vient de nommer écrivaient dans la dernière moitié du dix-huitième siècle. Ils présentent, à tout prendre, des notions claires et méthodiques. Mais si l'on se reporte au commencement du siècle précédent, on trouve un gros ouvrage qui n'a de méthodique que la forme, et qui n'est clair qu'en apparence, le *Codex definitionum* du président Antoine Favre (3). C'est là que se rencontre la maxime *virgini creditur juranti se ab*

(1) Édition de 1771, 4 vol. in-4°.
(2) P. 157.
(3) Mort en 1624.

aliquo cognitam... Nous en tirerons encore quelque autre chose. Enfin le recueil d'arrêts de Papon nous fournira quelques renseignements utiles. Il est de la fin du quinzième siècle (1).

Essayer de remonter plus haut, ce serait perdre sa peine : des auteurs très-anciens ont dit quelques mots de notre matière, mais ils sont à peu près inintelligibles. En veut-on une preuve, qu'on ouvre le gros livre du président Boërius (2), intitulé : *Decisiones supremi senatus burdigalensis*, on y trouvera de l'érudition, et des citations à foison, rarement des idées (3).

L'esquisse que nous tracerons de notre ancienne jurisprudence sera donc le résumé des notions que nous donnent Fournel, Poullain-Duparc, Denizart, Favre et Papon. Ajoutons : un discours de l'avocat général Servan (4), et quelques fragments assez peu exacts de l'ancien Répertoire de Guyot.

En l'espace de trois siècles, la jurisprudence a sans aucun doute éprouvé des changements, mais il nous semble impossible de les suivre, et de savoir exactement ce qui a été jugé, du seizième au dix-huitième siècle dans chaque ressort, ou même par quels états la jurisprudence générale a successivement passé. C'est le dernier état de cette jurisprudence que nous exposerons. Nous indiquerons, autant qu'il se pourra, ce qui a précédé.

(1) La première édition est de 1556, la deuxième de 1685 ; celle dont on a extrait le passage qui est aux *Pièces justificatives* est une édition posthume et augmentée, de 1607.

(2) Mort en 1539.

(3) Toutefois, un vieil auteur, Palæotus, a fait un traité fort clair et en bon latin sur les bâtards, *de Nothis*. Cet ouvrage a pu avoir quelque influence sur la jurisprudence, car il est cité par Bouchel (au mot *Bâtard*), et il en a paru une édition nouvelle en 1655 à la Haie, un vol. in-12.

(4) Publié en 1774 à Lyon sous ce titre : *Discours de M. S., ancien avocat général au Parlement de... dans un procès sur une déclaration de grossesse.*

§ 2. *Règles générales.*

Première règle.—Dans un procès en paternité, il faut distinguer deux choses, le provisoire et le fond.

Deuxième règle.—Le provisoire se règle d'après une présomption, le fond se juge sur des preuves (sauf une seule exception).

Ainsi, une fille ou femme a indiqué tel homme comme étant l'auteur de sa grossesse, on condamne l'homme, sur cette seule indication, à pourvoir *provisoirement* à la nourriture de l'enfant; puis on procède au jugement du fond, et la femme doit, en règle générale, prouver la cohabitation, sans quoi on la condamne à rendre la provision. Il n'y a qu'un seul cas où la présomption suffise pour emporter la décision du fond, c'est quand une fille accuse celui qu'elle servait au moment de la conception, et encore on ne jugeait plus cela dans les derniers temps.

On voit par là combien se trompent ceux qui pensent qu'il suffirait que la fille accusât un homme, pour qu'il fût déclaré père de l'enfant, et ceux qui ajoutent qu'il fallait que les apparences fussent contre lui, ou encore que la fille devait prêter serment, ne sont pas davantage dans la vérité historique.

I. De la décision du provisoire dans un procès en paternité. — « Il ne faut pas croire, dit Fournel, que la déclara-« tion de grossesse soit, entre les mains de la fille enceinte, « un titre contre celui qu'elle charge. On sait assez qu'il « n'est permis à personne de se faire un titre (1). » Rien n'est plus formel, assurément; mais quel cas l'auteur fait-il donc de la maxime reçue : « *virgini prægnanti creditur* » ? Que signifie-t-elle ? N'est-ce pas sur le fait de la paternité que la

---

(1) P. 87. Voy. aussi les *Pièces justificatives,* au commencement.

fille est crue? C'est en effet ce que disaient nos anciens auteurs (1). Mais la confiance qu'on accordait à la fille n'avait qu'un seul effet, à savoir : de lui faire adjuger les frais de gésine (2) et une provision pour l'enfant; et ce qui est fort important, cette attribution n'était que provisoire : « Si par l'événement de la contestation, le prétendu père est déchargé de la demandé, il a une action en restitution de la provision qu'il aura été contraint de payer, et par les mêmes voies qu'il aura été contraint (3). »

Il y a donc un provisoire, et une contestation au fond. Mais, dira-t-on, si l'indication de la fille suffit pour faire condamner celui qu'elle indique, à payer une provision, la décision du fond est préjugée, et ce n'est plus qu'une affaire de temps : le jugement du fond est seulement retardé, il sera certainement dans le même sens que le jugement sur la provision ; en effet, si l'on présume que tel homme est le père, et si cette présomption est assez énergique pour le faire condamner à payer une provision, comment comprendre qu'on ne déclare pas qu'il est le père, à moins qu'il ne parvienne à faire tomber cette présomption de paternité? Ainsi, dirait-on, en dernière analyse la maxime *virgini prægnanti creditur* signifie bien que la déclaration de la fille suffit pour faire attribuer la paternité à celui qu'elle indique. Ce raisonnement n'est pas juste, car la condamnation à fournir une provision ne préjugeait pas le fond. Cela est in-

(1) Admettons pour le moment cette manière de s'exprimer, tout en indiquant par avance qu'elle n'est pas exacte, qu'elle ne rend pas avec précision le système de la jurisprudence. On ne présumait pas que le défendeur était le père de l'enfant, on s'arrêtait seulement à l'idée qu'il n'était pas impossible qu'il le fût, ce qui est tout différent.

(2) On entendait par frais de gésine ceux qui sont faits en vue du soulagement de l'accouchée et des premiers secours à donner à l'enfant. Voy. Fournel, p. 98.

(3) Fournel, p. 105.

contestable. Voici d'abord les termes mêmes de Fournel (1) sur ce point capital : « Quelle que soit la provision accordée à la fille, et de quelque manière qu'elle ait été exécutée, elle ne forme aucun préjugé contre le défendeur. Ce jugement ne lui enlève aucun de ses moyens pour impugner la paternité qu'on lui attribue, *et dont la preuve continue d'être à la charge de là mère.* » L'autorité de Fournel est confirmée par le passage suivant de Papon (2): «Le juge doit pourvoir sur les aliments, et après s'enquérir de la vérité, à laquelle n'est fait préjudice par telle provision d'aliments. » Ce point était donc certain dès le seizième siècle.

Cela n'est-il pas illogique ? Oui, si l'on dit comme nos anciens auteurs (3): qu'on présume la paternité ; non, si l'on dit seulement : qu'il n'est pas impossible que celui qui est indiqué soit le père. — Mais pourquoi, sur une simple possibilité, condamner le défendeur ? — Parce que les frais de gésine « sont de nature à ne souffrir aucun retardement (4). » — Mais encore ; pourquoi ne pas mettre ces frais à la charge de la commune, sauf recours contre le père après la décision du fond ? — Nous répondrons amplement à cette question dans un chapitre spécial (5) ; pour le moment il suffira de dire qu'on avait voulu décharger les paroises, même de l'avance, motif plus puissant qu'on ne saurait croire, et qui produit encore aujourd'hui les mêmes effets chez un peuple voisin, où les enfants sont à la charge des communes. Pour arriver à ce résultat, on a mis en avant un semblant de raison, une possibilité, et pour donner à cette possibilité un caractère plus saillant, plus accusé, pour lui donner meilleur air, si je puis ainsi parler, on l'a pré-

(1) Fournel, p. 104.
(2) Edition de 1607, liv. XVIII, tit. I, p. 984.
(3) Voy. aussi Loiseau, *Des enfants naturels*, p. 64.
(4) Fournel, p. 98.
(5) Chap. iii, ci-après.

sentée comme une présomption légale de paternité, on a dit, ce qui est exagéré : on croira la fille, *creditur virgini*. Mais cette prétendue foi, personne ne l'a, ni les juges ni le public ; c'est un prétexte, une formule inventée pour justifier un usage mauvais.

En résumé, la déclaration de la fille n'est point un titre pour elle ; elle n'a d'effet que pour la provision, et elle ne préjuge pas le fond ; enfin, la maxime *virgini creditur* renferme une exagération.

L'effet que l'usage attribuait à la déclaration de la fille, était de jurisprudence constante : « Cette jurisprudence, dit Fournel (1), est très-ancienne parmi nous, » et il cite le passage de Papon qu'on a vu tout à l'heure. « On trouve même, » ajoute-t-il, « un arrêt de 1572 qui a confirmé une provision adjugée pour frais de gésine par un juge incompétent, tant est grande la faveur d'une pareille condamnation. C'est cette jurisprudence assurée qui a donné lieu à cette maxime si triviale : *virgini prægnanti creditur*. » « La demande en provision est devenue presque de style (2). »

La déclaration de la fille n'avait besoin d'être appuyée d'aucune preuve : « Pour que la provision soit adjugée... il n'est pas nécessaire que la paternité soit établie... la seule imputation de la fille est suffisante, *sans considérer les circonstances qui pourraient en faire suspecter la sincérité*. » Le juge qui reçoit la déclaration n'a rien à examiner, il doit prononcer la condamnation sur le vu de la plainte : « Le juge qui a sous les yeux la plainte de la mère portant l'indication de l'auteur de la grossesse, a tout ce qu'il lui faut pour prononcer sur la provision (3). »

(1) Fournel, p. 100.
(2) Id., p. 98 *in fine*.
(3) Id., p. 102 *in fine* et 103.

Cela démontre jusqu'à l'évidence qu'on ne présumait pas, à proprement parler, la paternité du défendeur, et que ces expressions : *on croit la déclaration de la fille, elle forme une présomption*, etc., renferment une exagération. La paternité était possible, c'est tout ce qu'on exigeait pour adjuger la provision.

Ce premier point est donc certain, et s'il était besoin de multiplier les autorités pour le mettre à l'abri du moindre doute, on pourrait, outre Fournel et Papon, invoquer le témoignage de Denizart (1) : « *La simple déclaration* d'une fille ou femme libre, que l'enfant dont elle est grosse est des œuvres d'un homme qu'elle nomme, suffit, suivant les docteurs Faber et Boërius, pour obliger l'accusé à se charger de la nourriture de l'enfant. » C'est, suivant Denizart, *la simple déclaration* qui est suffisante, et en effet il n'y a pas besoin d'un serment, ce point est confirmé par Fournel (2) : « il est assez d'usage de faire prêter serment à la fille » (qui déclare sa grossesse au greffe), « mais c'est sans aucun droit. »

Sur le second point, à savoir que cette charge imposée au défendeur en vertu de ce qu'on appelle une légère présomption, n'était que provisoire, au passage de Fournel que nous avons cité, on peut joindre deux autres textes, — l'un, de Denizart (3) : « La simple déclaration... suffit pour obliger l'accusé à se charger *provisoirement* de la nourriture de l'enfant, mais elle ne suffit pas pour le contraindre à s'en charger définitivement, parce que personne n'est admis à déposer, encore moins à être juge dans sa propre cause; » — l'autre, de Poullain-Duparc (4) : « La dé-

(1) Denizart, v° *Grossesse*, § 15, p. 585.
(2) P. 87.
(3) V° *Grossesse*, § 15, p. 585.
(4) Tome VIII, p. 166.

claration de la fille n'établit qu'une présomption sur laquelle le général de la paroisse pourrait obliger le garçon de se charger provisoirement de l'enfant. Mais pour l'en charger définitivement, il faudrait des preuves de familiarités suffisantes, etc. »

Il est avéré que la maxime *virgini prægnanti creditur* s'appliquait seulement à la provision, et que les effets en étaient conditionnels, c'est-à-dire qu'ils étaient effacés ou maintenus suivant ce qu'on décidait quant au fond; il est prouvé d'ailleurs que la condamnation à payer une provision ne préjugeait pas le fond de l'affaire; enfin on a vu que la nécessité de pourvoir aux besoins de l'enfant, et le désir d'en décharger la paroisse, avait fait mettre l'enfant provisoirement à la charge du prétendu père. C'est ici le lieu de montrer que si l'on chargeait le défendeur de fournir une provision, ce n'était pas, à vrai dire, en vertu d'une présomption de paternité. « S'il y a plusieurs particuliers en cause, » dit Fournel (1), « contre lesquels il y ait de justes présomptions de paternité, ils peuvent être condamnés solidairement au paiement de la provision (Basset, I, liv. IV, tit. II, chap. III). » Il est certain que l'enfant n'a qu'un père; donc, si l'on condamne plusieurs hommes aux frais de nourriture, ce n'est pas parce qu'on présume de chacun d'eux qu'il est le père, car une pareille présomption serait absurde. On s'est arrêté à un soupçon de paternité : il peut se faire que *Primus* soit le père, mais il peut se faire aussi que le père soit *Secundus* ou *Tertius,* et de la possibilité pour chacun d'eux d'être le père, on a fait la base d'une condamnation.

Voilà pour la provision. Nous allons rechercher maintenant quelles preuves on demandait pour la décision du

____

(1) P. 100.

fond, et si nous trouvons que les preuves à fournir sont des preuves sérieuses et qui doivent produire chez le juge une conviction raisonnable, il sera de rechef établi par là que la maxime *virgini prægnanti creditur* n'avait qu'un objet limité, un cercle d'application étroit et déterminé avec précision.

II. De la décision du fond, dans un procès en paternité. — Le fait dont la discussion forme le fond du procès, c'est la paternité, il s'agit pour le demandeur de prouver que tel homme est le père de l'enfant dont telle femme est grosse ou accouchée. Or, en raison, pour établir la paternité d'un homme, il faut prouver :

1° Que cet homme a eu commerce avec la femme à l'époque où se place la conception;

2° Qu'il est le seul qui ait eu commerce, à cette époque, avec la femme. En effet, si dans le temps de la conception la femme s'est livrée à plusieurs, la paternité ne peut pas être prouvée avec certitude; au contraire, si l'on établit que la femme n'a eu commerce qu'avec tel homme, la paternité de cet homme est indubitable. Il faudrait donc, suivant la rigueur des principes, que la femme prouvât ces deux choses, pour convaincre de paternité celui qu'elle accuse; mais comme elle ne pourrait, le plus souvent, fournir la seconde preuve, on peut comprendre un système dans lequel on se contenterait de la première, sous la condition que le défendeur n'établira pas que la femme s'est donnée à plusieurs. Sans doute, cette manière de procéder n'est pas rigoureusement conforme aux principes de la preuve, mais on est placé ici dans cette alternative : ou bien de ne donner à la recherche de paternité qu'un rôle à peu près illusoire, ou bien de se contenter de la preuve des relations à l'époque de la conception, en rejetant sur le défendeur le soin de prouver que la femme recevait d'autres hommes à la même époque. C'est là, nous le démontrerons, le système qu'on suivait dans notre ancienne jurisprudence.

Voici d'abord un texte très-explicite tiré de l'ouvrage de Poullain-Duparc (1) : «La preuve de fréquentation doit suffire pour condamner le garçon de se charger de l'enfant, et de payer les frais de couches, à moins qu'il ne prouve le mauvais commerce de la fille avec d'autres. » Ce texte contient deux décisions bien distinctes : 1° que le demandeur doit prouver les relations de l'homme et de la femme; 2° que la preuve du commerce de la femme avec d'autres est à la charge du défendeur, et que, cette preuve étant faite, il est renvoyé de la demande. Cette deuxième décision résulte également du § 15 de Denizart, au mot *Grossesse*. Nous demandons qu'on nous accorde provisoirement ce dernier point, sur la foi de ces deux auteurs; nous y reviendrons dans le paragraphe suivant, et nous verrons que, quoique fondé, il donne lieu à quelques difficultés. Pour le moment, nous nous bornerons à justifier par d'autres textes la première décision, à savoir qu'il fallait prouver la cohabitation de l'homme avec la femme.

Fournel distingue trois sortes de preuves (2) : la preuve littérale, la preuve conjecturale, et la preuve naturelle. Il faut ajouter que dans certains cas il peut y avoir un témoignage *de visu* de la cohabitation, par exemple dans le cas de viol.

1° Preuve littérale. « C'est celle qui résulte des lettres, « billets, et autres écrits émanés de l'accusé; soit que ces « écrits contiennent la mention ou l'aveu de la cohabita- « tion charnelle, comme si l'accusé avait fait baptiser l'en- « fant sous son nom, et qu'il eût signé l'extrait baptistaire,

(1) Poullain-Duparc, p. 112.
(2) Id., p 130 et s.

« soit seulement qu'ils soient rédigés avec un style de
« familiarité qui la fassent raisonnablement présumer. »

Il était de principe autrefois, comme aujourd'hui, que
quand la preuve testimoniale est admise, le juge peut se
décider par des indices dont l'appréciation est laissée à
ses lumières et à sa prudence. Nous ne trouvons donc là
rien de particulier à l'ancien droit, c'est une application
du système général des preuves.

2° Preuve conjecturale. Ici encore, nous trouvons l'application pure et simple des règles de la preuve. Il suffit
que la fille présente des témoins « de certaines familiarités
« qui soient de telle nature qu'elles entraînent la pré-
« somption naturelle d'une intime habitude. » Tout ce
qu'on exige, c'est que le juge acquière la conviction que les
relations ont eu lieu.

3° Preuve naturelle. C'est la preuve tirée de ce que certains signes distinctifs se trouvent chez l'enfant comme
chez le prétendu père; par exemple l'égalité de deux
doigts de la main. Cet exemple est tiré d'un arrêt du mois
de juin 1690, rapporté par Brillon au mot *Grossesse*, n° 3.
Cette preuve acquiert une grande force lorsque la femme
a désigné le père pendant qu'elle était encore enceinte,
et que l'enfant qui naît ensuite porte les mêmes signes
particuliers que l'individu désigné.

Bornons ici nos développements sur ce point, et con-
cluons de ce qui précède que les preuves à fournir pour
établir la cohabitation étaient complétement indépendan-
tes de la règle *virgini prægnanti creditur*, et qu'elles devaient être assez sérieuses pour déterminer la conviction
du juge. Tel est le principe. Il souffre une exception remarquable, et cette exception, présentée comme telle par
tous les auteurs, est un hommage rendu au principe, une
preuve irrécusable de son existence.

« Il est certain, » dit Poullain-Duparc (1), « que sans
« une preuve de fréquentation, la seule déclaration de la
« fille, répétée même dans le temps de ses couches, ne
« peut pas faire de preuve, car que doit-on penser des
« déclarations d'une personne qui a manqué à son devoir,
« et qui s'est livrée au déshonneur?

« Il y a néanmoins une exception à l'égard de la domes-
« tique, si elle était, lors de la conception de l'enfant,
« chez celui qu'elle en déclare l'auteur. »

Cette jurisprudence présentée par Poullain-Duparc comme
étant encore en vigueur dans le ressort du parlement de
Bretagne, ne l'était certainement plus, à l'époque où il
écrivait, dans le plus grand nombre des parlements de
France. En effet, voici ce qu'on trouve dans Fournel sur ce
point (2) :

« Lorsque les deux parties vivent ensemble sous le même
« toit, c'est un préjugé en faveur de la fille... Cette con-
« sidération était, dans l'ancienne jurisprudence, d'une
« plus grande considération qu'elle n'est aujourd'hui.
« Une servante qui devenait enceinte dans la maison de
« son maître était réputée enceinte de ses œuvres, jus-
« qu'à ce qu'il eût établi que la servante avait un com-
« merce illicite avec d'autres. »

Suit la critique qui ne manque pas d'énergie :

« On ne conçoit pas que cette jurisprudence ait eu quel-
« que durée... Il était d'une souveraine injustice d'impo-
« ser au maître de la fille enceinte l'obligation d'indiquer
« l'auteur de sa grossesse, rien n'étant plus facile à une
« servante que de dérober aux yeux de son maître les
« traces de ses intrigues... Boërius s'élève avec force con-
« tre cette jurisprudence peu judicieuse qui mettait la

(1) Fournel, p. 113.
(2) Id., p. 131 et s.

« réputation des maîtres à la merci d'une malheureuse
« servante, et qui leur faisait payer les plaisirs d'un
« palefrenier ou d'un marmiton. »

Enfin, voici l'indication formelle du changement de la
jurisprudence :

« Ce sont ces abus bien reconnus qui ont déterminé la
« jurisprudence actuelle à ne plus donner aux servantes
« engrossées cette foi aveugle dont elles étaient honorées ;
« elles n'ont absolument aucune prérogative sur les autres
« filles, leur déclaration n'a d'effet que pour la provision,
« et, lorsqu'il s'agit du fond de la contestation, la qualité
« de maître ne forme pas le moindre préjugé. »

Cette exception a donc disparu (1); sauf en Bretagne, d'a-
près Poullain-Duparc. Le même auteur nous apprend que,
dans cette province, il y avait en outre une atténuation du
principe, en faveur des paroisses, c'est-à-dire qu'on ac-
cueillait plus facilement, sur de moindres preuves, les
demandes en paternité intentée par les paroisses. C'est
un point des plus curieux, et, comme on le verra plus
tard, des plus importants comme indice révélateur de l'esprit de la jurisprudence française de cette époque.

« On n'exige pas, » dit-il (2), « de la part des généraux
« de paroisses, des preuves aussi fortes que celles que la
« fille serait obligée de faire, parce que *le premier objet*
« *doit être de pourvoir à la subsistance de l'enfant, et d'en*
« *décharger la paroisse.* » S'étonnera-t-on, après cela,
de la règle qui mettait provisoirement l'enfant à la charge
du défendeur sur la seule déclaration de la fille? Mais,
qu'on le remarque bien, comme il s'agit ici du fond même
de l'affaire, on exigeait des paroisses elles-mêmes certaines preuves, seulement on était moins exigeant pour elles.

(1) Cod. pr., Répertoire de Guyot, v° *Fornication*, § 1, *in fine.*
(2) Poullain-Duparc, p. 166.

Il résulte de là que le principe est confirmé par l'atténuation même qu'il subissait dans ce cas particulier.

§ 3. *Décisions et opinions exagérées de quelques tribunaux et de quelques auteurs.*

La principale difficulté qu'on éprouve à rendre compte de l'ancienne jurisprudence, tient à ce que tous les systèmes ont été soutenus par les auteurs, toutes les opinions admises par les tribunaux. Mais, parmi les auteurs, il y en a qui se trompaient, soit en posant des règles *à priori*, soit en exposant la jurisprudence ; et parmi les décisions judiciaires, il y en a qui forment, par leur réunion, le système dominant ; les autres sont des décisions isolées, des erreurs, des innovations inconsidérées. Ce qui formait le fond de l'ancienne jurisprudence, nous croyons l'avoir exactement exposé dans le paragraphe précédent. Nous allons examiner maintenant les défaillances de l'ancienne jurisprudence, ses aberrations, et, pour dire le vrai, ses absurdités, et en prouvant que certaines décisions étaient isolées ; nous compléterons l'exposé qui précède, et nous déterminerons avec plus de précision par le contraste les principes de notre ancienne jurisprudence.

On a vu plus haut que dans un procès en paternité, le demandeur devait prouver la cohabitation du défendeur avec la femme, et qu'il n'avait pas d'autre preuve à faire. C'est là un point démontré. Mais nous avons ajouté que le défendeur pouvait se faire renvoyer de la poursuite en prouvant que la femme avait eu des relations avec d'autres hommes, dans le temps de la conception. Ce second point est en effet attesté en termes précis dans un passage de Poullain-Duparc que nous avons reproduit plus haut (1),

____

(1) Page 17.

et par Denizart au mot *Grossesse*, § 15. Cet auteur cite un
arrêt du Châtelet, du 10 octobre 1760, décidant qu'il suffisait qu'une fille se fût abandonnée à plusieurs, pour qu'elle
ne pût contraindre celui qu'elle accusait de sa grossesse,
à se charger de l'enfant. Cependant on peut douter si c'est
bien là l'opinion commune; et la raison, c'est que Fournel est, sur ce point, en divergence complète avec Denizart
et Poullain-Duparc. Voici ses propres termes (1) :

« L'inconduite de la fille n'est point une raison pour dis-
« penser l'accusé de se charger de l'enfant, si du reste il est
« suffisamment avéré qu'il y a eu copulation entre les
« parties. »

Il cite à ce sujet un arrêt de la Tournelle criminelle du
18 février 1679 « qui a condamné le nommé Froger, homme
« marié, à se charger de l'enfant, quoiqu'il fût établi que,
« dans le même temps, la mère de cet enfant entretenait
« un commerce criminel avec le vicaire de sa paroisse. »
On ne trouve pas cet arrêt dans le Journal des Audiences.

Un moyen fort simple de concilier Fournel et Denizart,
serait de dire que chacun d'eux expose une phase de la jurisprudence : Fournel indiquerait une jurisprudence ancienne, en effet l'arrêt qu'il rapporte est antérieur de près
d'un siècle à l'arrêt cité par Denizart; le premier est de
1679, l'autre de 1760. Mais il est difficile d'admettre cette
conciliation, car ces auteurs exposent la jurisprudence de
leur temps; aussi, en présence de ce dissentiment, il faut
nécessairement opter; mais à qui donner la préfé-
rence?

On se rappelle que, d'après le témoignage de Fournel et
de Papon, la déclaration de la fille n'était pas prise en considération quant à la décision du fond, et que la preuve de

(1) Fournel, p. 119 *in fine* et 121.

la cohabitation devait se faire sans qu'on eût égard à cette déclaration. Dès lors, comment comprendre que si l'on n'a pas donné à la déclaration de la femme la moindre autorité sur un fait qu'elle connaît, à savoir les relations qu'elle a eues avec tel homme, on ait accordé à cette déclaration pleine et entière puissance quant à un fait qu'elle ne peut pas connaître avec certitude, à savoir quel est, parmi ceux qui l'ont fréquentée dans le même temps, celui qui est le père de l'enfant? N'est-ce pas là un manque de logique qui n'a pas dû être général, et qui ne se trouvait que dans quelque arrêt isolé? Et maintenant, nous le demandons, quel est celui de nos deux auteurs que nous devons croire; est-ce celui qui attribue à la jurisprudence dominante un système qui est la conséquence naturelle des principes qu'elle admet, ou celui qui lui impute un système diamétralement opposé à ces principes? En vérité, il n'y a point à hésiter, et, quelque confiance qu'on doive accorder en général à Fournel, il est à croire qu'il s'est trompé sur ce point.

Il y a plus; un passage du *Codex definitionum* du président Favre paraît résoudre la question: *Plane si fateatur Titius mulierem a se cognitam*, nec alios cum ea rem habuisse probet, *credetur mulieri....* Il résulte de ce texte: 1° que le système indiqué par Fournel n'était point admis dans la très-ancienne jurisprudence; 2° qu'il n'est pas probable qu'il se soit introduit ensuite, puisqu'il faudrait supposer une perversion étrange et illogique de la jurisprudence anciennement établie.

Enfin, ce qui peut servir à compléter la démonstration, c'est la bizarrerie des motifs par lesquels Fournel justifie le système qu'il regarde comme admis, motifs qui, selon lui, ont inspiré l'arrêt de la Tournelle.

Voici son raisonnement:

«..... *il faut,* pour l'intérêt public et celui de l'enfant, *assigner à celui-ci un père* qui prenne soin de son éducation. » Voilà la majeure ; il faut un père !

Or, « bien que le commerce entretenu par la fille avec « plusieurs hommes rende naturellement la paternité équi- « voque » (il l'avoue sans difficulté), « c'est néanmoins une « chose certaine que la paternité appartient à quelqu'un » de ceux qui ont fréquenté la mère.

Donc « on ne peut chercher le père que parmi ceux qui ont fréquenté la mère ».

Le raisonnement est, comme on le voit, fort modéré, car avec une majeure pareille, on pourrait aisément donner pour père à l'enfant le premier venu ; mais Fournel se contente, et il faut lui en savoir gré, d'un de ceux qui ont fréquenté la mère : il faut un père, on le prendra parmi ces gens-là. Mais puisque la paternité est équivoque, comment choisir celui qui sera le père ? tirera-t-on au sort ? Non, on croira la déclaration de la mère. « La déclaration de la mère « est un grand préjugé ; il est assez raisonnable de croire « que, sur cet article, la mère a des notions capables de « lui faire distinguer le véritable auteur de la paternité. » Voilà des raisons ! Du reste, Fournel qui, en général, raisonne très-bien, ne croit guère lui-même à la bonté de ces raisons, et il finit par les mettre de côté.

« Il faut un père à l'enfant « (il le répète) » le bon sens veut « qu'on le choisisse parmi ceux qui se sont exposés à le deve- « nir.

« *Après tout, l'objet des magistrats n'est pas de rencon- « trer nécessairement l'auteur de la paternité naturelle, il « suffit qu'il y ait dans les présomptions de quoi asseoir une « paternité vraisemblable.* Celui sur qui elle tombe ne doit « imputer qu'à son imprudence et à son inconduite, de « s'être exposé à ce soupçon. »

Il n'est pas vraisemblable qu'un pareil système ait pu être

admis par des tribunaux qui ne donnaient en principe aucune force à la déclaration de la fille quant au fond du procès, et il est raisonnable de croire ce que nous disent Denizart, Poullain-Duparc et Favre : que si le défendeur prouve
les relations de la fille avec plusieurs, on ne peut pas le
condamner (1).

Ce système exceptionnel est remarquable, car on y voit
apparaître deux idées qui nous serviront à expliquer la règle *virgini prægnanti creditur*. La première idée, c'est le
désir de trouver une personne qu'on puisse charger de nourrir l'enfant, c'est ce que Fournel appelle donner un père à
l'enfant; au fond de cette idée se retrouve l'intérêt des paroisses, dont nous avons déjà parlé. La deuxième idée est
celle d'une peine à infliger à celui qui a eu un commerce
illicite avec une femme ; les motifs donnés par Fournel, et
qui étaient ceux de l'arrêt de la Tournelle, indiquent bien
clairement ce point : l'homme qu'on charge de l'enfant n'a
point à se plaindre, c'est le salaire de son inconduite...
etc.

Il faut un père à l'enfant, disait Fournel, c'est là une fic-
tion, ce qu'on donne à l'enfant, c'est un nourricier. L'arrêt
de la Tournelle était une application de cette idée, mais une
application mitigée ; quelques années auparavant, le 25 février 1661, le parlement de Paris en avait fait une autre application, beaucoup plus singulière au premier abord, mais
beaucoup plus logique en réalité : quatre ou cinq personnes
avaient été condamnées solidairement à se charger de l'enfant. Fournel trouve cet arrêt « singulier, » mais c'est parce
qu'il tient à sa formule : « il faut *un père* » à l'enfant; on
lui en donne quatre, c'est trop, un seul suffisait.

Il est superflu de dire que cet arrêt n'a pas fait jurispru-

____

(1) On invoquerait à tort contre cette solution une observation de Tronchet
(Fenet, X, p. 74) ; il ne suppose pas l'exception alléguée par le défendeur.

dence ; cependant on pourrait considérer l'arrêt de la Tournelle, rendu 18 ans après, comme étant une atténuation de la même idée. Si cela était, nous y verrions encore une preuve que l'arrêt de la Tournelle est une exception dans la jurisprudence, puisqu'il ne se rattacherait qu'à une doctrine certainement exceptionnelle, dont il ne serait qu'une reproduction timide et atténuée.

Il est bien évident que dans le système de l'arrêt de 1661, la décision n'est plus en aucune façon une déclaration de paternité, on ne peut pas déclarer à la fois plusieurs hommes comme pères du même enfant ; si dans le système de l'arrêt de la Tournelle, on pouvait encore dire qu'il y avait une déclaration de paternité, parce qu'un seul était condamné, ici cela est impossible. Ce n'est point une déclaration de paternité, mais une condamnation à nourrir un enfant en conséquence de la double idée signalée plus haut : qu'il ne faut pas laisser l'enfant à la charge de la paroisse, et qu'il faut punir celui qui s'unit illicitement à une femme.

Voilà donc deux systèmes déraisonnables qui ont certainement été admis par quelques tribunaux, l'un qui accorde pleine confiance à la déclaration de la femme quand elle désigne, comme étant le père, l'un de plusieurs hommes qu'on sait l'avoir fréquentée à l'époque de la conception ; l'autre plus radical, qui charge de l'enfant tous ceux qui ont fréquenté la mère à cette époque. Il y a un troisième système, également vicieux, qui est relaté dans le répertoire de Denizart ; il consiste à donner à la déclaration de la fille une certaine autorité, quant à la preuve de ses relations avec le défendeur. C'est là un des points les plus importants que nous ayons à traiter.

Nous savons quel était précisément le rôle de la maxime *virgini prægnanti creditur :* elle n'avait trait qu'à la provision ; mais il faut bien reconnaître qu'on en avait

quelquefois abusé, en donnant, quant à la décision du
fond, l'importance d'une semi-preuve à la déclaration de
la fille.

« La jurisprudence a voulu, » dit Denizart, « qu'on
« regardât la déclaration de la fille comme une présom-
« ption, et que les preuves de liaison et de familiarité mar-
« quée en formassent une autre. Ainsi, la réunion de ces
« deux présomptions, c'est-à-dire de la déclaration de la
« fille, et de la preuve acquise par les dépositions de té-
« moins, de familiarités suffisantes pour faire présumer
« un commerce charnel, est regardée comme une preuve
« sur laquelle il est permis de se décider en pareil cas ;
« mais l'une de ces présomptions serait seule insuffisante.
« Arrêts du Parlement de Normandie des 15 (mars) 1723
« et 23 décembre 1733. » Autre arrêt du 4 octobre 1769,
probablement du Châtelet.

Ce qu'il faut remarquer, c'est que Denizart présente
cette règle comme étant la règle générale de la jurisprudence « la jurisprudence a voulu qu'on regardât la dé-
« claration de la fille comme une présomption. »

Denizart se trompe souvent ; ainsi, dans notre matière,
il confond perpétuellement le rapt et la séduction (voy.
au mot *Grossesse*) ; c'est une erreur qui est relevée par
Fournel. Ailleurs, à l'appui d'une certaine opinion, il cite
deux arrêts qui disent précisément le contraire, et Fournel en fait encore la remarque. Ici, c'est une erreur du
même genre : l'un des deux arrêts qu'il cite dit tout le
contraire ; l'autre est étranger à la question. La chose vaut
la peine qu'on la prouve.

En 1754, on a imprimé à Rouen le texte de la coutume
de Normandie, dans un petit volume in-32, avec quelques
arrêts notables, entre autres celui du 15 mars (et non pas
avril, comme dit Denizart) 1723. C'est à ce petit recueil

que Denizart renvoie le lecteur, or voici ce qu'on lit aux pages 410 et suivantes, dans les conclusions de l'avocat général qui furent adoptées par le Parlement :

« La déclaration d'une fille qui jure (1) avoir été subor-
« née, ne peut attirer sur l'accusé que des condamnations
« provisoires pour la nourriture de la mère et de l'en-
« fant... ; » l'intimé soutenait au contraire que la déclaration était suffisante pour le convaincre d'être le père de
l'enfant, conformément, disait-il, à la maxime *virgini prægnanti creditur*, et c'est ee qui avait été jugé en première
instance par le bailli.

L'avocat général ajoute :

« Quand les accusés se présentent et nient le fait, la
« voix de l'accusateur, laquelle avait déterminé le juge-
« ment provisoire, n'est plus regardée comme un témoi-
« gnage suffisant; il faut d'autres preuves, ou des con-
« jectures et des indices tels que la loi les désire pour la
« conviction. »

Mais ces indices viennent-ils s'adjoindre à la déclaration
qui produirait elle-même une certaine présomption ? Non,
car il ajoute :

« Il n'est permis à personne de porter témoignage en sa
« propre cause : loi *Omnibus* au code *de Test.*, » et plus
haut, il avait assimilé la déclaration de la fille à celle du
Ministère public contre ceux qu'il accuse de duel, contre
les vagabonds, etc., parce que, dans ces cas-là, l'accusation avait certains effets provisoires, par exemple, de faire
décréter les gens; or, très-certainement, « la voix du ven-
geur public » n'établissait pas une présomption quant au
fond.

« Ces principes doivent l'emporter, » dit enfin l'avocat

______

(1) V. ci-dessus p. 14, 2ᵉ alinéa, *in fine.*

général, « sur l'autorité de quelques arrêts cités par l'in-
« timé. »

La Cour adopta purement et simplement les conclusions
du Ministère public.

(On peut remarquer, sur cet arrêt, qu'en donnant gain
de cause à l'appelant, il ordonna que la fille lui restituerait
les frais de gésine et la provision. Voy. ci-dessus page 11.)

Il est donc certain que Denizart s'est trompé en invo-
quant l'arrêt de 1723. Quant à celui du 22 décembre 1733,
en voici le sommaire : « Il a été jugé qu'il ne suffit pas
« à une fille de prouver d'anciennes fréquentations avec
« un garçon pour le charger du fruit de sa débauche. » On
voit qu'il est étranger à la doctrine énoncée par Denizart,
puisqu'il déclare seulement que les preuves qu'on a produites sont insuffisantes, mais non pas que, si elles étaient
plus fortes, quoique non décisives, elles feraient, avec le
secours de la déclaration, une preuve complète.

Si j'ai insisté aussi longuement sur cette erreur de Denizart, c'est qu'elle a très-probablement causé celle de
plusieurs jurisconsultes modernes, comme on le verra
plus loin. Quant aux jurisconsultes du temps, il y en a un
qui s'est peut-être trompé sur la foi de Denizart auquel
il aime à se référer; c'est Poullain-Duparc. Mais les phrases
de cet auteur sont si ambiguës, qu'il est difficile de savoir
s'il partage ou non l'erreur de Denizart. Je crois cependant qu'il ne la partageait pas, et il n'est pas sans intérêt
de nous en assurer. Voici ses propres expressions :

« Il est certain que, sans une preuve de fréquentation,
« la seule déclaration de la fille, répétée même dans le
« temps de ses couches, ne peut pas faire de preuve, car
« que doit-on penser des déclarations d'une personne qui a
« manqué à son devoir et qui s'est livrée au déshonneur(1)? »

(1) Poullain-Duparc, p. 113.

Cette phrase est ambiguë; les mots *sans une preuve de fréquentation* n'ont pas le sens qu'ils paraissent avoir, et que leur donnerait un écrivain correct. Il semble que si la déclaration de la fille ne suffit pas *sans* une preuve de fréquentation, elle est suffisante *avec* une certaine preuve de familiarité. Mais qu'on lise attentivement la phrase, et l'on pourra voir que tout ce que veut dire l'auteur, c'est que la déclaration ne suffit pas, qu'il faut des preuves. Il ne dit pas que des preuves imparfaites jointes à la déclaration feront preuve complète; il ne dit pas comme Denizart que la déclaration est une présomption, une semi-preuve; bien loin de là, il dit avec un accent convaincu : « que doit-on penser de la déclaration d'une personne « qui s'est livrée au déshonneur? » S'exprimerait-il ainsi s'il pensait que la déclaration peut avoir quelque force? Ce n'est pas tout, il ajoute : « il y a néanmoins une excep-« tion à l'égard de la domestique, » sa déclaration « pro-« duit une présomption très-forte (1). » S'il y a une exception, pour la domestique, à la règle suivie pour les filles en général, et si elle consiste en ce que sa déclaration est une présomption, c'est donc que la déclaration de la fille non domestique n'en est pas une, et qu'on ne dise pas que toutes les deux produisent une présomption, mais inégalement forte, car on ne pourrait pas dire que la force plus grande qu'on accorde à la déclaration de la servante est une *exception* à la règle générale, ce serait la règle générale appliquée favorablement, largement; la rè-gle serait qu'on présume la vérité de la déclaration, eh bien, on présumerait dans les deux cas, un peu plus pour la servante, un peu moins pour la fille qui n'est pas une servante.

(1) Poullain-Duparc, p. 113.

Après tout, quand Poullain-Duparc partagerait l'erreur de Denizart pour s'être trop fié à lui (car il renvoie à Denizart, et cite l'arrêt de mars 1723, comme étant d'*avril* 1723, parce que Denizart qu'il copie a mis *avril*), quand il aurait cité les arrêts du Parlement de Normandie sans les lire, et quand de nos jours, les jurisconsultes les plus estimés auraient reproduit l'opinion de Denizart ; tout cela ne ferait pas que Denizart ne se soit pas trompé, qu'il n'ait pas fondé une théorie sur des arrêts qui lui sont contraires, et présenté à tort, comme étant de jurisprudence générale, un système erroné suivi par quelques tribunaux inférieurs.

Il est peut-être superflu maintenant, mais il est assez curieux de voir les motifs présentés par Denizart à l'appui de sa théorie.

Après avoir reconnu que personne ne peut être juge dans sa propre cause, il ajoute : « Cependant, comme il ne serait pas naturel d'absoudre en pareil cas un accusé qui a eu la prudence et le soin d'écarter les témoins... » Comment donc, l'accusé a écarté les témoins ! Les témoins de quoi? De ses relations avec la femme, apparemment. Mais vous supposez qu'il en a eu, or c'est ce qui est en question.

Continuons : « comme il ne serait pas naturel... etc. « et que d'ailleurs un fait de la nature de celui qui donne « lieu à la grossesse d'une fille, n'est pas du nombre de « ceux dont l'auteur puisse être aisément connu, qu'au « contraire il se commet dans l'ombre, et loin des regards « curieux... » Curiosité à part, on peut se demander quelle conclusion notre auteur va donner ; il semble que si un fait est difficile à prouver, s'il demande des preuves sérieuses et concluantes, on ne condamnera pas sur des indices légers, douteux, fugitifs. Eh bien, c'est tout le contraire, la jurisprudence a voulu, dit-il, que la déclaration de la fille (qui ne peut pas être juge dans sa propre cause, suivant Denizart lui-même), fût une présomption, à la faveur de laquelle on pourra considérer, comme des preuves décisives, des familiarités qui par elles-mêmes ne seraient pas concluantes.

Comment a-t-on pu croire sur parole un auteur qui attribue à la jurisprudence universelle un système si étrange, et ne pas lire au moins les arrêts qu'il cite ?

En résumé, il y avait, dans notre ancienne jurisprudence, un système dominant qui était en partie raisonnable, et en partie mauvais : raisonnable quant à la décision du fond, car c'était l'application des règles générales sur la preuve, autant que la matière de la recherche de paternité le permet; mauvais quant à la décision du provisoire, car c'était l'application de la maxime *virgini prœgnanti creditur*.

A côté de ce système général, il y avait les opinions dissidentes, les décisions de tribunaux isolés, inspirées soit par la faveur des circonstances, soit par la toute-puissance d'un brocart dont on ne prenait pas le soin d'examiner le vrai sens, soit par l'idée qu'il faut décharger les paroisses de l'entretien des bâtards. En un mot, il y avait les faiblesses, les erreurs, les exagérations.

Les systèmes exceptionnels et vicieux sont au nombre de quatre :

1° Celui qui décide que la déclaration de la fille faisait preuve de la paternité; système rarement appliqué, et que je ne trouve mentionné qu'une seule fois dans les auteurs du temps : c'est le système qu'avait suivi le bailli d'Arques, dans ce jugement qui fut réformé par l'arrêt du Parlement de Normandie du 15 mars 1723, dont nous avons longuement parlé.

2° Le système qui donnait à la déclaration de la fille la force d'une semi-preuve, et qui conduisait à se passer de preuves et à donner raison à la fille sur les plus vagues apparences. C'est le système de Denizart.

3° Celui qui ajoute foi à la déclaration de la femme sur la paternité. lorsque plusieurs sont convaincus de l'avoir fréquentée à l'époque de la conception. Ce système est moins dangereux que le précédent, parce que l'hypothèse à laquelle il s'applique n'est pas à la disposition de la femme; il faut en effet qu'elle commence par prouver les relations qu'elle prétend avoir eues avec celui qu'elle accuse. Mais si l'on combine le système précédent avec celui-ci, on arrive à un résultat bien déplorable, qui s'était peut-être présenté dans la pratique : la fille accuse un homme, on la croit parce qu'il y a quelques apparences; celui-ci *prouve* que d'autres ont cohabité avec la fille à l'époque indiquée; cet homme sera condamné comme père, quoiqu'il ne soit pas prouvé qu'il ait eu des relations avec la fille, tandis qu'il prouve que d'autres en ont eu. On peut, en combinant les hypothèses, voir tout le danger et tout l'arbitraire renfermé dans ces décisions.

4° système. C'est le plus franchement déraisonnable, aussi était-il peu à craindre; d'ailleurs le cas ne se présentait pas souvent. Plusieurs hommes fréquentaient la fille à l'époque de la conception; on les condamne tous. Une pareille condamnation, dans le système exceptionnel qui se contentait d'apparences de fréquentation, portait bien plutôt atteinte à la sagesse des juges qu'à la considération des personnes condamnées; on pouvait condamner tous les hommes d'un pays.

Enfin on se rappelle qu'en Bretagne on adoucissait la preuve à faire, en faveur des paroisses. C'était tourner la règle en lui rendant hommage.

J'ai laissé de côté la jurisprudence très-ancienne au sujet des servantes, parce qu'elle avait disparu.

§ 4. *Des motifs qui ont donné lieu à la maxime* Virgini prægnanti creditur, *et aux systèmes exagérés.*

Nous avons constaté, dans l'ancien droit français, l'existence et les limites d'une maxime curieuse, la maxime *virgini prægnanti creditur.* Nous avons vu qu'elle n'a pas le sens large et absolu qu'on pourrait lui prêter, puisqu'elle n'a pour effet que d'assurer provisoirement des aliments à l'enfant, et des secours à la femme accouchée ; et qu'elle n'est pas d'une exactitude parfaite, puisque, ne préjugeant pas le fond, et pouvant autoriser à condamner plusieurs personnes aux aliments, elle ne peut pas signifier *qu'on croit* que le défendeur est le père.

Nous avons vu en outre qu'il y avait eu des extensions fâcheuses de cette maxime.

Recherchons maintenant quels motifs avaient fait admettre la maxime elle-même, et avaient inspiré les décisions exceptionnelles et plus déraisonnables dont nous avons parlé.

On peut donner avec certitude les quatre motifs que voici :

1° On voulait décharger les paroisses de l'entretien des bâtards ;

2° punir les désordres ;

3° on prenait en considération l'intérêt de l'enfant ;

4° enfin la condition des bâtards dans l'ancien droit se prêtait assez bien à l'application de ces règles singulières.

Premier motif. — Pour décharger les paroisses de l'entretien des enfants que leur mère ne pouvait pas nourrir, on leur facilitait, au moins en Bretagne, la preuve à faire contre le prétendu père, c'est-à-dire que la preuve devenait à peu près illusoire. C'est un point que nous avons vu dans Poullain-Duparc.

Si ce motif n'avait pas paru très-puissant, aurait-on fait aux principes cette étrange exception? De même, si l'on condamne le père à entretenir provisoirement l'enfant, en vertu de la déclaration de la mère, c'est, dit-on, parce que ces frais sont « de nature à ne souffrir aucun retardement ». En faisant avancer ces frais par la paroisse, il n'y aurait eu aucun retard, mais on était si éloigné de cette pensée qu'on a jugé tout naturel de condamner d'urgence le défendeur à la provision.

Par conséquent, il est tout naturel de penser que si certains tribunaux ont donné à la déclaration de la fille le pouvoir de trancher ou de préjuger le fond ; si d'autres croyaient, sur le fait de la paternité, la femme fréquentée par plusieurs ; enfin, si l'on attribuait, dans la très-ancienne jurisprudence, l'enfant de la domestique au maître, dans tous ces cas c'est parce qu'il pourrait arriver que l'enfant demeurât à la charge de la paroisse, si l'on se montrait trop exigeant sur la preuve à fournir.

Cette manière de voir est confirmée par des textes. « Le premier objet » dit Poullain-Duparc, « doit être de pour- « voir à la subsistance de l'enfant et d'en décharger la pa- « roisse. » Dans un autre passage, il dit que les familiarités constatées ne sont qu'une faible preuve, sinon du commerce illicite, du moins de la paternité, et il ajoute : « Des preuves « si faibles se bornent à la condamnation aux frais de cou- « ches, et à la pourvoyance de l'enfant, et ne peuvent jamais « produire les dommages et intérêts pour une majeure. » Ainsi, suivant cet auteur, on est assez convaincu de la paternité pour charger un homme de l'enfant, et pas assez pour le condamner à des dommages et intérêts (1). Cela est absurde, mais cela veut dire qu'on était bien plus préoccupé de l'intérêt des paroisses, dont Poullain-Duparc vient de parler, que de la réalité de la paternité. Nous pouvons ajouter que Fournel, dans le passage où il dit qu'il faut un père à l'enfant, invoque l'intérêt public, ce qui peut comprendre l'intérêt pécuniaire.

Si ces textes ne suffisent pas, on peut examiner ce qui se passe dans les communes de la Suisse. C'est un sujet que nous traiterons plus loin, mais il est bon d'en dire ici quelque chose. Dans le canton d'Argovie, lorsqu'un homme est actionné en paternité, et qu'il est sur le point de se laisser condamner, la commune où il a son domicile peut opposer toutes les exceptions qu'il pourrait opposer lui-même (art. 225 du Code de 1826). Pourquoi cette intervention du public dans une affaire privée? C'est que le père est peut-être un homme pauvre, en tout cas il peut le devenir, et l'enfant qui est aujourd'hui à la charge de la commune de la mère, ou, si la mère est inconnue, de la commune où il a été trouvé, va retomber à la charge de la commune du père (art. 226).

A Berne, la commune peut se substituer à la mère, lorsqu'elle refuse d'agir contre le prétendu père (art. 168 du Code).

Il y a dans la loi du canton d'Argovie une décision bien plus étonnante : un homme pauvre ne peut pas reconnaître son enfant sans le consentement de sa commune (art. 226). — On comprend, à la rigueur, qu'on ne permette pas à un homme de se laisser condamner par insouciance, lorsqu'il aurait des moyens de défense, à une paternité qui n'est pas démontrée ; c'est la décision de l'art. 225, dont nous venons de parler ; mais qu'un père n'ait pas le droit de reconnaître

---

(1) C'est précisément l'inverse de notre jurisprudence actuelle.

son enfant, parce qu'il est pauvre, c'est un excès qui fait bien voir ce que peut l'intérêt de la commune.

Deuxième motif. — Denizart nous apprend (v° *Grossesse*, p. 20), qu'il était d'usage « de condamner tant le père que la mère » d'un enfant naturel, « en une peine pé- « cuniaire applicable au pain des prisonniers, ou autres « œuvres pies. » Si le commerce illicite est un fait punissable, on comprend qu'on puisse, au lieu d'infliger une amende à un homme, lui imposer la charge de nourrir l'enfant de la femme qu'il a fréquentée ; on comprend qu'on ne s'inquiète pas beaucoup de savoir s'il est le père ; et même, qu'on le condamne, dans des cas où il serait impossible de prouver la paternité. C'est en effet ce qui avait lieu ; plusieurs hommes pouvaient être condamnés à nourrir un enfant, ou bien on choisissait l'un d'entre eux, et Fournel nous dit à ce sujet que « l'objet des magistrats « n'est pas de rencontrer nécessairement l'auteur de la « paternité... » que « celui sur qui elle tombe ne doit im- « puter qu'à son imprudence et à son inconduite de s'être « exposé à ce soupçon. »

Troisième motif. — On n'a pas oublié le singulier axiome de Fournel : « il faut un père à l'enfant. » Pour le justifier, il invoque, en même temps que l'intérêt public, l'intérêt de l'enfant. Comment concevoir en effet qu'on eût fait des dérogations aux règles naturelles de la preuve, et des dérogations éminemment favorables à l'enfant, sans que la considération de son intérêt y soit entrée pour une large part?

Quatrième motif. — Les bâtards ne succédaient pas à leurs parents ; par conséquent, être déclaré père, c'était seulement avoir à nourrir un enfant. On avait exagéré cette idée ; ainsi Poullain-Duparc pensait qu'on devait se montrer facile sur le choix des preuves, parce que « il ne s'agit point *de l'honneur* d'un citoyen, mais d'un objet *purement* pécuniaire. » « Ce n'est qu'un enfant dont il est chargé, » disait-on (1); on n'est point père pour cela, c'est une aumône ordonnée par la justice.

Ajoutons, en terminant, que pour donner à la maxime *virgini prægnanti creditur* l'autorité de la tradition, on prétendait la faire descendre du droit romain. « Nous avons adopté, » dit Fournel, « les dispositions du droit « romain qui n'exige qu'une légère apparence de pater- « nité... » L. V, § 8, Dig. *De agnoscendis et alendis liberis,* 25, 3. — Faut-il s'arrêter à réfuter cette assertion? Est-il besoin de rappeler que la loi romaine s'occupait de l'enfant né de la femme divorcée, et non pas d'une femme quelconque; de la paternité légitime, et non de la paternité naturelle; enfin que le juge devait, pour accorder une provision, prendre sommairement connaissance de l'affaire, *summatim cognoscere,* tandis que le juge français devait sans examen accorder la provision? N'est-ce pas Fournel qui nous apprend que « le juge qui a sous les yeux la « plainte de la mère portant l'indication de l'auteur de « sa grossesse, a tout ce qu'il lui faut pour prononcer « sur la provision ? » La maxime est donc certainement française, et c'est à notre ancienne jurisprudence qu'il faut en laisser l'idée première et la responsabilité.

(1) Voy. le Discours de Servan, aux *Pièces Justificatives.*

CHAPITRE III

Des méprises de quelques jurisconsultes modernes, sur le sens de la maxime *virgini prægnanti creditur*, et en général sur le système communément suivi par l'ancienne jurisprudence.

On a écrit, et on entend répéter, que dans l'ancien droit français, lorsqu'une fille accusait quelqu'un de l'avoir rendue mère, on la croyait sur son affirmation, en vertu de la maxime *virgini prægnanti creditur* (1). Or, après une étude attentive des auteurs et des arrêts, après une comparaison scrupuleuse des textes de sept ou huit auteurs anciens qui ont écrit à des époques et dans des provinces différentes, nous avons, croyons-nous, le droit d'affirmer que cette proposition n'est point exacte; que la maxime n'avait trait qu'à la provision, que la condamnation à la provision ne préjugeait pas le fond, et que la preuve des relations de l'homme et de la femme restait à la charge de celle-ci.

Mais d'où vient cette opinion erronée, cette connaissance imparfaite de l'ancienne jurisprudence? Elle tient à plusieurs causes.

La première est une erreur de Denizart, reproduite dans une note déplorable de Desessarts qui figure au Répertoire de Guyot, et qu'on pourrait croire partagée par Poullain-Duparc.

(1) Toutefois, la Cour de cassation, dans un arrêt de rejet du 18 mars 1846, Sir., 47, I, 31, Ponsart-Girard, n'a pas admis comme preuve de la paternité, l'indication du père, dans une déclaration de grossesse faite sous l'ancien régime. Cpr. le jugement du tribunal de première instance dans l'affaire Peyot-Bessiat. Sir., 33, I, 220.

La seconde est l'obscurité des développements donnés par le président Favre, sur la maxime *virgini prægnanti creditur;* et l'interprétation inexacte d'un discours de l'avocat général Servan.

La troisième est l'existence, chez plusieurs peuples de l'Europe, et notamment en Suisse, de l'usage qu'on attribue faussement à notre ancienne jurisprudence.

Reprenons successivement ces trois points:

Premier point. — Nous connaissons l'erreur matérielle de Denizart qui fonde son opinion sur des arrêts qui lui sont contraires; ç'est un point sur lequel il n'y a pas à revenir. Quant à Desessarts, il reproduit simplement l'opinion de Denizart, qu'il copiait sans doute : d'ailleurs sa note est remplie des erreurs les plus grossières, et ne mérite guère qu'on s'y arrête. Je me contenterai de renvoyer le lecteur aux *Pièces justificatives* où la note est reproduite en son entier, avec l'indication des erreurs dont elle est remplie.

L'ambiguïté de Poullain-Duparc peut faire penser qu'il partageait l'erreur de Denizart, auquel il renvoie expressément; mais nous avons vu les motifs qu'on peut faire valoir en faveur de son orthodoxie.

Ainsi donc, erreurs ou ambiguïté de trois auteurs anciens, voilà tout d'abord de quoi en imposer à ceux qui n'ont pas fait de cette matière une étude particulière.

Deuxième point. — Une division méthodique et claire d'un volumineux ouvrage, une série de titres et de rubriques qui plaisent à l'œil, des décisions brèves et dans la manière des jurisconsultes romains, tels sont les mérites saillants et réels du gros ouvrage du président Favre. Mais qu'on cherche à comprendre le commentaire de ses *Decisiones*, qu'on essaie de lire ce qu'il a écrit sur la recherche de la paternité naturelle, et l'on s'apercevra bientôt qu'on n'en peut rien ti-

rer de bien assuré sur l'histoire de notre ancienne jurisprudence.

D'abord, je rencontre et je compare ces trois propositions :

Creditur virgini *juranti se ab aliquo cognitam...*

Non creditur. virgini *juranti se cognitam a conjugato.*

Non creditur mulieri *dicenti se ex Titio prægnantem...*

Il y a une antithèse évidente entre ces mots *virgo* et *mulier;* ce qui était admis pour l'une ne l'était pas pour l'autre. Au contraire, Denizart, en citant la maxime, et en rappelant qu'elle est du président Favre, en fait l'application à
la fille *ou femme libre.* Poullain-Duparc et Fournel parlent
constamment de la fille, mais ils ne paraissent pas attacher
à cette expression une signification absolue, et d'ailleurs ils
ne nous indiquent ni expressément ni implicitement qu'il
faille distinguer entre la fille ou la femme. Or, il est certain
que Fournel, dans les détails étendus et précis qu'il donne,
n'eût pas manqué de mentionner cette distinction.

Qu'en faut-il conclure? Qu'on faisait, au temps du président Favre, une distinction qu'on cessa de faire plus tard;
et que, de son temps seulement, on n'accordait pas le bénéfice de la maxime à la femme coupable de plusieurs faiblesses, ni à la femme veuve.

Peut-être aussi devons-nous limiter cette distinction, non
pas seulement à l'époque où Favre écrivait, mais encore au
ressort de son parlement, car il s'occupe surtout, dans son
Codex, des usages du parlement de Savoie, et tout au plus
des provinces voisines.

Autre observation. Favre nous dit : *creditur virgini juranti*. Les auteurs plus récents ne parlent pas de la nécessité du serment, et même Fournel nous apprend (1) qu'on
l'exige quelquefois de la fille, mais que *c'est sans aucun droit.*

____
(1) P. 87.

Répétons donc ici que ce qui était vrai au temps et dans le ressort du parlement de Favre, a cessé de l'être plus tard.

Enfin dernière observation sur l'application de la maxime : la déclaration de la fille n'a pas d'effet contre un homme marié : *non creditur virgini juranti se cognitam a conjugato*. On voulait protéger la paix du mariage, et empêcher de vaines imputations d'adultère. C'est la raison donnée par Favre.

Ici encore nous dirons : comme les auteurs plus récents ne reproduisent point cette règle, il est probable qu'elle est spéciale au temps, et peut-être au parlement du président Favre.

Puisque ces restrictions n'existent plus au dix-huitième siècle, on voit que l'application de la maxime, loin de s'atténuer avec le temps, s'était au contraire aggravée. Mais, de même qu'il y eut un changement dans son application, y en eut-il également dans son but ? Nous savons qu'au dix-huitième siècle elle n'est relative qu'à la provision ; en était-il de même au temps du président Favre ? On peut hésiter quelque temps sur la solution à donner, mais en définitive il faut décider que le sens de la maxime n'a point changé du seizième au dix-huitième siècle, du président Favre à Fournel. En effet, après avoir dit qu'en règle générale on ne croit pas la *meretrix*, Favre ajoute : cependant, s'il est certain qu'il y a eu cohabitation entre la *meretrix* et celui qu'elle désigne, *locus esse potest condemnationi fiduciariæ, et, ut aiunt, provisionali pendente lite* (1). C'est dire, assurément : la *meretrix* n'obtient pas la même confiance que la fille honnête ; mais quand elle a prouvé la cohabitation, les effets de sa

____

(1) On peut se demander quel procès subsiste encore quand la cohabitation est prouvée. La réponse est, que le défendeur pourra prouver que d'autres hommes ont fréquenté la femme à l'époque de la conception, et éviter par là une condamnation (ou la faire partager, comme cela s'est vu).

déclaration sont les mêmes, elle obtient une condamnation *fiduciaire*, une condamnation provisionnelle, comme la fille honnête en obtient une en vertu de la règle *virgini creditur.*

Cette interprétation est d'autant plus admissible que Favre se réfère à Papon : or nous savons que cet auteur n'appliquait la maxime qu'à la provision seulement, et même il disait que la condamnation aux frais de gésine et à la pourvoyance de l'enfant ne préjugeait pas le fond.

Que si l'on invoque contre nous certaines expressions obscures qui se trouvent sous la rubrique *non creditur virgini juranti se cognitam a conjugato*, nous les récuserons purement et simplement comme incompréhensibles. — Du texte ambigu de Faber, il convient de rapprocher un passage ambigu d'un réquisitoire de Servan. Si l'on peut soutenir, à la rigueur, que la maxime de Faber paraît s'appliquer non-seulement à la provision, mais au fond même de l'affaire, toujours est-il que ce système n'était pas admis par la jurisprudence du dix-huitième siècle. Or, le discours de Servan se place vers l'an 1770 ; par conséquent, il est peu probable qu'il ait reproché à la jurisprudence un système qu'elle n'admettait pas, au lieu de s'attaquer au système qu'elle suivait et qui prête assurément encore à la critique.

Examinons : « Une déclaration de grossesse est, jusqu'à « un certain point, accusation à la fois et condamnation, et « *sur cette simple déclaration*, un citoyen est chargé d'une « femme en couches et d'un enfant au berceau. » Cela est exact, si on l'entend de la condamnation à la provision.

« On condamne un citoyen sans l'entendre... » Cela est parfaitement vrai pour le provisoire.

Ce qui semble prouver que Servan ne s'occupe en effet que du provisoire, c'est qu'il ajoute : « Il faut croire, » dit le président Fabre, « la déclaration de la femme, de peur

« que la mère et l'enfant ne périssent de faim. » Nous savons en effet, par Fournel, qu'on regardait la condamnation à la provision comme ne pouvant souffrir de retard, et c'était par ce motif qu'on la justifiait.

Ce qui pourrait conduire à une fausse interprétation du discours de Servan, c'est la vivacité avec laquelle il proteste contre l'abus : « Eh quoi ! sommes-nous des peuples « barbares, la mère et l'enfant sont-ils exposés dans des « bois? etc. » On est porté à croire l'abus plus grand à raison même de l'énergie que l'orateur met à le combattre. Au reste, peut-être le parlement de Grenoble appliquait-il, dans une certaine mesure, comme l'avaient fait quelques tribunaux, la présomption au fond même de l'affaire ; peut-être Servan craignait-il qu'on ne l'appliquât ; ou plutôt, Servan entendait la maxime dans son vrai sens, et il la combattait, même dans cette application restreinte, avec toute la chaleur qu'il a montrée dans plus d'une affaire. On sait que son esprit, porté à la recherche des améliorations possibles dans les lois, s'y attachait avec persévérance, et que, doué d'une imagination vive, il donnait à son style un coloris éclatant et quelquefois chargé ; on sait aussi que, pour avoir échoué dans cette affaire même, il se retira de la magistrature.

Troisième point. — Il est certain, et on le verra plus loin avec détail, que la plupart des lois suisses admettent la preuve de la paternité par le serment de la mère ; il est certain également qu'avant 1834, la même règle était admise en Angleterre ; par conséquent on a pu croire assez facilement, et on a cru en effet qu'il en était de même dans notre ancienne jurisprudence. Cette vraisemblance, soutenue par quelques textes ambigus, a conduit le plus naturellement du monde à une théorie qui n'est pas conforme à la vérité historique.

Ces points étant mis en lumière, examinons en quoi certaines assertions de deux jurisconsultes modernes, sur l'ancienne jurisprudence française, paraissent manquer d'exactitude.

Voici d'abord ce qu'on lit dans le *Traité de la paternité et de la filiation*, de M. Demolombe (4ᵉ édition, n° 376 A) :

« La preuve de la filiation naturelle était autrefois très-
« facile... C'était le règne de la maxime : *creditur vir-*
« *gini dicenti se ab aliquo agnitam et ex eo prægnantem*
« *esse...* (Fabre, *Codex definitionum*, lib. IV, tit. xiv,
« *De prob. def.* xviii.) »

Nous avons démontré que la maxime n'avait pas trait à la preuve de la filiation naturelle, et qu'elle ne préjugeait pas même le fond. L'auteur le plus ancien que nous ayons cité, et l'auteur le plus récent, à savoir Papon et Fournel, s'accordent sur ce point. Quant à Faber, qui paraît bien être du même avis, nous savons que son texte est obscur ; et d'ailleurs il se réfère à une époque ancienne, et à un pays particulier. Tout cela a été exposé et nous ne croyons pas qu'il y ait lieu d'y revenir.

Continuons : « Maxime féconde en abus et en scanda-
« les, qui est encore observée aujourd'hui en Suisse (Codes
« des cantons de Vaud, art. 188 et suiv. ; de Berne,
« art. 185 et suiv., etc.), mais que notre ancien droit n'a-
« vait pourtant pas admise sans quelques réserves. »

Ainsi, à quelques réserves près, le système des Codes de Vaud et de Berne, etc., reproduirait le système généralement suivi dans notre ancienne jurisprudence ; l'ancien droit français aurait admis une théorie qui est encore suivie aujourd'hui en Suisse. Voyons donc les lois de Vaud et de Berne.

— Vaud : art. 190. « Lorsque la mère n'aura pas fait la
« preuve des faits allégués par elle, le juge pourra, selon

« les circonstances, déférer ou le serment supplétoire à
« la mère, ou le serment purgatoire au défendeur. »

—Berne : art. 194. « Si, après instruction, il reste des
« doutes au tribunal matrimonial, sur la culpabilité ou
« l'innocence de l'accusé, il peut, quand l'accusé n'est pas
« marié, lui déférer le serment, si les apparences sont
« pour lui, ou, dans le cas contraire, le déférer à la
« femme. »

Entre ces lois et notre ancienne jurisprudence, il y a
plusieurs différences, ou plutôt entière dissemblance :

1° On ne voit nulle part que les juges déférassent le serment supplétoire à la femme ;

2° Quant à la provision, la femme l'obtenait sans un serment, sur sa simple déclaration, et le juge ne pouvait pas
même la lui refuser.

Les deux systèmes n'ont donc entre eux aucun trait de
ressemblance; non-seulement la décision du fond n'avait
pas lieu chez nous comme en Suisse, mais encore, entre
la décision du provisoire en vertu de la maxime *virgini
prægnanti creditur*, et la décision du provisoire (1) ou du
fond telle qu'elle a lieu en Suisse, il n'existe aucune analogie.

Poursuivons notre examen :

« Maxime féconde en abus... mais que notre ancien
« droit n'avait pourtant pas admise sans quelques ré-
« serves.

« C'est ainsi qu'elle était inapplicable à une fille de
« mœurs suspectes, *meretrici;* — qu'elle ne pouvait être in-
« voquée contre un homme marié, *ne alioquin et turbetur
« matrimonium;* — et que plusieurs en étaient même venus

---

(1) Le tribunal statue sommairement sur les demandes de provision
(art. 191 et 192 du code de Berne), après une procédure de vive voix.

« à la restreindre à la déclaration de la servante contre
« son maître. »

Loin de se restreindre graduellement, la maxime avait
pris, nous le savons, une extension de plus en plus grande ;
l'exception relative à la *meretrix*, au défendeur marié, et
la nécessité d'un serment n'existaient plus au dix-huitième
siècle.

Il y a ici une remarque curieuse à faire : s'il était vrai
que la maxime, entendue en ce sens qu'elle s'applique au
fond, eût été restreinte au cas de la servante, comme il est
incontestable que la faveur dont jouissait la servante a
disparu, il s'ensuit que la maxime n'aurait plus eu d'application dans la jurisprudence du dix-huitième siècle. Or,
au contraire, elle ne s'est jamais appliquée plus pleinement,
plus universellement ; c'est donc qu'elle n'avait pas le
sens qu'on lui prête. On voit que cette théorie fautive abou-
tit de tous les côtés à des impossibilités.

« En aucun cas, d'ailleurs, la seule déclaration de la fille
« ne suffisait pour faire condamner l'homme qu'elle dési-
« gnait comme père, à payer les frais de gésine. »

*Dans tous les cas, la seule déclaration suffisait pour
faire condamner l'homme à payer les frais de gésine* (1) :
telle est la vérité historique.

« Il fallait qu'elle fût appuyée de quelques présomptions,
« comme, par exemple, de la preuve plus ou moins pré-
« cise des relations qui avaient existé entre cet homme et
« la mère de l'enfant (Comp. Poullain-Duparc, t. VIII,
« p. 113 ; ancien Denizart, t. II, v° *Grossesse*, n° 15.) »

Quand bien même Denizart n'aurait pas été cité, il aurait été facile de reconnaître qu'il est l'auteur de tout le

____

(1) « La seule imputation de la fille est suffisante, sans considérer les cir-
« constances qui pourraient en faire suspecter la sincérité. » (Fournel,
page 99.)

mal. Comment imaginer, en effet, que ce jurisconsulte invoque en un sens des arrêts qui sont en sens contraire? C'est un piége qu'on ne pouvait découvrir qu'en remontant aux arrêts eux-mêmes. Ainsi, il est certain que l'accusation a par elle seule un plein et entier effet quant à la provision, et sans qu'il soit besoin de la preuve plus ou moins précise des relations de l'homme et de la femme; et il est également certain que, suivant la jurisprudence commune, l'accusation ne formait point une semi-preuve quant au fond, et qu'on exigeait une preuve précise et décisive des relations de l'homme avec la mère de l'enfant.

Dans son *Traité des Preuves*, M. Bonnier dit, à la page 283, n° 223, tome Ier :

« La faculté de rechercher la paternité naturelle, qui
« existait jadis en France avec une grande latitude, se re-
« trouve encore aujourd'hui chez la plupart des peuples...
« Mais la preuve directe du fait de la paternité n'étant pas
« facile, on s'en rapporte volontiers à la déclaration de la
« mère, *par application* de la fameuse maxime formulée
« par le président Favre : *creditur virgini...* »

C'est l'idée que nous avons rencontrée dans l'ouvrage de M. Demolombe, et qui a sans doute été puisée aux mêmes sources.

... . « Dans le dernier état de notre ancienne jurispru-
« dence (arrêt du Parlement de Paris du 15 avril 1712),
« on avait fini par reconnaître la nécessité d'une infor-
« mation préalable sur les mœurs de la mère... »

Ainsi, il y aurait un arrêt du Parlement de Paris, de l'an 1712, qui reconnaîtrait, tout en la restreignant, l'autorité de la déclaration de la femme quant à la décision du fond. Si cela était, nous aurions peut être été trop affirmatif en disant qu'il est à peu près sans exemple, dans notre ancienne jurisprudence, qu'on ait donné à la maxime

le sens qu'on lui prête aujourd'hui, et que c'était une
erreur de quelque tribunal obscur, comme celui dont le
jugement fut réformé par l'arrêt du Parlement de Rouen
de 1723. Voyons donc exactement ce qui en est.

On trouve dans le *Journal des Audiences*, à la date du
15 avril 1712 (1), un arrêt du Parlement de Paris.
Nous l'avons lu et relu, et nous n'y avons rien rencontré
qui ait un rapport direct avec notre matière. Le titre mis
par l'arrêtiste pourrait le faire croire, mais il n'en est rien
le procès roule sur l'application de l'ordonnance de 1556 (2),
et non pas sur une question de paternité. Il est vrai qu'une
servante, accouchée chez son maître, lui demandait des
dommages et intérêts, mais non pas pour l'avoir rendue
mère, car, dans sa déclaration, elle imputait la paternité
à un tiers ; il est vrai aussi que le maître se plaignait
d'avoir été emprisonné sans information, mais on ne dit
pas sur quoi il voulait qu'elle portât, et nulle part je ne vois
trace de ce principe que la déclaration de la fille ferait
preuve en général, sauf information préalable sur sa mo-
ralité. Ce n'est pas cet arrêt de Paris, mais bien l'arrêt du
Parlement de Rouen, du mois de mars 1723, qui peut nous
donner une juste idée de l'ancienne jurisprudence.

(1) Page 203 et s.
(2) Voy. ci-dessus, page 1 et suiv.

CHAPITRE IV

Examen critique du système généralement suivi dans l'ancienne jurisprudence française.

Dégagés des exagérations qu'ils avaient quelquefois subies, les principes de notre ancienne jurisprudence étaient-ils mauvais de tout point, et a-t-on bien fait de n'en rien conserver?

Comment en douter, si l'on ne consulte que ceux qui ont renversé l'ancien usage?

Cambacérès, dans le discours préliminaire de son projet de code civil (p. 15), le tribun Lahary et Duveyrier (Fenet, X, p. 198, 238 et 240) attaquent vivement l'ancienne jurisprudence (1); Tronchet raconte (Fenet, X, p. 71) que les filles poursuivaient les plus riches de ceux qui les avaient fréquentées (2); Bigot-Préameneu, dans l'Exposé des motifs (Fenet, X, p. 154), dit que « les recherches de paternité étaient regardées comme le fléau de la société ». Cette unanime réprobation de l'ancien usage n'en est-elle pas une condamnation sans appel?

On peut ajouter que les rédacteurs de la loi du 12 bru-

---

(1) Voy. aussi Thibeaudeau (séance du conseil d'État du 26 brumaire an X; Fenet, X, p. 75-76): « L'*usage* de cette action était autrefois scandaleux et arbitraire, les lois qui y ont mis un terme ont servi les mœurs. » Mais il ajoute avec quelque exagération : « Il était nécessaire d'empêcher qu'une fille ne vînt, par une fausse déclaration, *assurer* à un enfant la succession de celui qui n'en était pas le père. »

(2) Cependant il indique qu'il fallait, « pour faire prononcer la paternité, que la fille *prouvât* qu'il y avait eu fréquentation. » Séance du Conseil d'Etat du 26 brumaire an X, Fenet, X, p. 74.

maire an II, favorables à l'enfant naturel, ont néanmoins répudié la recherche de la paternité.

Enfin les personnes à qui leur grand âge a permis de connaître ceux qui vivaient sous l'ancien régime, nous disent que les prêtres, en particulier, étaient l'objet d'une véritable persécution. La preuve en est dans un passage de Bigot-Préameneu (Fenet, X, p. 154) reproduit par un savant évêque, Mgr Gousset, dans ses notes sur le Code civil (*le Code civil expliqué*, 1 vol. in-18) :

« Les mœurs réclamaient la disposition de cet article » (l'art. 340 du Code civil, qui interdit la recherche de la paternité). « Les recherches de paternité exposeraient les tri-
« bunaux aux débats les plus scandaleux, aux jugements les
« plus arbitraires, à la jurisprudence la plus variable.
« L'homme dont la conduite serait la plus pure, celui même
« dont les cheveux auraient blanchi dans l'exercice de toutes
« les vertus, ne serait point à l'abri des attaques d'une
« femme impudente, ou d'enfants qui lui seraient étran-
« gers ; et ce genre de calomnie laisserait toujours les traces
« les plus affligeantes. »

Il semble donc que le doute sur la valeur des anciens principes ne soit pas possible, et cependant on a élevé ce doute, et avec raison, car il y a place au doute ; on a dit aussi que les lois de la Révolution et le Code civil ont été réactionnaires sur ce point, et on a eu raison de le dire ; enfin on en a conclu que le principe de la recherche de la paternité doit être rétabli, avec des restrictions nécessaires qui manquaient dans l'ancien droit, et dont l'absence a amené des abus qu'on imputait à tort au principe lui-même, et on aurait raison de dire cela, s'il n'y avait pas dans la constitution de la société, dans la nature et dans le rôle de la femme, quelque principe supérieur qui repousse et condamne la recherche de la paternité.

L'ancien système peut se résumer ainsi :

1° La recherche de la paternité est permise ;

2° Une provision est due à l'enfant, sur la seule déclaration, que fait la mère, de l'auteur de sa grossesse ;

3° La preuve de la paternité reste entière après que la provision a été adjugée ; elle est à la charge de la mère ; l'accusé qui prouve les relations de la mère avec d'autres, ne sera pas condamné.

De ces trois propositions, il en est une qu'on s'accorde à blâmer, c'est la seconde, c'est-à-dire la règle *virgini prægnanti creditur*. Mais peut-on approuver les deux autres ? On le pourrait, si l'on prouvait que cette règle est la seule cause de tous les désordres qui se sont produits : n'ayant pas alors contre elles une expérience longue et désastreuse, n'étant pas condamnées par l'histoire, ces règles pourraient faire l'objet d'un système raisonnable et mériteraient une discussion sérieuse.

Il est certain que la maxime *virgini creditur* ajoutait au mal, et que si elle n'eût pas existé, le mal eût été moindre. Il est également certain qu'en l'absence d'une loi formelle, une jurisprudence, quelque sage qu'elle soit, tient toujours les défendeurs dans la crainte, et les demandeurs dans l'espoir qu'un relâchement se produira. Mais supposez la maxime écartée par un texte formel, supposez la loi la plus précise, supposez même que le principe de la recherche soit entouré de restrictions, de précautions aussi défiantes que vous le voudrez, ce principe ainsi précisé et réduit à la plus juste mesure est-il bon, est-il désirable ? C'est là une question très-grave que nous ne pourrons résoudre avec certitude qu'après avoir examiné les tendances de la jurisprudence française actuelle, et les lois étrangères où nous puiserons de précieux enseignements.

Qu'on veuille bien remarquer ici que les partisans déclarés de la recherche ont intérêt à présenter la maxime *virgini creditur* comme s'appliquant au fond du procès, car ils disent alors avec une grande force : la source des abus était dans la maxime; ce que nous réclamons, c'est la recherche de la paternité dégagée de ce déplorable excès ; or, l'ancien droit ne l'a jamais connue; donc le passé n'est pas contre nous! Ils ne se trompent que sur le sens de la maxime, et nous répondrons : la maxime ne s'appliquait qu'à la provision, donc les abus qui ont eu lieu pouvaient tenir au principe même de la recherche ; l'ancien droit ne vous condamne pas au silence, puisque le principe n'était pas appliqué dans sa pureté, mais d'un autre côté vous ne pouvez pas récuser complétement l'autorité du passé, il y a un doute contre vous : les abus ont pu tenir pour une part au principe même de la recherche. En un mot, dire que le passé est sans réplique, et dire à l'inverse qu'il est sans autorité, ce sont là deux prétentions également fausses, et nous n'aurons la vérité complète sur ce point capital et sur tant d'autres points importants de la preuve de la filiation naturelle, qu'après avoir parcouru tout le cercle d'investigation que nous nous sommes tracé, et après avoir scruté le droit intermédiaire et le droit actuel, la jurisprudence française de nos jours et le droit des peuples étrangers.

DEUXIÈME PARTIE

DROIT INTERMÉDIAIRE

Le législateur de la Révolution s'est montré favorable aux
enfants naturels, c'est un point qu'on ne saurait nier; en effet, il leur accorda des droits de succession, il les assimila
même, à cet égard, aux enfants légitimes; les enfants adultérins ou incestueux eurent aussi des droits de succession.
Mais en même temps que leur position s'améliorait, les abus
de la recherche de la paternité devenaient plus à craindre;
dans l'ancien droit, on avait pu dire de l'homme condamné
dans un procès en paternité : « Ce n'est qu'un enfant dont il
est chargé! » désormais c'est une véritable paternité qu'on
lui impose, et l'enfant naturel est introduit dans la famille,
il succède aux parents de ses père et mère (1). Aussi, malgré
la faveur qu'il témoigne aux enfants naturels, le législateur
a-t-il reculé devant l'admission de la recherche de la paternité. L'esprit de réaction suffirait-il pour justifier cette contradiction? N'était-ce pas du moins l'occasion de distinguer
ce qu'il y avait de mauvais dans notre ancien droit, de ce
qu'il pouvait renfermer d'utile? Tout ce que peuvent ré-

____

(1) Loi du 12 brumaire an II, art. 2. « Leurs droits de successibilité sont
« les mêmes que ceux des autres enfants. ».

pondre les partisans de la recherche, c'est que le temps a manqué au législateur de cette époque, et que ce qu'il n'a pas pu faire au milieu des nécessités pressantes qui l'assiégeaient de toutes parts, et sous l'influence encore trop récente des scandales de l'ancien droit, le législateur de 1804 aurait dû le faire. C'est le Code civil qu'on attaque, par conséquent c'est à propos de l'examen critique du Code civil, que nous apprécierons la valeur de ces attaques.

Pour le moment, voyons la série des dispositions législatives de l'époque intermédiaire, et l'interprétation qu'en ont donnée les tribunaux.

Le 7 mars 1793, la Convention charge son comité de législation de lui présenter un projet de loi sur les enfants naturels.

Le 4 juin suivant, elle pose en principe que « les enfants « nés hors mariage succéderont à leurs père et mère, dans « la forme qui sera déterminée. »

Les règles sur ce point se trouvent dans le décret du 12 brumaire an II; voici les articles de ce décret qui ont trait aux preuves de la filiation naturelle (1) :

Art. 1. Les enfants actuellement existants, nés hors mariage, seront admis aux successions de leurs père et mère, ouvertes depuis le 14 juillet 1789.

Ils le seront également à celles qui s'ouvriront à l'avenir, sous la réserve portée par l'art. 10 ci-après.

Art. 8. Pour être admis à l'exercice des droits ci-dessus, dans la succession de leur père décédé, les enfants nés hors mariage seront tenus de prouver leur possession d'état. Cette preuve ne pourra résulter que de la représentation d'écrits publics ou privés du père, ou de la suite des soins donnés, à titre de paternité, et sans interruption, tant à leur entretien qu'à leur éducation.

(1) Duvergier, VI, p. 331 et s.

La même disposition aura lieu pour la succession de la mère.

Art. 10. A l'égard des enfants nés hors du mariage, dont le père et la mère seront encore existants lors de la promulgation du Code civil, leur état et leurs droits seront en tout point réglés par les dispositions du Code.

Art. 11. Néanmoins, en ce cas de mort de la mère avant la promulgation du Code, la reconnaissance du père faite devant un officier public suffira pour constater à son égard l'état de l'enfant né hors du mariage, et le rendre habile à lui succéder.

Art. 12. Il en sera de même dans le cas où la mère serait absente, ou dans l'impossibilité de confirmer, par son aveu, la reconnaissance du père.

(L'art. 13 accorde des droits de succession à l'enfant adultérin.)

La loi de brumaire renfermait, comme on a pu le remarquer, des dispositions vagues, embarrassées, et qui devaient donner lieu à des difficultés dans la pratique. C'est ce qui arriva : un tribunal avait à décider si « l'enfant né hors du mariage, dont le père est décédé depuis la promulgation de la loi du 12 brumaire an II, doit, pour avoir droit à la succession, avoir été par lui reconnu devant l'officier public, ou s'il lui suffit de représenter des actes privés et d'offrir la preuve des soins qui lui ont été donnés à titre de paternité » ; il sollicita du Corps législatif une interprétation de la loi. Voici ce que dit à ce sujet le ministre de la justice, dans son rapport adressé au Directoire, et qui fut transmis au Conseil des Cinq Cents (1) :

« Pour les pères morts avant la loi, le législateur n'exige qu'une preuve supplétive résultant soit d'écrits publics ou

____

(1) Duvergier, IX, p. 361 et s.

privés, soit des soins donnés à titre de paternité et sans interruption, pour l'éducation et l'entretien.

« Pour les pères encore existants, le législateur exige une reconnaissance authentique, puisqu'il entend que les droits de leurs enfants soient, en tous points, réglés par les dispositions du Code civil.... (1).

« Il suffit de rapprocher les articles 1, 10, 11, 12, de la loi du 12 brumaire an II, pour reconnaître qu'on n'a en vue, dans l'art. 8, que les enfants dont les pères n'existaient plus, que c'est pour eux que la loi a fixé, dans cet article, un mode de reconnaissance, et que ce mode ne saurait s'appliquer à ceux dont les pères existaient encore, et avaient par conséquent la faculté de les reconnaître...

« On a donc exigé, pour cette classe d'enfants, dont les pères se trouveraient exister au moment de la publication de la loi, une reconnaissance faite devant un officier public. C'est dans les art. 11 et 12 que se trouve cette disposition.

« Elle paraît d'abord ne s'appliquer qu'à des cas particuliers, mais, en y réfléchissant, *en se rappelant que le législateur a voulu abolir la recherche de la paternité non avouée*, et fonder sur une reconnaissance positive les rapports des enfants naturels avec leurs parents, il est facile de voir que la loi du 12 brumaire a institué la formalité de la reconnaissance devant l'officier public, pour les pères survivants. »

A l'appui de son opinion, qui paraît au premier abord paradoxale, le ministre cite une circulaire de la Commission des administrations civiles, police et tribunaux :

« Les actions en déclaration de paternité sont proscrites. Pour vous en convaincre, il suffira d'approfondir quelques-unes des dispositions de la loi du 12 brumaire an II ».. etc.

(1) Cette raison n'est pas bien forte, mais ce qui est un peu plus loin semble d'abord bien plus singulier encore.

Il cite également des paroles de Cambacérès dans la discussion de quelques articles du Code civil :

« Personne n'ignore combien, dans les habitudes de la vie, il est facile de répandre la présomption d'une paternité qui n'a jamais existé ; c'est pour cela que la loi du 12 brumaire an II exige la reconnaissance du père.

Le ministre se pose alors une objection qui paraît concluante, mais il y répond ensuite de la façon la plus ingénieuse.

Objection :

« Vouloir que les successions ouvertes depuis la loi du 12 brumaire an II fussent régies par un Code qui n'a aucune existence, que les enfants n'y fussent admis qu'en rapportant des preuves qui sont exigées par ce Code, ce serait lui donner un effet rétroactif aussi injuste, aussi illégal que s'il s'appliquait aux successions antérieures au 12 brumaire an II, ce serait réduire à l'impossibilité les enfants naturels. »

Réponse :

« La loi ne rétrograde que quand elle ravit des droits acquis ; il n'y a point de rétroaction lorsqu'il s'agit de développer et d'appliquer un principe nouveau et admis sous des conditions.

« Avant le 4 juin 1793, les enfants naturels n'héritaient pas de leurs pères ni de leurs mères ; en leur accordant des droits de successibilité, le législateur a pu se réserver le pouvoir de déterminer l'exercice de ces droits ; c'est ce qu'il a fait par le décret du 4 juin.

« Le 12 brumaire suivant, il s'est expliqué à l'égard de ceux de ces enfants dont les pères n'existaient plus, il a renvoyé au Code civil le règlement des droits de ceux dont les pères vivaient encore, lorsqu'une reconnaissance positive n'aurait pas fixé leur état. »

On voit la conséquence que doit tirer de là l'auteur du rapport :

« Les enfants naturels qui n'ont pas été reconnus par leurs pères, demeurent dans l'état d'indétermination où les avait placés le décret du 4 juin 1793, et ils n'ont que des aliments à prétendre jusqu'au moment où le Code civil aura été décrété. »

Ce rapport se trouve annexé à l'arrêté du directoire exécutif du 12 ventôse an V. Il était nécessaire d'en extraire ces passages un peu longs, afin de pouvoir tracer un tableau exact de la législation fort incertaine de l'époque intermédiaire sur la preuve de la filiation des enfants nés hors mariage.

Il reste à mentionner ici un dernier document, quoiqu'il soit postérieur à la loi du 2 germinal an XI qui forme le titre de la paternité et de la filiation au Code civil; c'est la loi du 14 floréal an XI (1) :

Art. 1. L'état et les droits des enfants nés hors mariage, dont les père et mère sont morts depuis la promulgation de la loi du 12 brumaire an II, jusqu'à la promulgation des titres du Code civil sur la paternité et la filiation et sur les successions, seront réglés de la manière prescrite par ces titres.

Art. 3. Les conventions, et les jugements passés en force de chose jugée, par lesquels l'état et les droits desdits enfants naturels auraient été réglés, seront exécutés selon leur forme et teneur (2).

Que faut-il conclure de tous ces textes, quant au système suivi par le droit intermédiaire? Comment se prouvait la filiation naturelle depuis la loi du 12 brumaire an II,

(1) Duvergier, XIV, p. 237.
(2) Application : arrêt de cassation du 15 janvier 1811, Sir., 11, I, p. 138. Domaines c. Cauroy.

jusqu'à celle du 2 germinal an XI sur la paternité et la filiation?

Voici ce qui paraît le plus probable :

Première règle. — Pour établir la filiation naturelle de telle sorte qu'elle procurât à l'enfant des aliments, on admettait tous les moyens de preuve reçus dans l'ancien droit, moins la recherche de la paternité.

Deuxième règle. — Pour que l'enfant naturel pût réclamer des droits de succession, il fallait :

1° S'il s'agissait d'une succession ouverte depuis la promulgation de la loi du 12 brumaire an II, que sa filiation fût établie conformément au Code civil; ses droits étaient en suspens (1).

2° S'il s'agissait d'une succession ouverte avant la promulgation de la loi de brumaire, et depuis le 14 juillet 1789, jour de la prise de la Bastille, il suffisait, d'après la loi de brumaire, qu'il eût établi sa filiation par tous les moyens, sauf la recherche de la paternité. Mais il faut remarquer que ce second point a depuis perdu beaucoup de son importance, car la rétroactivité de la loi de brumaire an II, qui faisait remonter au 14 juillet 1789 l'effet des droits de succession qu'elle accordait aux enfants naturels, fut d'abord abolie par le décret du 3 vendémiaire an IV. L'exécution de ce décret fut, il est vrai, suspendue par un

______

(1) Rejet, 14 floréal an XIII ; Sir., an XIII, I, p. 321 : une reconnaissance faite, en 1787, par acte baptistaire, a été considérée comme conforme à l'art. 334 du Code ; Cpr. Chabot, *Questions transitoires*, II, p. 120 à 122 et 127 à 133. Rejet, 18 mars 1846 ; Sir., 47, I, p. 31. — L'arrêt de rejet du 6 février 1833, Sir., 33, I, p. 220, paraît avoir exagéré la portée de l'art. 10 de la loi du 12 brumaire an II.

Si la succession s'est ouverte depuis le Code, à plus forte raison en appliquera-t-on les règles : Rejet, 3 février 1851 ; Sir., 51, I, p. 231. (La Cour n'a pas vu que la question est tranchée par l'art. 10 de la loi de brumaire.)

Cpr. sur tous ces points Chabot, *Questions transitoires* , II, p. 114 à 120.

nouveau décret rendu le 26 du même mois ; mais enfin la loi du 15 thermidor de l'an IV, art. 1ᵉʳ, ne reconnut plus aux enfants naturels que le droit de recueillir les successions de leurs père et mère ouvertes depuis la promulgation du décret du 4 juin 1793. Les modes de preuve dont nous parlons (sur ce deuxième point) n'ont donc plus, en définitive, suffi aux enfants naturels pour leur procurer des droits de succession, si ce n'est sur celles qui se sont ouvertes depuis la loi du 4 juin 1793 jusqu'à celle du 12 brumaire an II. Tel paraît être le résultat auquel conduit la combinaison de tous ces textes.

Remarquons encore qu'on ne distinguait pas, quant à la preuve de la filiation, entre les enfants naturels simples, et les enfants adultérins ou incestueux.

Enfin, ajoutons quelques remarques sur l'interprétation que cette législation reçut de la jurisprudence.

D'abord, un arrêt de rejet du 4 germinal an X décida que la recherche de la paternité avait été proscrite par la loi du 12 brumaire an II, art. 8, à l'égard des pères morts après la publication de cette loi. Sirey, vol. II, p. 246 et s. L'arrêtiste rapporte que le commissaire du gouvernement, dont les conclusions furent suivies, conclut au rejet en rappelant :

1° L'arrêté du Directoire exécutif du 12 ventôse an V, sur le rapport du Ministre de la justice (que nous avons cité);

2° Une décision du conseil des Anciens, du 19 thermidor an VI (qui ne se trouve ni dans Duvergier, ni au Bulletin des lois, ni dans le procès-verbal de la séance du 19 thermidor, au *Moniteur*) ;

3° La constante jurisprudence au tribunal de cassation qui, *pour les preuves de filiation comme pour les droits de successibilité*, renvoie les enfants naturels des pères décédés depuis la loi du 12 brumaire an II, aux dispositions du Code civil.

Il cite là-dessus trois arrêts de cassation, des 24 prairial an VII, 3 pluviôse an VIII, 4 nivôse an X, et il est remarquable que tous ces arrêts ont été rendus à propos de droits de succession, et non sur des demandes d'aliments, ce qui pourrait faire douter de l'exactitude du commissaire lorsqu'il dit que la jurisprudence est fixée, *pour les preuves de filiation*, comme pour les droits de successibilité; mais il y a d'abord un arrêt de cassation du 19 vendémiaire an VII, cité (seulement) par Sirey, II, p. 259 *in fine*, qui décide la question en ce sens; puis un autre arrêt très-important du 3 ventôse an X, cassant un arrêt de la cour de Liége qui avait distingué, sous le rapport de la preuve à faire, entre les droits de succession et les aliments. Sirey, III, p. 185 et s. Les raisons présentées pour et contre sont très-curieuses à examiner. L'organe du Ministère public dit quelques mots du droit romain et du droit antérieur à la Révolution, et notamment, ce que nous avons démontré, que les aliments accordés aux enfants naturels ne préjugeaient pas la filiation.

On peut comparer, dans le sens de cette opinion qui rejetait la recherche de la paternité, soit qu'il s'agît d'obtenir des droits de succession, ou des aliments, les motifs d'un arrêt de rejet du 6 janvier 1808. Sirey, 1808, p. 86 et s. — « Depuis la loi de brumaire, nul n'a pu être contraint à reconnaître un enfant naturel qu'il ne jugeait pas à propos d'avouer. »

On reconnaissait bien que la loi de brumaire n'était pas explicite quant aux aliments, mais on disait : il est impossible d'admettre, pour les aliments, un genre de preuve que la loi réprouve pour la succession.

On décida même, en haine de la recherche de la paternité,

qu'une reconnaissance d'enfant faite par une personne sous le coup d'une action en paternité, alors que cette action était admise, n'était pas une reconnaissance *volontaire*. La Cour de Bordeaux a jugé cela, au dire de Sirey (1), et la Cour de cassation, devant laquelle cet arrêt fut porté, ne le cassa pas, reconnaissant qu'il s'agissait d'une appréciation de fait. L'arrêt de rejet est du 18 floréal an XIII.

Sirey, dans le volume de l'an XII, IIe partie, p. 51, rend compte d'un arrêt du 5 nivôse an XII cassant un jugement qui avait, suivant les anciens usages, condamné un homme à payer par provision, à une femme accouchée, une certaine somme pour les frais de gésine et pour la nourriture de l'enfant. Évidemment cet ancien préliminaire des actions en paternité n'était plus de saison.

Quant à l'action en déclaration de paternité intentée avant la loi de brumaire, on jugea qu'elle pouvait être continuée, depuis cette loi, d'après les anciennes règles (2).

On jugea même que l'enfant naturel qui réclame des aliments sur la succession de son père décédé avant la loi de brumaire, est admissible à faire la preuve par témoins (3).

Enfin, il est certain que, pour recueillir les successions qui se sont ouvertes depuis la loi du 12 brumaire an II, l'enfant naturel doit avoir sa filiation constatée suivant les règles du Code civil, et non pas seulement par les moyens autres que la recherche de la paternité. Cela résulte soit de l'interprétation de la loi de brumaire (4), soit de

---

(1) Vol. V, p. 278 et s., et spécialement p. 281 *in fine*.

(2) Rejet, 21 prairial an X, Sir., vol. II, p. 257 et s. Voy. le préambule de l'arrêtiste. Cpr. d'autres arrêts de la Cour de cassation cités à la page 260.

(3) Cassation (d'un jugement du tribunal de la Manche), 14 thermidor an VIII, Sir., I, p. 329.

(4) Arrêt de rejet du 23 messidor an X, motivé avec beaucoup de soin; Sir., vol. II, p. 329.

la disposition formelle de la loi du 14 floréal an XI (1).

Voyez aussi un arrêt d'un tribunal d'appel, du 10 pluviôse an XII (2) : l'enfant adultérin n'a pas droit à la succession de son père décédé depuis la loi de brumaire, car sa position est réglée par le Code civil qui ne lui donne pas de droits de succession.

En résumé, ce qui caractérise la législation intermédiaire, c'est qu'elle laisse en suspens l'état des enfants naturels : le Code civil devait mettre fin à cette incertitude, il était la solution espérée de la révolution, quant au règlement des droits civils, tout ce qui précédait n'était qu'une organisation provisoire. Nous allons étudier maintenant cette législation tant promise, et voir si elle a réalisé d'une façon satisfaisante les espérances qu'on avait fondées sur elle.

(1) Cassation, 12 avril 1820 ; Sir., 20, I, p. 244.
(2) Sir., vol. de l'an XII, 2e partie, p. 106.

TROISIÈME PARTIE

DROIT FRANÇAIS ACTUEL

CHAPITRE PREMIER

De la preuve de la filiation naturelle simple.

La filiation naturelle simple se prouve par la reconnaissance, par témoins, et, dans un cas particulier, par les modes de preuves de la filiation légitime. Tel est, sauf discussion, le système auquel nous nous arrêtons.

1. De la reconnaissance.

Conditions de fond. — I. La reconnaissance peut être faite par le père, quant à la filiation paternelle, par la mère, quant à la filiation maternelle, ou par leur fondé de procuration spéciale et authentique (1). Toute autre personne est à cet égard sans qualité (2).

(1) Cass. 12 février 1868 ; Sir., 68, I, 165, et Grenoble, 24 juin 1869 (mêmes parties), Sir., 69, II, 240. Avant la loi du 21 juin 1843 sur la forme des actes notariés, il y avait, sur le point de l'authenticité, une controverse qui est devenue sans intérêt. Voy. Duranton, III, n° 222, et conf. Demolombe, V, n° 407. — Du reste, cette procuration peut être délivrée en brevet. L. du 25 ventôse an XI, art. 20. Rolland de Villargues, *Traité des enfants naturels*, n° 216. Aubry et Rau, IV, p. 678, note 15. Trouiller, *Revue pratique*, 1860, IX, p. 352. Demolombe, V, n° 408. — Paris, 1er février 1812 ; Sir., 12, II, 161. *Contrà* Girerd,: *Revue pratique*, 1860, IX, p. 133.

(2) Favard, *Répertoire*, v° *Reconnaissance*, sect. I, § 1er, n° 6. Aubry et Rau, IV, p. 668. Demolombe, V, n° 381. Cpr., Loiseau, *Traité des enfants*

Toutefois, un grand nombre d'auteurs, et un plus grand nombre d'arrêts, décident que le père a le droit d'indiquer la mère, et que cette indication, soutenue de l'aveu, même tacite, de la mère, établit la filiation naturelle. Arg. *a contrario* de l'art. 336 (1).

Dans le projet, cet article portait que la reconnaissance du père n'aurait aucun effet si elle n'était avouée par la mère (2); puis on admit qu'elle serait valable, à moins que la mère ne la désavouât (3); enfin, on abandonna tout à fait l'idée à laquelle on s'était d'abord attaché, et l'on y substitua ceci : « La reconnaissance d'un enfant naturel n'aura d'effet qu'à l'égard de celui qui l'aura reconnu. » Telle fut la rédaction définitive (4).

Si le Conseil d'État, rédacteur de la loi, s'est arrêté à cette idée, il est à croire que l'art. 336 la reproduit, autrement il y aurait eu une surprise, un abus de confiance de la part de celui qui tenait la plume. Or, en comparant, avec les premières formes du projet, le texte de l'article actuel, on peut

naturels, p. 446. Delvincourt, I, p. 391, note 3. Taulier, I, p. 414. — Rejet, 11 juillet 1826, *J. du Palais*, 1826, p. 675.

Voy. cep. Metz, 21 juin 1853 ; Sir., 56, II, 449.

(1) Duranton, III, n° 245. Favard, *Rép.*, v° *Reconnaissance*, sect. 1, § 3, art. 1, n° 4. Duvergier sur Toullier, 1, 2ᵉ partie, n° 956, note *b*. Richefort, *De l'état des familles*, II, n° 278. Taulier, I, p. 427. Demante, II, n° 64 *bis*, I et II. Ancelot, *Revue de législation*, 1852, II, p. 156 et s. Devilleneuve, Sir., 57, II, 465 (en note). Aubry et Rau, IV, p. 668, 673 et 680. Cpr. Toullier, II, n° 927. —Bordeaux, 15 février 1832 ; Sir., 32, II, 410, et quatre arrêts antérieurs indiqués en note. Paris, 15 décembre 1834 ; Sir., 35, II, 5. Rejet, 22 janvier 1839; Sir., 39, I, 5. Paris, 20 avril 1839 ; Sir., 39, II, 249. Bordeaux, 11 mars 1853 ; Sir., 53, II, 322. Paris, 21 novembre 1853 ; Sir., 56, II, 719. Rejet, 13 avril 1864; Sir., 64, I, 209 (motifs). Rejet, 26 mai 1866 ; Sir., 66, I, 143. Rejet, 30 novembre 1868 ; Sir., 69, I, 66.

Contra : Rolland de Villargues, n° 259. Valette, sur Proudhon, II, p. 142, note *a*. Marcadé, art. 336. Demolombe, V, nᵒˢ 382-385. Cpr. Colmar, 30 décembre 1856 ; Sir., 57, II, 465 (motifs), et Paris, 17 février 1868 ; Sir., 68, II, 314 (motifs).

(2) Fenet, X, p. 72, 79 et s.

(3) *id.* p. 111 et s.

(4) *id.* p. 115.

se convaincre que l'aveu dont il y est question est l'aveu, fait
par la mère, *que l'auteur de la reconnaissance est le père de
l'enfant*. Il nous semble d'ailleurs évident que si « la reconnaissance du père » est la reconnaissance faite par le
père, « l'indication et l'aveu *de la mère*, » sont l'indication
et l'aveu faits par la mère.

Mais pourquoi ces deux mots : l'indication et l'aveu? Le
rédacteur a voulu ne rien omettre : l'indication précède la
reconnaissance de l'enfant par le père, tandis que l'aveu
suppose une reconnaissance antérieure ou actuelle. (Au
fond, l'indication est un aveu anticipé.) Ce scrupule du
rédacteur explique assez bien qu'il ait voulu retoucher la
rédaction définitive, et que, lié en une certaine mesure par
les termes de cette rédaction, et d'ailleurs amoureux de la
concision, il ait donné à son article une forme elliptique et
pénible :

Texte actuel.	*1re rédaction.*
La reconnaissance du père,	Toute reconnaissance du père seul,
sans l'indication et l'aveu de la mère,	non avouée par la mère, [sera de nul effet, tant à l'égard du père que de la mère.]
	3e rédaction.
	La reconnaissance d'un enfant naturel,
n'aura d'effet *qu'*à l'égard du père.	*n*'aura d'autre effet *qu'*à l'égard de celui qui l'aura reconnu.

Déclarer que la reconnaissance n'aura d'effet qu'à l'égard
du père, c'est déclarer d'abord qu'elle aura un certain effet ;
cela est forcé. Donc il faut lire ainsi l'art. 336 : La reconnaissance du père, valable sans l'indication et l'aveu de la mère
(ce qui avait fait doute), n'aura d'effet qu'à l'égard du père (1).

(1) Cpr. Exposé des motifs, Fenct, X, p. 156. Rapport de Lahary, *ibid.*,

L'opinion adverse introduit une exception bien grave à la règle de l'art. 334 ; d'une part, elle ôte à la femme la protection de la loi : ainsi, un écrit qu'on lui aura surpris, joint à une indication mensongère, prouvera la maternité, et d'autre part elle lui donne un moyen de faire des reconnaissances révocables, ou en fraude de l'art. 337.

On est allé jusqu'à soutenir que l'indication de la mère est efficace, alors même que la reconnaissance est nulle comme constatant une paternité adultérine (1). Mais si la reconnaissance est nulle, la paternité n'est pas prouvée, et l'on ne peut pas dire que l'indication a été faite *par le père*. D'ailleurs, supposons cette indication efficace : si l'on admet l'aveu de la mère, on viole l'art. 335, car la reconnaissance ne peut avoir lieu au profit des enfants nés d'un commerce adultérin, et si on ne l'admet pas, à quoi servira l'indication, qu'à empêcher la preuve de la maternité ? Pour pouvoir reconnaître son enfant, la mère serait obligée de faire tomber la force probante de l'indication en démontrant que celui qui l'a faite n'est pas le père de l'enfant ? or il faut remarquer qu'en faisant une reconnaissance de paternité adultérine, on ne s'expose pas à être chargé de l'enfant, puisque la reconnaissance est nulle. Enfin, que déciderait-on si la femme avait fait, en bonne forme, une reconnaissance antérieure à celle du père ? Faudrait-il la supprimer, comme étant une reconnaissance de maternité adultérine ? Faudrait-il au contraire négliger l'indication ? Ce dernier parti ne serait pas logique, puisqu'on prétend

p. 196. Discours de Duveyrier, *ibid.*, p. 244. Aucun de ces textes ne porte trace du système que nous repoussons ; on pourrait même, à la rigueur, argumenter du premier.

(1) Aubry et Rau, IV, p. 680, *in fine*, et note 23. — Rejet, 7 janvier 1852 ; Sir., 52, I, 12.

Contra: Colmar, 30 décembre 1856 ; Sir., 57, II, 465. Paris, 17 février 1868 ; Sir., 68, 314.

que l'indication se distingue de la reconnaissance, et que celle-ci tombant sous le coup de l'art. 335, l'autre est néanmoins efficace.

L'interprétation de l'art. 336, que nous avons rejetée, est un des moyens à l'aide desquels la jurisprudence élargit le système des preuves de la filiation naturelle.

— Un incapable, pourvu qu'il soit sain d'esprit (1), peut faire une reconnaissance (2), car l'incapacité, en principe, n'ôte pas la jouissance des droits. Mais comment l'incapable exercera-t-il ce droit ? et s'il s'agit, par exemple, d'un mineur non émancipé, sera-ce lui-même ou son tuteur qui fera la reconnaissance ? Évidemment le tuteur ne peut pas faire l'aveu d'un fait qui lui est étranger, donc ce sera le mineur lui-même, sans assistance, qui reconnaîtra l'enfant (3). Il en est de même pour l'interdit, sauf à établir, s'il s'agit d'une personne interdite judiciairement, qu'elle se trouvait dans un intervalle lucide.

La reconnaissance faite par un mort civilement, avant la loi du 31 mai 1854, devrait, d'après le même principe, être considérée comme valable (4), et la même solution s'applique

(1) Cpr. Orléans, 8 février 1852 ; Sir., 52, II, 6.

(2) Rolland de Villargues, n° 244. Mourre, *Œuvres judiciaires*, p. 299. Proudhon, II, p. 181. Toullier, II, n° 962. Duranton, III, n° 258. Delvincourt, I, p. 394. Favard, v° *Reconnaissance*, sect. I, § 1, n° 3. Magnin, *des Minorités*, I, n° 218. De Fréminville, *de la Minorité*, II, n° 940. Richefort, II, n° 259. Taulier, I, p. 423. Cadrès, *Des enfants naturels*, n° 32. Demante, II, n° 62 *bis*, XIII et XIV. Aubry et Rau, IV, p. 669. Demolombe, V, n°s 387 et 388. — Rejet, 22 juin 1813 ; Sir., 13, 1, 281. Rouen, 10 mars 1815 ; Sir., 15, II, 117. Rejet, 4 novembre 1835 ; Sir., 35, I, 785. Douai, 17 mars 1840 ; Sir., 40, II, 255. Orléans, 10 janvier 1847 ; Dalloz, 47, II, 17.

Contra : Loiseau, p. 476 et 477 (voy. cep. p. 483 et p. 510 à 514 comb.). Cpr. Thémis, II, p. 136 et s. Malpel, *Revue de législation*, 1836, IV, p. 43.

(3) Quoique rédigé en termes généraux, l'art. 502 ne s'applique, en ce qui concerne le demi-interdit, qu'aux actes pour lesquels il a besoin de l'assistance de son conseil ; de même, en ce qui concerne l'interdit, cet article paraît ne s'appliquer qu'aux actes pour lesquels il est représenté par son tuteur.

(4) *Contra :* Loiseau, p. 490. Magnin, *des Minorités*, I, n° 27. Richefort, II, n° 267.

a fortiori à la personne pourvue d'un conseil judiciaire (1) (voy. art. 499 et 513), et au mineur émancipé (2).

Enfin, pour la femme mariée, outre le principe que nous avons invoqué, il y a le texte de l'art. 337 qui suppose que chacun des époux a le droit de reconnaître, sans le consentement de l'autre, les enfants naturels qu'il a eus avant le mariage (3).

II. On peut reconnaître un enfant naturel dès qu'il existe, c'est-à-dire dès qu'il est conçu. C'est un point sur lequel on est d'accord (4). Il est vrai que l'art. 334 semble présenter l'acte de naissance comme le premier acte où l'on peut reconnaître un enfant, mais cet article n'est qu'énonciatif, car il n'est pas douteux qu'un enfant, lorsqu'il est né, ne puisse être reconnu devant notaire, avant même la déclaration de naissance. On fera la mention prescrite par l'art. 62 lorsque l'acte de naissance aura été dressé.

Il est clair que la déclaration de grossesse est une reconnaissance (5).

Si le père, en reconnaissant un enfant seulement conçu, avait indiqué l'époque présumée de l'accouchement, et que l'accouchement n'ait eu lieu que longtemps avant ou après

(1) Douai, 23 janvier 1819 ; Sir., 20, II, 102.

(2) Aix, 3 décembre 1807 ; Sir., 7, II, 693.

(3) Maleville, art. 337. Delvincourt, I, p. 400. Proudhon, II, p. 146 et 147. Loiseau, p. 413-415. Rolland de Villargues, n° 241. Toullier, II, n° 961. Duranton, III, n° 257. Favard, v° *Reconnaissance*, sect. I, § 1, n° 5. Demante, II, n° 62 *bis*, XIV. Aubry et Rau, IV, p. 670. Demolombe, V, n° 388.

(4) Loiseau, p. 421 et s. Rolland de Villargues, n° 247. Delvincourt, I, p. 391. Toullier, II, n° 955. Favard, v° *Reconnaissance*, sect. I, § 2, n° 5. Duranton, III, n° 211. Valette, sur Proudhon, II, p. 149. Marcadé, art. 334, n° 2. Richefort, II, n° 261. Demante, II, n° 62 *bis*, X. Aubry et Rau, IV, p. 673. Demolombe, V, n° 414. — Rejet, 16 décembre 1811 ; Sir. 12, I, 81, et deux arrêts antérieurs indiqués en note. Paris, 1er février 1812 ; Sir. 12, II, 161. Colmar, 11 mars, 1819 ; Sir., 20, II, 153. Metz, 19 août 1824 ; Sir., 25, II, 296.

(5) Aubry et Rau, IV, p. 674. — Grenoble, 13 janvier 1840 ; Sir., 40, II, 216. Colmar, 25 janvier 1859 ; Sir.. 59, II, 259.

l'époque indiquée, les tribunaux pourraient annuler la reconnaissance (1).

— On peut reconnaître un enfant décédé, qu'il ait ou non
laissé des descendants légitimes (2); en effet, la reconnaissance est la déclaration d'un fait que la mort de l'enfant ne
change pas, et aucune disposition de la loi ne défend de
faire cette déclaration après la mort de l'enfant. Si cette
reconnaissance est légale, il est arbitraire d'en restreindre
les effets. D'ailleurs, il peut arriver qu'on n'ait pas eu le
temps de reconnaître l'enfant avant son décès, par exemple :
un enfant, né viable, est mort par accident au bout de
quelques heures.

Ce que nous disons pour le cas où l'enfant est mort,

(1) Aubry et Rau, IV, p. 674. Demolombe, V, n° 415. — Rejet, 1er août 1843 ;
Sir., 43, I, 926.

(2) Loiseau, p. 444. Favard, *Rép.*, v° *Reconnaissance*, sect. I, § 2, n° 5.
Malpel, *des Successions*, n° 165. Rieff, *des Actes de l'état civil*, n° 151. Richefort, II, n° 263. Valette, sur Proudhon, II, p. 150. Marcadé, *Revue critique*, 1853, p. 209 et s. Demolombe, V, n° 416. — Douai, 20 juillet 1852 ;
Sir., 52, II, 678., Caen, 24 mai 1858 ; Sir. 58, II, 535.

Quelques personnes ne l'admettent que pour la mère. Fouët de Conflans,
des Successions, art. 765, n°s 4 et 5. Cpr. Belost-Jolimont, sur Chabot,
art. 765, n° 2, et aussi Duranton, III, n° 265.

Dans un troisième système, la reconnaissance n'est valable que si l'enfant a laissé des descendants légitimes. Duranton, III, n° 265. Delvincourt, I, p. 391. Vazeilles, *des Successions*, art. 765, n° 2. Marcadé, art. 334,
n° 2. Demante, II, n° 62 *bis*, XI. — Nancy, 26 juillet 1830 ; Sir. 52, I,
11, note 1. Cpr. Paris, 25 mai 1835 ; Sir., 35, II, 292. Pau, 9 juillet 1844 ;
Sir., 45, II, 10. Paris, 26 avril 1852 ; Sir., 52, II, 525.

MM. Aubry et Rau empruntent à tous les systèmes : au premier, en posant
la règle que « le décès de l'enfant naturel ne forme pas par lui-même un
obstacle à ce qu'il soit reconnu » (IV, p. 674) ; au second, en reconnaissant
que « si la mère avait été indiquée dans l'acte de naissance, et que par les
soins donnés à l'enfant, elle eût confirmé cette indication, il y aurait de graves motifs pour admettre l'efficacité à son profit d'une reconnaissance formelle de maternité faite après le décès de l'enfant » (*ibid.*, note 30) ; enfin,
au troisième système, en considérant la reconnaissance « comme non ave-
nue, si le père ou la mère l'avait faite dans l'unique but de se créer des
droits de succession sur les biens délaissés par l'enfant ainsi reconnu »
(*ibid.*, texte).

s'applique *a fortiori* dans le cas où il est absent (1).

Conditions de forme. — I. La reconnaissance doit être faite « par un acte authentique », art. 334. Il s'ensuit qu'on ne peut pas reconnaître un enfant par testament olographe (2) ou mystique (3) : ces actes sont solennels, mais non pas authentiques. Mais si on relatait dans l'acte de suscription d'un testament mystique, ou dans l'acte de dépôt, chez un notaire, de tout autre acte sous seing privé, la substance de la reconnaissance, elle serait alors valablement constatée (4).

Une reconnaissance peut n'être conçue qu'en termes énonciatifs (5), et même il ne paraît pas nécessaire que

(1) Nîmes, 11 juillet 1827 ; Sir.. 28, II, 55.

(2) Loiseau, p. 464 et s. Rolland de Villargues, n° 230. Chabot, *Questions transitoires*, v° *Enfants naturels*, § 4, n° 5. Delvincourt, I, p. 391. Favard, *Rép.*, v° *Reconnaissance*, sect. I, § 3, art. 2, n° 6. Duranton, III, n° 215. Duvergier, sur Toullier, I, 2ᵉ partie, n° 953, note *a*. Valette, sur Proudhon, II, p. 149. Richefort, II, nᵒˢ 255 et 256. Coulon, *Dialogues* ou *Questions de droit*, II, p. 279. Aubry et Rau, IV, p. 679. Demolombe, V, n° 404. — Rejet, 7 mai 1833 ; Sir., 33, I, 355. Nîmes, 2 mai 1837 ; Sir., 37, II, 317. Alger, 4 juin 1857 ; Sir., 57, II, 409. Paris, 11 août 1866 ; Sir., 67, II, 137, et quatre arrêts indiqués en note.

Contra : Toullier, II, n° 953. Merlin, *Rép.*, v° *Filiation*, n° 8. Troplong, *des Donations*, III, n° 1498. — Rejet, 3 septembre 1806 ; Sir., 6, I, 409.

(3) Duvergier, sur Toullier, I, 2ᵉ partie, n° 953, note *a*. Valette, sur Proudhon, II, p. 149. Aubry et Rau, IV, p. 679. Demolombe, V, n° 405.

Contra : Loiseau, p. 466. Delvincourt, I, p. 391. Duranton, III, n° 217. Richefort, II, n° 254. Favard, v° *Reconnaissance*, sect. I, § 3, art. 2, n° 6.

(4) Loiseau, p. 472. Aubry et Rau, IV, p. 680. Demolombe, V, n° 406 (Cpr. n° 405).

La condition qui nous semble essentielle, pour la validité de cet acte, n'est pas exigée par tous les auteurs. Chabot, *Questions transitoires*, v° *Enfants naturels*, § 4, n° 4. Rolland de Villargues, n° 221. Merlin, *Rép.*, v° *Filiation*, n. 12. Proudhon, II, p. 172. Toullier, II, n° 951. Favard, v° *Reconnaissance*, sect. I, § 3, art. 2, n° 3. *Encyclopédie du droit*, I, v° *Acte authentique*, n° 16. Duranton, III, n° 218. Richefort, II, n° 252.— Rejet, 3 septembre 1806 ; Sir., 6, II, 409.

(5) Loiseau, *Appendice*, p. 17-20. Delvincourt, I, p. 391. Duranton, III, n° 214. *Thémis*, II, p. 125. Aubry et Rau, IV, p. 680. Demolombe, V, n° 410. — Bruxelles, 17 juin 1807 ; Sir., 7, II, 325. Riom, 29 juillet 1809 ; Sir., 10, II, 266. Bruxelles, 4 juillet 1811 ; Sir., 12, II, 274. Colmar, 24 mars 1813 ;

l'énonciation ait un rapport direct avec l'objet de l'acte, car les motifs qui ont fait écrire, dans la matière des obligations, la disposition de l'art. 1329, ne peuvent guère s'appliquer ici. Du reste, les tribunaux pourraient, suivant le cas, refuser d'y voir une reconnaissance suffisante.

II. Sont compétents pour recevoir les reconnaissances : en premier lieu, l'officier de l'état civil (art. 62, 331 et 334), dans le ressort de sa commune, quel que soit le domicile des parties ou de l'enfant (1). Il constate la reconnaissance soit dans l'acte de naissance de l'enfant, soit dans l'acte de mariage des père et mère, soit dans un acte spécial. L'art. 88, relatif aux actes de l'état civil concernant les militaires hors du territoire français, paraît devoir être appliqué à la reconnaissance, bien qu'une instruction ministérielle du 24 brumaire an XII porte expressément le contraire (2).

D'après le projet de notre titre, les officiers de l'état civil étaient seuls compétents pour recevoir les reconnaissances (3), et l'art. 62 paraît avoir été rédigé dans cet esprit. Puis on reconnut qu'il est bon de permettre aux père et mère d'user d'actes moins en vue (4) ; aussi l'art. 334 n'est pas exclusif, et d'ailleurs l'art. 1er de la loi du 2 ventôse an XI qui présente les notaires comme ayant pleine compétence pour donner l'authenticité aux actes, en dehors des cas où certains fonctionnaires ont une compétence spéciale, ne permettait guère de douter qu'ils ne pussent recevoir les reconnaissances. Aujourd'hui, cela résulte expres-

Sir., 14, II, 2. Paris, 2 janvier 1819 ; Sir., 19, II, 146. Agen, 16 avril 1822 ; Sir., 23, II, 65. Douai, 22 juillet 1856 ; Sir., 57, II, 33.

Contra : Rolland de Villargues, n° 227. — Cpr. Cass., 16 mai 1809 ; Sir., 9, I, 377 (2e motif).

(1) Loiseau, p. 451. Demante, II, n° 62 *bis*, IX. Demolombe, V, n° 393.
(2) Demolombe, I, n° 314, C.
(3) Fenet, X, p. 53.
(4) *Ibid.*, p. 45-55, 111-112.

sément de la loi du 21 juin 1843, sur la forme des actes notariés, art. 2.

Enfin, quant aux autres officiers publics, nous pensons qu'ils ont qualité pour constater les reconnaissances quand elles se rattachent à des faits dont ils peuvent s'occuper. Elles seraient donc valablement reçues par les tribunaux civils ou criminels (1), en effet l'aveu judiciaire fait preuve contre celui qui l'a fait (art. 1356) ; par les juges commissaires ou instructeurs (2) ; par le juge de paix siégeant comme conciliateur (3) ou présidant un conseil de famille (4) ; en dehors de ces deux cas, le juge de paix assisté de son greffier n'est pas compétent (5). L'exploit d'huissier, étant le récit d'une démarche faite par cet officier dans l'exercice de ses fonctions, pourrait relater une reconnaissance qui aurait été faite en réponse (6). Mais nous ne pensons pas qu'un greffier (7) ou un fonctionnaire admi-

----

(1) Merlin, *Rép.*, vᵒ *Filiation*, nᵒˢ 6 et 11. Loiseau, p. 459-461. Favard, vᵒ *Reconnaissance*, sect. I, § 3, art. 2, nᵒ 4. Valette, sur Proudhon, II, p. 149. Aubry et Rau, IV, p. 678. Demolombe, V, nᵒ 398. — Colmar, 24 mars 1813 ; Sir., 14, II, 2.

(2) Aubry et Rau, IV, p. 678. Demolombe, V, nᵒ 398. Cpr. Demante, II, nᵒ 62 *bis*, II.

(3) Merlin, *Rép.*, vᵒ *Filiation*, nᵒ 6. Loiseau, p. 457 et 458. Rolland de Villargues, nᵒ 223. Favard, vᵒ *Reconnaissance*, sect. I, § 3, art. 2, nᵒ 4. Toullier, IX, nᵒ 120; X, nᵒ 271. Duranton, III, nᵒ 221. Valette, sur Proudhon, II, p. 149. Marcadé, art. 334. Demante, II, nᵒ 62 *bis*, II. Aubry et Rau, IV, p. 677. Demolombe, V, nᵒ 399. — Pau, 5 prairial an XIII ; Sir., 6, II, 8. Grenoble, 15 thermidor an XIII; Sir., 7, II, 933. Rejet, 6 janvier 1808; Sir., 8, I, 86. Colmar, 25 janvier 1859; Sir., 59, II, 279.

Contra : Ducaurroy, Bonnier et Roustain, I, nᵒ 483.

(4) Aubry et Rau, IV, p. 677. Demolombe, V, nᵒ 400. — Donai, 22 juillet 1856; Sir., 57, II, 33.

(5) Aubry et Rau, IV, p. 677. Demolombe, V, nᵒ 400. Cpr. Merlin, *Rép.*, vᵒ *Filiation*, nᵒ 6. Favard, vᵒ *Reconnaissance*, sect. I, § 3, art. 2, nᵒ 4.

Contra : Duranton, III, nᵒ 212 (note). Richefort, II, nᵒ 244. Cpr. Loiseau, p. 457. Maleville, art. 334.

(6) Marcadé, art. 334. Il ne suffirait pas que la personne qui lance un exploit y fût désignée comme père ou mère de l'enfant.

(7) Aubry et Rau, IV, p. 675. Demolombe, V. nᵒ 401. Cpr. Merlin, *Rép.*, vᵒ *Filiation*, nᵒ 6. — Cass., 1ᵉʳ décembre 1869; Sir., 70, I, 101.

nistratif (1) puisse jamais recevoir une reconnaissance.

Pour les ministres du culte, ils ne sont pas même des fonctionnaires publics (2).

III. L'officier de l'état civil doit : 1° inscrire la reconnaissance sur les registres, et 2° en faire mention en marge de l'acte de naissance, s'il en existe un (art. 62); mais la nullité n'est pas prononcée pour inobservation de ces règles (3), la présence des témoins n'est même pas expressément exigée (4).

Le notaire garde minute des reconnaissances qu'il reçoit (art. 20 et 68 de la loi du 25 ventôse an XI) (5) et il n'y a point à les transcrire sur les registres de l'état civil (6) : cette transcription ne serait pas conforme à l'esprit de la loi.

L'auteur de la reconnaissance doit comparaître devant l'officier public ; celui-ci ne pourrait pas instrumenter valablement en vertu d'une invitation par lettre missive (7).

Contra : Richefort II, n° 245. — Rejet, 15 juin 1824 ; Sir., 24, I, 338.

(1) Aubry et Rau, IV, p. 675. Demolombe, V, n° 402. — Cass., 16 mai 1809 ; Sir., 9, I, 377. Dijon, 24 mai 1817 ; Sir., 17, II, 278. Cpr. Rouen, 18 février 1809 ; Sir., 9, II, 199.

(2) Aubry et Rau, IV, p. 675 (note). Demolombe, V, n° 403. — Paris, 22 avril 1833 ; Sir., 33, II, 226.

(3) Sur le 1er point : Aubry et Rau, IV, p. 676, note 5. — Metz, 19 août 1824 ; Sir., 25, II, 296.

Voy. cep. Demolombe, I, n° 323. — Cpr. art. 52.

— Sur le 2e point : Delvincourt, I, p. 34, sur l'art. 62. Demante, II, n° 62 *bis,* III. Aubry et Rau, IV, p. 676, note 6.

(4) Dalloz, v° *Filiation,* n° 522. Aubry et Rau, IV, p. 676, note 4. Demolombe, V, n° 394. — Paris, 1er février 1812 ; Sir., 12, II, 161.

(5) Demolombe, V, n° 396. Valette, sur Proudhon, II, p. 148. — Bourges, 6 juin 1860 ; Sir., 61, II, 80.

Contra : Delvincourt, I, p. 392.

(6) Demante, II, n° 62 *bis,* III. Aubry et Rau, IV, p. 676, note 7. Demolombe, V, n° 397.

Contra : Marcadé, art. 334, I.

(7) Rolland de Villargues, n°ˢ 213-215. Delvincourt, I, p. 392. — Paris, 27 floréal an XIII ; Sir., 7, II, 764.

Cpr. Loiseau, p. 429-432. — Rejet, 11 août 1803 ; Sir., 8, I, 499. Paris, 2 janvier 1819 ; Sir., 19, II, 146.

Contra : Bruxelles, 11 juillet 1808 ; Sir., 9, II, 202.

L'acte est dressé de suite. Il ne suffirait pas qu'une reconnaissance, non constatée au moment où elle a été faite, fût relatée plus tard par l'officier public dans un acte concernant l'enfant ou ses auteurs (1).

De la reconnaissance nulle et de la reconnaissance annulable. — l. La reconnaissance faite sans droit, ou par une personne en démence, avant la conception de l'enfant, devant un officier public sans caractère légal pour la recevoir, ou par acte sous seing privé, enfin la reconnaissance contraire à la vérité, n'est pas seulement annulable : elle est nulle, c'est-à-dire sans existence légale (2).

Ainsi, la reconnaissance par acte sous seing privé ne donne pas à l'enfant, ni réciproquement aux père et mère le droit de demander des aliments (3); elle ne produit aucun empêchement de mariage (4), aucune incapacité de recevoir à titre gratuit (5). Toutefois, si l'enfant est reconnu

(1) Lyon, 20 avril 1853 ; Sir., 53, II, 497.

(2) Cf. Aubry et Rau, IV, p. 682. Demolombe, V, nᵒˢ 418-419. Nous pensons que la reconnaissance est *nulle* quand elle n'est pas l'expression de la vérité ; en effet, ce vice ne peut se couvrir ni par la prescription (art. 6. — Aubry et Rau, IV, p. 689. Demolombe, V, nᵒ 452), ni par une confirmation ; sans doute un examen sera nécessaire, dans la plupart des cas, pour constater le fait d'où résulte la nullité, mais il en est de même pour le cas de démence. D'ailleurs, une reconnaissance contraire à la vérité est une reconnaissance faite *sans droit*.

(3) Loiseau, p. 561 et s. Rolland de Villargues, nᵒ 234, et dans Sirey, 12, II, 41. Merlin, *Rép.*, vᵒ *Aliments*, § 1, art. 2, nᵒ 8. Chabot, *des Successions*, art. 756, nᵒ 43. Belost-Jolimont, sur Chabot, art. 756, nᵒ 13. Favard, vᵒ *Enfant naturel*, § 1, nᵒ 4. Duranton, III, nᵒ 231. Richefort, II, nᵒ 269. Taulier, I, p. 423 et s. Demante, II, nᵒ 62 *bis*, VI. Valette, sur Proudhon, II, p. 178. Bonnier, *des Preuves*, nᵒ 570. Aubry et Rau, IV p. 683. Demolombe, V, nᵒ 424. — Bordeaux, 23 novembre 1852 ; Sir., 53, II, 245, et six arrêts indiqués en note. Douai, 3 décembre 1853, et Aix, 14 juillet 1853 ; Sir., 54, II, 192 et 195.

Contra : Proudhon, II, p. 174. Delvincourt, I, p. 395. — Paris, 25 prairial, an XIII ; Sir., 7, II, 4.

(4) Valette, sur Proudhon, ll, p. 180. Aubry et Rau, IV, p. 685. — Nîmes, 3 décembre 1811 ; Sir., 12, II, 438. Cpr. Demolombe, V, nᵒ 424.

(5) Aubry et Rau, IV, p. 685. Demolombe, V, nᵒ 428. — Cpr. Aix, 7 juin 1860 ; Sir., 60, II, p. 402 (motifs).

et fait légataire dans un testament olographe, il appartient au juge d'apprécier si cette disposition tombe sous le coup de l'art. 6, et de la réduire dans les termes de l'art. 908 (1). Il est vrai que la *cause* n'est point illicite : ici, la cause est le désir d'obliger ; mais le *motif* exprimé peut vicier un acte à titre gratuit, et l'on a tort d'argumenter de l'art. 900, car effacer une condition illicite, c'est réformer en partie la volonté du disposant, tandis qu'effacer un motif, n'en pas tenir compte, ce n'est rien faire de sérieux.

L'engagement qu'on aurait pris, en reconnaissant un enfant par acte sous seing privé, de lui fournir des aliments, serait valable, car la volonté de remplir un devoir de conscience, est une cause suffisante d'obligation (2). Il en serait certainement de même si cet engagement avait été pris dans un acte séparé (3). Que s'il n'y a pas eu de reconnaissance (dans les deux hypothèses précédentes, on pourrait dire, à parler rigoureusement, qu'il n'y a pas de reconnaissance) les tribunaux pourront, par appréciation de la volonté de la personne, admettre la validité de son engagement (4).

On a soutenu que la reconnaissance devient authentique par la vérification ou la reconnaissance de la signature en

---

(1) Aubry et Rau, IV, p. 685. — Nîmes, 2 mai 1837 ; Sir., 37, II, 317. Rejet, 7 décembre 1840 ; Sir., 41, I, 140. Paris, 11 août 1866 ; Sir., 67, II, 137.

(2) Loiseau, p. 571. Duranton, III, n° 230. Richefort, II, n° 270. Demante, II, n° 62 *bis*, VI. Bonnier, *des Preuves*, n° 570. Aubry et Rau, IV, p. 684. — Montpellier, 7 décembre 1843 ; Sir., 44, II, 205.

Contra: Merlin, *Rép.*, v° *Aliments*, § 1, art. 2, n° 9. Demolombe, V, n° 425. — Paris, 22 juillet 1811 ; Sir., 11, II, 389. Bourges, 11 mai 1841 ; Sir., 42, II, 128.

(3) Dijon, 24 mai 1817 ; Sir., 17, II, 278.

(4) Rolland de Villargues, n° 318. Duranton, III, n° 229. Aubry et Rau, IV, p. 684. — Rejet, 10 mars 1808 ; Sir., 8, I, 231. Bordeaux, 5 janvier 1848 ; Sir., 48, II, 308, et trois arrêts cités en note. Douai, 15 mars 1865 ; Sir., 66, II, 96.

Contrà : Demolombe, V, n° 426.

justice (1). Mais la règle de l'art. 334 serait illusoire; si l'art. 931 porte expressément la nullité, c'est qu'il reproduit les termes de l'ordonnance de 1731, et d'ailleurs les art. 1394 et 2119 relatifs au contrat de mariage et à l'hypothèque n'en font pas mention; quant à l'art 1322, il s'occupe de la preuve, et non pas de la forme de l'acte (2).

— La reconnaissance est présumée vraie jusqu'à preuve du contraire (3). Cette preuve peut se faire par tous les moyens (4), par exemple en démontrant que la reconnaissance a été arrachée par violence, ou surprise par dol. La violence et le dol sont alors des éléments de preuve, et non le fondement de l'action (5). Réciproquement, la personne dont la reconnaissance est attaquée peut la défendre par

(1) Toullier, II, n⁰ˢ 950 et 951.

(2) Loiseau, p. 469 et s. Bavoux et Loiseau, *Jurisprudence du code civil*, IV, p. 380. Rolland de Villargues, n⁰ˢ 225 et 232. Merlin, *Rép.*, v⁰ *Filiation*, § 9. Chabot, *Questions transitoires*, v⁰ *Enfants naturels*, § 4, n⁰ 3, et *des Successions*, art. 766, n⁰ 44. Duranton, III, n⁰ 226, Richefort, II, n⁰ 250. Favard, v⁰ *Reconnaissance*, sect. 1, § 3, art. 2, n. 7. Valette, sur Proudhon, II, p. 174. Belost-Joliment, sur Chabot, art. 751, n⁰ 1. Marcadé, art. 334, n⁰ 1. Duvergier, sur Toullier, n⁰ 950, note *a*. Demante, II, n⁰ 62 *bis*, V. Aubry et Rau, IV, p. 682. Demolombe, V, n⁰ˢ 420 et 422. — Amiens, 9 nivôse an XII; Sir., 7, II, 936.

Contra : Paris, 25 prairial an XIII; Sir., 7, II, 4. Cpr. quant à la mère : Proudhon, II, p. 173; Toullier, II, n⁰ 950 ; Duranton, III, n⁰ 227. Quant au père, ces auteurs professent le système que nous avons adopté. Cpr. aussi Delvincourt, I, p. 393 :

« Si la reconnaissance de l'acte a eu lieu volontairement, c'est comme si la « reconnaissance de l'enfant avait été faite par un acte authentique. Si la re- « connaissance est demandée en justice, les père et mère peuvent s'y refuser, « et se contenter d'opposer la fin de non-recevoir tirée des dispositions de la « loi. »

(3) Aubry et Rau, IV, p. 671. Demolombe, V, n⁰ˢ 440-441. — Cass., 8 décembre 1829; Sir., 30, I, 4. Voy. cep. Duranton, III, n⁰ˢ 262 et 263. — Rouen, 15 mars 1826 ; Sir., 28, II, 43.

De même, l'auteur de la reconnaissance est réputé sain d'esprit, tant que sa démence n'est pas prouvée.

(4) Richefort, II, n⁰ 299. Aubry et Rau, IV, p. 688. Demolombe, n⁰ 441. — Paris, 21 décembre 1839; Sir., 40, II, 448.

(5) Aubry et Rau, IV, p. 686, note 23. — Bordeaux, 10 avril 1843; Sir., 43, II, 481 (motifs). Cf. Demolombe, V, n⁰ 439.

tous les moyens; ainsi, le père pourrait prouver par témoins ses relations avec la mère (1) : ce n'est point la recherche prohibée par l'art. 340, et les dangers qu'on a voulu écarter au moyen de cet article ne se présentent pas ici.

— La nullité de la reconnaissance peut être invoquée en tout temps, par toute personne intéressée (2) ; par exemple : par l'enfant reconnu (3), par ses père et mère légitimes (4), par toute personne qui a reconnu le même enfant (5), par l'auteur de la reconnaissance (6), et par ses père et mère, même de son vivant (7); l'auteur de la reconnaissance aurait le droit de la contester, même en alléguant qu'elle est mensongère (8) : cela est conforme, sinon à la lettre de l'art. 339, du moins à l'esprit de la loi, qui est de ne donner effet qu'à la reconnaissance vraie.

II. Supposé qu'il ne manque à la reconnaissance aucune condition d'existence, elle peut être annulable pour cause

(1) Demolombe,V, n°ˢ 445-446.— Cpr.Rejet, 10 février 1847 ; Sir., 47, I, 81.

(2) Demante, II, n° 67 *bis*, I. Aubry et Rau, IV, p. 686. Demolombe, V, n° 418.

(3) Loiseau, p. 516. Toullier, II, n° 964. Duranton, III, n° 260. Proudhon, II, p. 154. Aubry et Rau, IV, p. 687. Demolombe, V, n° 438. — Rouen, 15 mars 1826; Sir., 28, II, 43. Nîmes, 2 mai 1837; Sir., 37, II, 317. Bordeaux, 12 février 1838 ; Sir., 38, II, 406, et Rejet, 13 février 1839; Sir., 40, I, 117 (mêmes parties).

(4) Rejet, 27 janvier 1857; Sir., 57, I, 177. Rejet, 17 mai 1870; Sir., 70, I, 385 : la cour paraît admettre que l'intérêt moral suffit (motifs).

(5) Loiseau, p. 508-510 et 516. Delvincourt, I, p. 398. Duranton, III, n. 263. Toullier, II, n. 965. Proudhon, II, p. 154. Demante, II, n. 67 *bis*, II. Aubry et Rau, IV, p. 687. Demolombe, V, n°ˢ 442-444.

(6) Voy. note 8.

(7) Aubry et Rau, IV, p. 687 et note 28. — Paris, 23 juillet 1853; Sir., 54, II, 329. Lyon, 13 mars 1856; Sir., 56, II, 586.

(8) Marcadé, *J. du Palais*, 1853, II, p. 481, note. Aubry et Rau, IV, p. 687. — Paris, 14 décembre 1833; Sir., 34, II, 6, et 22 juillet 1853; Sir., 54, II, 329. Lyon, 13 mars 1856 ; Sir., 56, II, 586. Cpr. Aix, 22 décembre 1852; Sir., 54, II, 321 (motifs).

Contra : Demante, II, n° 67 *bis*, I. Demolombe, V, n° 437. — Paris, 22 janvier 1855; Sir., 55, II, 1, et la note. Cpr. Coin-Delisle, *Revue critique,* 1857, X, p. 299.

de violence, de dol (1), d'incompétence, ou de vice de forme.

On a jugé que les reconnaissances de paternité, faites avant la loi du 12 brumaire an II, sous le coup de poursuites, sont annulables pour défaut de liberté. Le débiteur poursuivi qui avoue sa dette devrait pouvoir, à ce compte, faire annuler son aveu! Cette jurisprudence qui remonte aux premières années de ce siècle (2), est empreinte de l'esprit de réaction contre les anciens usages, et les jurisconsultes qui l'ont acceptée paraissent avoir été sous l'influence d'une erreur accréditée au sujet de la maxime *virgini prægnanti creditur* (3). (Voy., sur le vrai sens de cette maxime, p. 10 à 16.)

(1) Dans le cas d'erreur sur la personne reconnue ou sur la paternité, la reconnaissance est *nulle*, car elle est contraire à la vérité. Demante, II, n° 62 *bis*, XII, et la note. Voy. ci-dessus, p. 78.

(2) Poitiers, 28 messidor an XII; Sir., 4, II, 182. Rejet, 5 août 1807; Sir., 7, I, 376. Grenoble, 5 mars 1810; Sir., 10, II, 134. Cpr. Amiens, 2 floréal an XII; Sir., 4, II, 182. Rejet, 18 floréal an XIII; Sir., 5, I, 278. Riom, 1er août 1809; Sir., 10, II, 265. Orléans, 16 janvier 1847; Sir., 48, I, 100. Les motifs de cet arrêt sont très-bizarres : « Attendu... qu'en faisant, par l'acte notarié du..., l'aveu du fait matériel que la demoiselle D... était grosse de ses œuvres, R... *ne s'est soumis*, comme conséquence dudit aveu, qu'à des obligations pécuniaires, *sans accepter expressément la paternité....* » Cet aveu est bien une reconnaissance, et la cour le voyait, mais comme il avait eu lieu avant la loi du 12 brumaire an II, et que, selon la cour : « il est de jurisprudence que les reconnaissances faites avant la loi du 12 brumaire an II sont nulles, si elles l'ont été par suite d'un procès, ou seulement dans la crainte d'un procès à cet égard, » il s'ensuit que les obligations pécuniaires auxquelles s'était soumis le père envers la femme, en faisant la reconnaissance, seraient tombées avec elle ; pour pouvoir les maintenir, on a eu recours à une subtilité. Le pourvoi formé contre cet arrêt a été rejeté le 3 janvier 1848; Sir., *ibid.*

(3) Il est curieux de voir comment une formule se transforme et s'exagère, en passant d'un auteur à un autre. On lit dans les *Questions transitoires* de Chabot, p. 133, v° *Enfants naturels :* « Suivant la jurisprudence antérieure à la loi du 12 brumaire an II, il suffirait, pour être déclaré père d'un enfant naturel, d'avoir été désigné comme tel par la mère de cet enfant, *si d'ailleurs il y avait quelque preuve de cohabitation ou de familiarité* entre la mère et celui qu'elle désignait. » Selon Mrs Aubry et Rau, IV, p. 671, note 12 : « La facilité avec laquelle étaient autrefois accueillies les recherches de paternité, rendait pour ainsi dire *illusoire* la dénégation de celui contre lequel une pareille action était dirigée et *ne lui laissait d'autre alternative*, pour échapper aux injurieuses et scandaleuses poursuites dont il se trouvait l'objet»

Le dol est une cause de restitution, de quelque personne qu'il vienne (1), car les termes de l'art. 1116 ne peuvent évidemment s'appliquer qu'aux contrats.

— Les vices du consentement ne peuvent être invoqués que par celui dont le consentement a été vicié, et par ses héritiers ou successeurs universels. L'incompétence et les vices de formes peuvent l'être par tout intéressé (2), par exemple : par l'enfant reconnu (3), par ses père et mère légitimes (4), par toute personne qui a reconnu le même enfant (5), par l'auteur de la reconnaissance (6), et par ses père et mère, même de son vivant (7).

On peut renoncer expressément ou tacitement à l'action en nullité qui résulte des vices du consentement; mais pour

que de se reconnaître l'auteur d'une paternité qui lui était étrangère. » Enfin, M. Demolombe, exposant l'opinion que nous critiquons, en exprime ainsi le motif (tome V, n° 432) : « Sous le régime d'alors, avec ses abus et ses scandales, l'homme menacé d'une recherche de paternité n'avait souvent rien de mieux à faire que d'arrêter ainsi *une action à laquelle les lois le livraient sans garantie et sans défense.* »

Voy. dans le même sens : Merlin, *Rép.*, v° *Bâtard*, sect. II, § 3, et v° *Filiation*, n° 14. Toullier, II, n° 963.

Quant aux reconnaissances postérieures à la loi du 12 brumaire an II, on les tient généralement pour valables. Merlin, *Rép.*, v° *Filiation*, n°² 11, 14 et 15. Favard, v° *Reconnaissance*, sect. I, § 5, art. 2, n° 2. Delvincourt, I, p. 383. Duranton, III, n° 220. Aubry et Rau, IV, p. 670, note 12. — Pau, 5 prairial an XIII; Sir., 6, II, 8. Voy. cep., pour les reconnaissances antérieures au Code : Rolland de Villargues, n° 209, et Richefort, II, n° 251. Ces auteurs paraissent avoir oublié que la recherche de la paternité a été interdite, dès avant le Code, par la loi du 12 brumaire an II. Enfin quelques auteurs décident, sans distinction d'époques, que les poursuites ou la menace de poursuivre peuvent, suivant les cas, constituer la violence : Demolombe, V, n° 432, et XXIV, n° 148, ou même que la reconnaissance doit être spontanée : Loiseau, p. 459-460, 505-506. Ducaurroy, Bonnier et Roustain, I, n° 583.

(1) Demante, II, n° 62 *bis*, XII, note.

(2) Demante, II, n° 67 *bis*, I. Aubry et Rau, IV, p. 687.

(3) *Ibid.*, et Demolombe, V, n° 439.

(4) *Ibid.*

(5) Demante, II, n° 67 *bis*, II. Cpr. Aubry et Rau, IV, p. 687.

(6) Aubry et Rau, *ibid.* Demolombe, V, n° 436.

(7) Cpr. Aubry et Rau, IV, p. 687.

couvrir un défaut de forme ou de compétence, il faut une confirmation expresse et revêtue des formes prescrites pour les reconnaissances (1), car ces formes ont pour objet d'assurer la liberté des parties. La reconnaissance est ainsi validée rétroactivement.

Dans tous les cas l'action se prescrit par trente ans (art. 2262) (2).

De l'irrévocabilité et des effets de la reconnaissance. — 1. La reconnaissance est irrévocable (3) encore qu'elle n'ait pas été acceptée par l'enfant reconnu. Par conséquent, si de futurs époux reconnaissent un enfant dans l'acte qui contient leurs conventions matrimoniales, peu importe que le mariage ait lieu ou non (4), l'aveu est acquis et ne peut être retiré ; on pourrait donc s'en prévaloir aussitôt, et sans s'inquiéter de ce qu'il adviendra des conventions de mariage constatées dans le même acte instrumentaire. De même, si un testateur reconnaît un enfant dans l'acte authentique où il fait consigner ses dispositions testamentaires, peu importe qu'il révoque ensuite ces dispositions (5) ; en effet, qu'on ait rédigé la reconnaissance en forme de clause du testament, ou qu'on ait présenté les dispositions testamentaires comme faites en conséquence de la reconnaissance, ni le testament ne contient pour cela la reconnaissance, ni la reconnaissance ne contient le testament,

(1) Aubry et Rau, IV, p. 689.

(2) *Ibid.* Voy. cep. Loiseau, p. 522. Cf. Demolombe, V, no 451.

(3) Rolland de Villargues, n° 236. Magnin, *des Minorités*, I, n° 223. Aubry et Rau, IV, p. 689. Demolombe, V, n° 454. — Pau, 5 prairial, an XIII ; Sir., 6, II, 8, et Rejet, 6 janvier 1808 ; Sir., 8, I, 86 (mêmes parties). Rejet, 27 août 1811 ; Sir., 12, I, 13.

(4) Grenoble, 6 août 1861 ; Sir., 62, II, 132.

(5) Rolland de Villargues, n° 337. Duranton, III, n° 219. Aubry et Rau, IV, p. 690. — Aix, 10 février 1806 ; Sir., 7, II, 1. Corse, 5 juillet 1826 ; Sir., 27, II, 106.

Contra : Loiseau, p. 468. Merlin, *Rép.*, v° *Filiation*, n° 7. Demolombe, V, n° 455.

mais ces deux actes sont contenus dans le même écrit,
l'un étant révoqué, l'autre subsiste. Il s'ensuit nécessairement qu'on pourra se prévaloir de la reconnaissance, sans
attendre la révocation des dispositions testamentaires ou
la mort du testateur (1), car une reconnaissance à terme
n'est pas admissible.

La réserve qu'on aurait faite, dans une reconnaissance,
d'un certain délai pour se rétracter, ne serait pas valable;
au contraire, celui qui a donné procuration pour reconnaître un enfant, peut la révoquer (art. 2003) (2).

III. La reconnaissance est déclarative (3). On doit en conclure que l'enfant peut exercer le droit de réserve sur des
biens qui ont été donnés avant sa naissance (4), et que le
mariage qu'il a contracté sera sujet à annulation, si la reconnaissance révèle une contravention aux art. 161 et
162 (5); mais un mariage légalement contracté ne serait
pas annulable par cela seul qu'on aurait découvert une contravention aux art. 148 et 149 : il n'y aurait pas même, à
proprement parler, une contravention, puisque l'enfant ne
connaissait pas ses père et mère (6).

IV. Enfin la reconnaissance est opposable aux tiers, car
l'art. 339 leur donne le droit de la contester. Toutefois,
la reconnaissance faite pendant le mariage, par l'un des

----

(1) *Contra :* Amiens, 9 février 1826 ; *J. du Palais,* tome XX, p. 152.
(2) Demolombe, V, n° 455. — Bourges, 6 juin 1860; Sir., 61, II, 81.
(3) Cpr. p. 73 ci-dessus.
(4) Duranton, VI, n° 311, note, et n° 313. Belost-Jolimont, sur Chabot,
art. 756, n° 5. Malpel, *des Successions,* n° 162. Vazeille, *sur les Successions,*
I, p. 93, n° 5. Vernet, *de la Quotité disponible,* p. 515. Aubry et Rau, V,
p. 590. — Toulouse, 15 mars 1834 ; Sir., 34, II, 537. Cass., 16 juin 1847 ;
Sir., 47, I, 660.
Contra : Merlin, *Rép.,* v° *Réserve,* sect. IV, n° 9. Chabot, art. 756, n° 20
in fine. Toullier, IV, n° 263 *in fine.* Loiseau, p. 698. Richefort, II, n° 348
et III, n° 496. Cpr. Troplong, II, n° 932.
(5) Aubry et Rau, IV, p. 694. Demolombe, III, n° 108.
(6) *Iid.,* et Demolombe, V, n° 457.

époux, d'un enfant naturel qu'il a eu auparavant d'un autre que son époux, ne peut nuire ni à celui-ci, ni aux enfants du mariage. Art. 337 (1).

L'enfant reconnu ne peut donc pas exercer, à leur préjudice (2), les droits successifs d'enfant naturel (3), ni recevoir à titre gratuit de l'époux qui l'a reconnu (4), ni réclamer des aliments contre sa succession (5). Du reste, il a le droit de poursuivre, pendant le mariage, le paiement de la dette alimentaire sur les propres de l'auteur de la reconnaissance (6), et même sur la communauté, si c'est le mari qui l'a reconnu (7).

Il n'y a point à distinguer entre la reconnaissance volontaire et la reconnaissance judiciaire (8), car si l'on n'appli-

(1) Un arrêt de Rejet du 18 floréal an XIII applique l'art. 337, conformément à la loi du 14 floréal an XI, à des enfants naturels dont le père était décédé avant le Code : Sir., an XIII, I, 278.

(2) Le conjoint n'est protégé qu'en cette qualité, aussi la donation ou le legs qu'il aurait reçus pendant le mariage pourraient être réduits. Marcadé, art. 327, no 3. Ducaurroy, Bonnier et Roustain, I, no 489. Aubry et Rau, IV, p. 691. Demolombe, V, no 476. — Cpr. Delvincourt, I, p. 400.

Contra : Duranton, III, no 253. Demante, II, no 65 *bis*, III.

(3) Marcadé, art. 337, no. 2. Allemand, *du Mariage*, II, no 851. Valette, sur Proudhon, II, p. 146, note *a*. Aubry et Rau, IV, p. 691. Demolombe, V, nos 474-475.

(4) Aubry et Rau, IV, p. 691. Demolombe, V, no 475 *in fine*. — Poitiers, 5 mai 1858 ; Sir., 58, II, 420.

Voy. cep. Allemand, II, no 851.

(5) Loiseau, p. 435. Demolombe, V, no 473.

Contra : Delvincourt, I, p. 400. Rolland de Villargues, no 242. Chabot, art. 756, no 42. Duranton, III, no 252. Favard, vo *Enfant naturel*, § 1, no 1. — Paris, 12 juin 1809 ; Sir., 12, II, 356. Agen, 13 mars 1817 ; Sir., 17, II, 281.

(6) Loiseau, p. 435. Aubry et Rau, IV, p. 692. Demolombe, V, no 472. — Reims, 22 mars 1810 ; Sir., 10, II, 255.

(7) Loiseau, p. 435. Vazeille, *du Mariage*, II, no 500. Aubry et Rau, IV, p. 692. Demolombe, V, no 472. — Rejet, 27 août 1811 ; Sir., 12, I, 13. Cpr. Rolland de Villargues, no 242.

(8) Loiseau, p. 437. Delvincourt, I, p. 399. Favard, vo *Reconnaissance*, sect., II, § 2. no 2, Vallette, Marcadé, art. 337, no 7, *Explication sommaire*, p. 185. Aubry et Rau, IV, p. 693. Demolombe, V, no 466. — Cass., 16 dé-

quait qu'à la première la disposition de l'art. 337, il faudrait refuser à l'enfant judiciairement reconnu les droits indiqués dans l'art. suivant ; or, la combinaison des articles 756 et suivants avec la rubrique de notre section, repousse cette distinction. D'ailleurs, dans les deux cas, les intérêts de l'époux et des enfants communs sont lésés ; et enfin, sous l'apparence d'un procès en maternité, il serait aisé de déguiser une reconnaissance volontaire. Si le commencement de preuve par écrit exigé par l'art. 431 avait date certaine antérieure au mariage, ce dernier motif ne pourrait pas être invoqué, mais les deux autres nous paraissent suffisants pour écarter la distinction (1).

Mais la confirmation faite pendant le mariage, d'une reconnaissance antérieure, n'est point soumise à la disposition de l'art. 337 (2), et, d'après le texte même, cette disposition ne s'applique ni à l'enfant naturel issu des deux époux, ni à l'enfant naturel né ou conçu avant le mariage, et reconnu par le survivant des époux (3).

cembre 1861 ; Sir., 62, I, 420. Lyon, 17 mars 1863 ; Sir., 63, II, 205. Douai 14 décembre 1864 ; Sir., 65, II, 167.

Contra : Toullier, II, n° 958. Duranton, III, n°ˢ 255-256. Zachariæ, § 568 *in fine,* notes 38 et 39. Allemand, *du Mariage,* II, n°ˢ 852-855. Taulier, I, p. 434. Ducaurroy, Bonnier et Roustain, I, n° 492. Demante, II, n° 72 *bis,* IV. Labbé, *J. du Palais,* 1860, p. 792, note. — Rouen, 20 mai 1829 ; *J. du Palais,* 1828-29, p. 1041. Paris, 23 janvier 1860 ; *J. du Palais,* 1860, p. 791.

(1) Aubry et Rau, IV, p. 693. Demolombe, V, n° 466. — Cass., 16 décembre 1861 ; Sir., 62, I, 420. .

Voy. cep. Chabot, *des Successions,* art. 756, n° 7. — Lyon, 31 décembre 1835 ; Sir., 36, II, 194.

(2) Voy. ci-dessus, p. 83 *in fine* et 84. Richefort, II, n° 280. Aubry et Rau, IV, p. 693. Demolombe, V, n° 464. — Cass., 24 novembre 1830 ; Sir., 31, I, 131.

(3) Loiseau, p. 410. Rolland de Villargues, n° 243. Chabot, art. 756, n° 7 6°. Belost-Jolimont, sur Chabot, obs. 3. Duranton, III, n° 254. Toullier, II, n° 959. Proudhon, II, p. 147. Ducaurroy, Bonnier et Roustain, I, n° 491, Marcadé, art. 337, n° 4. Demante, II, n° 65 *bis,* I. Allemand, *du Mariage,* n° 856. Taulier, I, p. 429-430. Aubry et Rau, IV, p. 692. Demolombe, V, n° 461. — Rejet, 6 janvier 1808 ; Sir., 8, I, 86. Paris, 23 janvier 1860 ; *J. du Palais,* 1860, p. 791. Caen, 19 janvier 1867 ; Sir., 68, II, 86.

Contra : Deivincourt, I, p. 399. Magnin, *des Minorités,* I, n° 222. Riche-

Enfin, l'inefficacité de la reconnaissance n'est que relative (1), et ceux qui ont le droit de l'invoquer pourraient y renoncer.

De la preuve de l'identité. — I. Celui qui prétend qu'une reconnaissance s'applique à lui, doit prouver son identité, si on la conteste. La preuve en est reçue *de plano*, et peut se faire par tous les moyens, car ce n'est pas une recherche de filiation (2).

Tout en admettant ce principe, deux auteurs ont prétendu qu'il faut avoir un commencement de preuve par écrit, pour être reçu à prouver qu'on est l'enfant reconnu par tel homme ou par telle femme (3). Cette opinion paraît reposer sur une fausse interprétation de l'art. 341 (4). On a aussi été préoccupé de certaines appréhensions : si l'on permet de prouver *de plano* l'identité, des aventuriers s'empareront des reconnaissances faites par acte de l'état civil ; leur action sera difficile à repousser quand l'auteur de la reconnaissance ne sera plus là, car ses héritiers n'auront pas toujours d'aussi bons moyens de défense ; enfin, si le père et la mère de l'enfant naturel se sont mariés ensemble après l'avoir reconnu, l'enfant étant devenu légitime, l'intérêt de la famille sera en jeu. — Il faut répondre : 1° que si l'enfant possède son état ou si l'on a la preuve de sa mort,

fort, II, n° 282. Labbé, *J. du Palais*, 1860, p. 791. — Lyon, 17 mars 1863 ; Sir., 63, II, 205. Metz, 10 août 1864 ; Sir., 64, II, 246 (motifs). Cpr., pour la reconnaissance judiciaire après la dissolution du mariage : Lyon, 17 mars 1863 ; Sir., 63, II, 205. Metz, 10 août 1864, et Pau, 28 juin 1864 ; Sir., 65, II, p. 246. Douai, 14 décembre 1864 ; Sir., 65, II, 167.

(1) Loiseau, p. 436. Duranton, III, n° 251. Chabot, *des Successions*, art. 756, n° 7, 5°. Aubry et Rau, IV, p. 690. Demolombe, V, n°° 469-470.

(2) Demante, II, n° 70 *bis*, II. Aubry et Rau, IV, p. 696 et 709. Demolombe, V, n° 484. — Bastia, 17 août 1829 ; Sir., 29, II, 279. Bordeaux, 18 février 1846 ; Sir., 46, II, 289. Aix, 22 décembre 1852 ; Sir., 54, II, 321.

(3) Richefort, II, n° 266. Devilleneuve, Sir., 46, II, 289, note.

(4) Nous la réfutons plus loin, dans la 3ᵉ section de ce chapitre (au § 2).

la réclamation d'identité échouera certainement; 2° que
dans le cas où il aurait disparu: si la reconnaissance a été
faite devant notaire, les tiers l'ignoreront, le plus souvent;
si elle a été reçue par l'officier de l'état civil, en exigeant
un commencement de preuve par écrit, on court le risque
de nuire à l'enfant lui-même; dès lors, il vaut mieux s'en
rapporter à la prudence des juges.

Nous tenons donc pour certain que la preuve de l'identité est entièrement libre. Il est vrai que dans le cas où l'accouchement n'est pas prouvé, il faut un commencement de
preuve par écrit de l'identité (art. 341), mais il ne s'agit
plus là de l'identité dont nous parlons, et de plus l'incertitude est double : non-seulement on ne sait pas si le réclamant est l'enfant dont la femme est accouchée, mais on ne
sait même pas si cette femme est accouchée. Quand l'accouchement a été avoué, la preuve par témoins de l'identité de
l'enfant n'est pas très-dangereuse; il en est autrement
quand on a besoin de prouver aussi l'accouchement, et par
témoins.

II. En sens inverse, on peut prouver l'identité de l'auteur
de la reconnaissance, *de plano*, et par tous les moyens
(sauf, bien entendu, les indices de paternité ou de maternité). En effet, il est de droit commun qu'on vérifie, s'il en
est besoin, l'identité d'une personne avec celle qui est désignée dans un acte.

C'est ce qu'a jugé la cour de Lyon, le 30 août 1848
(Sir., 49, II, 361). Mais cet arrêt a été cassé le 18 juin 1851
(Sir., 51, I, 391), la cour de renvoi n'a pas essayé de résister
(Riom, 14 juillet 1853), un arrêt de rejet est intervenu
dans la même affaire (7 novembre 1855; Sir., 56, I, 151),
et enfin M. Demolombe, V, n° 484 *bis*, et MM. Aubry et Rau,
IV, p. 696, ont accepté cette jurisprudence (1).

(1) Cpr. Paris, 11 juillet 1868; Sir., 70, II, 86 : « considérant que *dans*

Pourquoi l'arrêt de la cour de Lyon a-t-il été cassé? Comme cet arrêt permettait de rechercher *l'identité du père*, on y a vu une violation de l'art. 340 qui défend de rechercher *la paternité*. Mais la recherche de l'identité n'est pas une recherche de paternité, car supposé qu'on ait prouvé l'identité, si la reconnaissance est annulée, par exemple pour cause de violence, la paternité ne sera pas prouvée; or, elle devrait l'être, s'il était vrai que la preuve de l'identité est une preuve de la paternité. Rechercher l'identité, c'est rechercher si tel homme est celui qui a figuré dans l'acte de reconnaissance; rechercher la paternité, c'est rechercher si tel homme est celui qui a cohabité avec la mère, et de qui elle a conçu; or ces faits sont assez différents, ce me semble, pour n'être pas confondus (1). Aussi, M. Demolombe se garde-t-il bien de proposer une pareille raison ; il en a donné une autre que nous examinerons. MM. Aubry et Rau n'en donnent aucune; ils relatent simplement la jurisprudence, et l'acceptent ou s'y soumettent. Quant à la cour de Riom, elle a tourné la difficulté en jugeant que l'identité était suffisamment établie, et l'arrêt de rejet s'est fondé sur ce qu'il y avait eu appréciation de fait.

On voit déjà qu'il faut écarter l'arrêt de la cour de Riom, ainsi que l'arrêt de rejet, et qu'il y a divergence, sur le fondement de la décision, entre la Cour de cassation et M. Demolombe.

Cet auteur s'appuie sur l'art. 334 : « *aux termes* de l'art. 334, la preuve de la paternité doit résulter d'un acte authentique qui l'établisse, par lui-même, directement (2)...

ces circonstances la preuve de l'identité du père... constituerait une recherche de paternité..... »

(1) Par compensation, la Cour de cassation décide que ce n'est pas prouver la paternité, que de prouver qu'un homme est l'auteur d'une grossesse Voy. la 2ᵉ section de ce chapitre : au § 4.

(2) Rigoureusement, aucun acte ne prouve l'identité de la personne qui le

il est impossible de suppléer, par le moyen d'une preuve testimoniale, à la preuve qui n'est pas faite par le seul acte qui puisse la faire (1). » Est-il bien sûr que *les termes* de l'art. 334 expriment cette idée ? Il porte que « la reconnaissance d'un enfant naturel sera faite par un acte authentique » : cela veut dire, évidemment, qu'on en doit dresser acte en forme authentique ;... « lorsqu'elle ne l'aura pas été dans son acte de naissance » : cela nous apprend qu'elle peut être faite dans l'acte de naissance. Mais où donc est la disposition dont on nous parle ? Elle est dans une interprétation extrêmement subtile, de termes très-simples et très-naturels. Pour toute personne non prévenue, ces mots : « la reconnaissance... sera faite par un acte authentique », signifient qu'on doit dresser un acte authentique ; mais pour M. Demolombe, ils ont un autre sens : la reconnaissance, c'est-à-dire la preuve de la filiation par le moyen d'une reconnaissance, doit être faite par un acte authentique ; or cette preuve se compose de la preuve de l'aveu et de la preuve de l'identité, donc l'une et l'autre doivent résulter d'un acte authentique ; si l'aveu seul en résulte, la reconnaissance (au sens où l'auteur prend ce mot) est imparfaite. Nous nous contenterons de faire remarquer que, dans cette interprétation, la fin de l'article n'a plus de sens.

Puisque, d'après la Cour de cassation, la recherche de l'identité du père est une recherche de paternité, la recherche de l'identité de la mère doit être une recherche de maternité, qui sera reçue aux conditions de l'art. 341. Au

---

représente avec la personne y désignée, mais la désignation peut être si précise et si conforme à la possession d'état de la personne, qu'il semble que l'acte prouve l'identité.

(1) L'arrêt de la Cour de Paris, de 1868, est conçu à peu près dans les mêmes termes ; toutefois la Cour paraît ne considérer comme une recherche la preuve de l'identité, que dans le cas où l'on prétendrait *modifier* les énonciations de l'acte de reconnaissance.

contraire, M. Demolombe doit rejeter toute preuve par témoins, car il invoque un article qui se réfère à la mère aussi bien qu'au père ; ainsi donc, on pourra prouver par témoins la maternité, mais on ne pourra jamais prouver par témoins l'identité de la mère ; ce qui est déraisonnable.

2. De la recherche.

La recherche de la maternité est admise (art. 341), la recherche de la paternité est interdite (art. 340); l'une est de règle, l'autre n'a lieu que dans un cas exceptionnel.

De la recherche de la maternité. — On ne peut être sûr que telle femme est la mère de tel enfant, que si l'on sait : 1° que cette femme est accouchée ; 2° que cet enfant est celui dont elle est accouchée ; d'où la disposition de l'art. 341 : « L'enfant qui réclamera sa mère sera tenu de prouver qu'il est identiquement le même que l'enfant dont elle est accouchée.»

I. Il n'est permis de prouver par témoins l'accouchement et l'identité, que si l'on a un commencement de preuve par écrit de ces deux faits ; c'est là le sens de l'art. 341, qui suppose que ni l'accouchement ni l'identité ne sont prouvés (1).

Le commencement de preuve par écrit exigé par cet article doit émaner, suivant la définition générale du commencement de preuve par écrit (art. 1347), de la personne contre laquelle l'action est dirigée. Toutefois, il semble que le commencement de preuve, s'il vient de la mère, sera opposable à tous, comme sa reconnaissance (2). Mais on ne pourrait pas transporter ici l'art. 324, qui est exceptionnel et relatif à la filiation légitime (3); d'ailleurs on convient que

_____

(1) L'opinion contraire sera réfutée ci-après, 3ᵉ section, § 2.

(2) Aubry et Rau, IV, p. 706-707.

(3) Ducaurroy, Bonnier et Roustain, I, n° 500. Bonnier, *des Preuves*, I, n° 209. Aubry et Rau, IV, p. 707. Demolombe, V, n° 503.

Contra: Demante, II, n° 70 *bis*, III. Marcadé, art. 340-342, n° 3. — Paris,

l'article précédent qui permet la preuve par témoins quand il y a des indices graves, n'est pas applicable à la filiation naturelle (1) ; or la disposition finale de l'art. 324 paraît tenir à l'idée que l'écrit venant d'un tiers intéressé dans la contestation est un indice grave.

La reconnaissance faite sous seing privé par la mère est un commencement de preuve par écrit (2), mais l'acte de naissance où la mère est indiquée n'est un commencement de preuve par écrit ni de l'accouchement (3) ni de l'identité (4).

Si l'on conteste que l'écrit soit relatif à l'individu dont l'état est en question, la preuve de l'identité peut se faire par tous les moyens, car il est de droit commun qu'on véri-

7 juillet 1838 ; Sir., 45, II, 194, en note. Caen, 19 janvier 1867 ; Sir., 68, II, 86. Rejet, 29 novembre 1868 ; Sir., 69, I, 5. Sur ce point comme sur beaucoup d'autres, la jurisprudence cherche à élargir le système des preuves de la filiation naturelle.

(1) Merlin, *Rép.*, v° *Légitimité*, sect. III, n° 3 ; *Questions*, v° *Maternité*. Rolland de Villargues, n° 278. Toullier, n°* 944-945. Ducaurroy, Bonnier et Roustain, I, n° 500. Demante, II, n° 70. Aubry et Rau, IV, p. 706. Demolombe, V, n° 502. — Cass., 28 mai 1810 ; Sir., 10, I, 193. Grenoble, 24 janvier 1844 ; Sir., 45, II, 341. Toulouse, 13 juillet 1846 ; Sir., 48, II, 116.

(2) Aubry et Rau, IV, p. 685. Demolombe, V, n° 423. — Paris, 17 juillet 1858 ; Sir., 58, II, 534.

(3) Duranton, III, n° 237. Marcadé, art. 341, n° 3. Aubry et Rau, IV, p. 707. Demolombe, V, n° 504. — Bourges, 2 mai 1837 ; Sir., 38, II, 5. Grenoble, 5 avril 1843 ; Sir., 45, II, 340. Pau, 29 juillet 1844 ; Sir., 45, II, 193. Nancy, 9 février 1850 ; Sir., 51, I, 225. Lyon, 3 août 1851 ; Sir., 52, II, 101. Metz, 21 juin 1853 ; Sir., 56, II, 449. Pau, 22 juin 1855 ; Sir., 55, II, 673. Paris, 17 juillet 1858 ; Sir., 58, II, 534. Caen, 1er mars 1860 ; Sir., 61, II, 185. Paris, 13 juillet 1863 ; Sir., 64, I, 209. Douai, 14 décembre 1864 ; Sir., 65, II, 167.

Contra : Delvincourt, I, p. 389. — Bordeaux, 19 février 1846 ; Sir., 46, II, 294.

(4) Delvincourt, I, p. 389. Merlin, *Questions de droit*, v° *Maternité*. Aubry et Rau, IV, p. 708. Demolombe, V, n° 508. — Cass., 28 mai 1810 ; Sir., 10, I, 193. Grenoble, 24 janvier 1844 ; Sir., 45, II, 341. Bordeaux, 19 février 1846 ; Sir., 46, II, 294. Toulouse, 13 juillet 1846 ; Sir., 48, II, 116. Poitiers, 7 mars 1855 ; Sir., 57, I, 97. Metz, 10 août 1864 ; Sir., 64, II, 246.

fie par tous les moyens l'identité d'un individu avec la personne indiquée dans un acte (1).

II. Le droit de rechercher la maternité appartient à l'enfant ou à son représentant (2), et à ses héritiers (3). Par héritiers, nous entendons tous ceux qui recueillent soit l'universalité, soit une quote-part du patrimoine ; en effet, lorsqu'elle passe aux héritiers, cette action a un caractère pécuniaire (4). Mais il paraît contraire au texte et à l'esprit de la loi de l'accorder à toute personne intéressée (5), à ceux qui voudraient établir contre l'enfant sa filiation ma-

(1) Aubry et Rau, IV, p. 709. Demolombe, V, n° 507. — Cpr. Toulouse, 13 juillet 1846; Sir., 48, II, 116.

(2) Aubry et Rau, IV, p. 700. — Riom, 26 juillet 1854; Sir., 55, II, 13.

(3) Art. 724. Richefort, II, n° 337. Taulier, I, p. 437. Marcadé, art. 342, n° 4. Ducaurroy, Bonnier et Roustain, I, n° 502. Demante, II, n° 70 *bis*, IV. Hérold, *Revue pratique*, 1860, X, p. 128. Labbé, *J. du Palais*, 1861, p. 945, note. Aubry et Rau, IV, p. 701. Demolombe, V, n° 520 et 524. — Paris, 30 avril 1859; Sir., 60, II, 625 (cassé le 29 juillet 1861 ; Sir., 61, I, 700).

Contra : Ancelot, *Revue de législation*, 1852, II, p. 150. — Paris, 13 mars 1837 ; Sir., 37, II, 369. Bastia, 31 mars 1840; *J. du Palais*, 1846, II, p. 574. Besançon, 12 juillet 1855 ; Sir., 56, II, 452. Cass., 29 juillet 1861 ; Sir., 61, I, 700. Rouen (cour de renvoi, mêmes parties), 23 juillet 1862; Sir., 63, II, 64. Cass., 10 août 1864 ; Sir., 64, I, 505. Grenoble, 26 décembre 1867 ; Sir., 68, II, 313. Voy. aussi : Paris, 16 décembre 1833 ; Sir., 34, II, 184.

(4) Cpr. art. 317, et Fenet, X, p. 26 (projet de cet article), p. 181 (rapport de Lahary), p. 221 (discours de Duveyrier).

Il serait arbitraire de la soumettre aux dispositions restrictives écrites expressément pour la filiation naturelle, dans un chapitre distinct (art. 329 et 330) ; d'autant plus que les conséquences n'en sont pas aussi graves.

Cette action ayant alors un caractère pécuniaire, il s'ensuit que les créanciers de l'héritier pourraient l'exercer de son chef. Marcadé, art. 1166, n° 2. Cpr. Aubry et Rau, III, p. 80 et s.

(5) *Contra*: Aubry et Rau, IV, p. 701. Ces auteurs argumentent *a fortiori* de la disposition finale de l'art. 340 : « le ravisseur pourra être, sur la demande des parties intéressées, déclaré père de l'enfant. » Cet article permet, disent-ils, dans l'hypothèse exceptionnelle dont il s'occupe, la recherche de la paternité à *toute personne intéressée*. C'est une interprétation manifestement abusive, car le texte ne porte pas : « sur la demande de toute personne intéressée, » mais : « sur la demande *des parties intéressées*, » ce qui s'applique très-bien à l'enfant et à la mère, par opposition avec l'art. 341 où l'action est donnée seulement à l'enfant (al. 2 et 3.)

ternelle (1), pour empêcher ou faire annuler un mariage incestueux (art. 161 et 162), ou pour exercer le droit de réduction (art. 908) ; à ceux qui prétendraient à sa succession, comme étant ses frères et sœurs légitimes ou naturels (art. 766) (2) ; à ses descendants légitimes, de son vivant, par exemple en matière d'aliments (art. 205 et 207) ; enfin à ses créanciers (3). Ceux-ci ne pourraient pas s'autoriser de l'art. 1166, car il n'est qu'une conséquence du principe général de l'art. 2092 ; or l'action en recherche n'est pas *un bien sur lequel le débiteur est tenu de remplir son engagement.* Les seules choses qui forment le gage des créanciers, sont celles que le débiteur pourrait leur céder, et dont la loi leur fait une cession tacite ; mais le droit de rechercher la maternité n'est pas un droit cessible.

Du reste, à l'appui d'une action fondée sur un intérêt pécuniaire actuel, une pétition d'hérédité par exemple (art. 788), les créanciers de l'enfant auraient, de leur chef, le droit de rechercher sa filiation (4), en vertu du principe

---

(1) Duranton, III, n° 242. Marcadé, art. 341, n° 8. Valette, *Explication sommaire*, p. 185, 2°. Demolombe, V, n° 527. — Colmar, 4 mai 1844 ; Sir., 44, II, 203. Rejet, 3 février 1851 ; Sir., 51, I, 225. Orléans, 8 février 1855 ; Sir., 55, II, 138. Caen, 1er mars 1860 ; Sir., 61, II, 185.

(2) Paris, 16 décembre 1833 ; Sir., 34, II, 184. Amiens, 25 janvier 1838 ; Sir., 38, II, 457 (mêmes parties, après cassation pour vice de forme seulement). Rejet, 20 novembre 1843 ; Sir., 43, I, 849. Besançon, 12 juillet 1855 ; Sir., 56, II, 452.

Contra : Demante, II, n° 73 *bis*. Aubry et Rau, IV, p. 702. Demolombe, V, n° 524 *in fine*. Suivant cet auteur, ils ont l'action comme héritiers. Mais si c'est la qualité d'héritiers qui leur donne le droit d'agir, il faut donc qu'ils l'établissent ; or, ils ne peuvent le faire qu'en prouvant la filiation, ce qui forme un cercle vicieux. Cpr. Aubry et Rau, *ibid.*, note 5.

(3) Duranton, III, n° 160, et X, n° 563. Devilleneuve, Sir., 36, I, 634. Kœnigswarter, *Revue étrangère*, 1841, VIII, p. 689. Marcadé, art. 1166, n° 2. Aubry et Rau, IV, p. 81, note 20. Demolombe, V, n° 519 et le renvoi.

Cpr. en sens contraire : Toullier, VI, n° 372. Merlin, *Questions de droit*, v° *Hypothèques*, § 4, n° 4 ; *Répertoire*, v° *Légitimité*, sect. IV, § 1, n° 1 *in fine.*

(4) Delvincourt, II, p. 735 *in fine*. Marcadé, art. 1166, n° 2. Larombière,

que celui qui a une action dont le succès dépend de la preuve d'un certain fait, a par là-même le droit de prouver ce fait. Comme l'enfant et ses héritiers, ils ne sont reçus à faire cette preuve par témoins que lorsqu'ils ont déjà un commencement de preuve par écrit (1).

III. La preuve de la filiation maternelle comprend celles de l'accouchement et de l'identité. Il n'est pas nécessaire, pour pouvoir administrer la preuve de l'identité, d'avoir au préalable fourni celle de l'accouchement (2), et même les juges ne devraient pas l'admettre sans s'assurer que le demandeur aura des moyens suffisants pour établir l'identité (3).

IV. L'enfant peut rechercher, à toute époque, sa mère naturelle (4); en effet, il ne pourrait pas valablement renoncer à ce droit (art. 2045); il en est de même de ses descendants légitimes, car ils continuent la descendance naturelle de la mère. Mais l'action est prescriptible à l'égard de ceux qui n'y ont qu'un intérêt pécuniaire (5).

De la recherche de la paternité. — I. D'après l'art. 340 du Code civil, la recherche de la paternité n'est permise

I, art. 1166, 4°. Colmet de Santerre, V, n° 81 *bis*, VIII. Aubry et Rau, III, p. 81, note 20.

Contra : Demolombe, V, n° 519, et le renvoi.

(1) Aubry et Rau, IV, p. 710. Cpr. Merlin, *Rép.*, v° *Maternité*, n° 5. Demolombe, V, n° 528. — Rejet, 12 juin 1823 ; Sir., 23, I, 394. Rejet, 7 avril 1830 ; Sir., 30, I, 175.

(2) Merlin, *Rép.*, v° *Maternité*, n° 4. Duranton, III, n° 240. Marcadé, art. 341, n°. 3. Aubry et Rau, IV, p. 705. Demolombe, V, n°ˢ 499 et 500. — Rejet, 3 juillet 1850 ; Sir., 50, I, 705.

Contra : Toullier, II, n° 942. Rolland de Villargues, n°ˢ 274 et 275. Voy. ci-après, sect. III, § 2. Cpr. Richefort, II, n°ˢ 327-328.

(3) Aubry et Rau, VI, p. 706. Demolombe, V, n° 501

(4) Troplong, *des Transactions*, n° 67. Aubry et Rau, IV, p. 710. Demolombe, V, n°ˢ 514 et 515. — Cass., 12 juin 1838 ; Sir., 38, I, 695, et Rejet 21 avril 1840 ; Sir., 40, I, 873 (mêmes parties). Cass., 27 février 1839 ; Sir., 39, I, 161. — Voy. cep. Paris, 3 juillet 1812 ; Sir., 14, II, 42.

Contra : Carette, Sir., 38, I, 669.

(5) Aubry et Rau, IV, p. 710. Demolombe, V, n° 526.

que dans le cas d'*enlèvement*. Que faut-il entendre par ce mot?

Des jurisconsultes enseignent que l'enlèvement implique nécessairement la violence : enlever une femme, ce serait l'emmener ou la retenir par la force (1). D'autres distinguent entre les femmes majeures et les mineures : pour celles-ci, il y a enlèvement quand on les a détournées ou retenues par fraude ou par séduction; pour celles-là, il faut la violence (2).

Nous ne suivrons ni l'un ni l'autre système : le premier est trop étroit, car il y a des faits qualifiés d'*enlèvement* par la loi même, et qui ne sont pas des faits violents, tel est le cas de l'art. 356 du Code pénal, placé sous la rubrique *Enlèvements de mineures :* « Quand la fille au-dessous de 16 ans aurait consenti à son enlèvement, ou volontairement suivi le ravisseur... » Mais, dit-on, le Code pénal est de 1810 ; le législateur n'a pas pu s'y reporter en 1804. La réponse est facile : si l'on écrivait aujourd'hui dans le Code pénal une définition nouvelle de l'enlèvement, faudrait-il ne l'appliquer qu'au point de vue pénal? Si le législateur donnait une définition plus large du vol, faudrait-il dire qu'on ne l'appliquera pas à la *chose volée* dont il est question dans l'art. 2279 du Code civil ? Lorsque la loi définit,

___

(1) Résumé d'une consultation de Grappe, Delacroix-Frainville et Bonnet, Sir., 21, II, 236. Aubry et Rau, IV, p. 699.

Contra : Rolland de Villargues, n° 207. Richefort, II, n° 306. Zachariæ § 569, texte et note 3. Valette, sur Proudhon, II, p. 137, note *a*. Demante, II, n° 69 *bis*, V. Marcadé, art. 340, n° 2. Demolombe, V, n° 490. — Paris, 28 juillet 1821 ; Sir., 21, II, 235.

(2) Demolombe, V, n° 490. Cet auteur paraît même supposer que la fraude pourrait suffire, suivant les cas, pour la femme majeure (n° 492 *in fine*). Marcadé va beaucoup plus loin (sur l'art. 340, n° 2) ; il déclare positivement que l'art. 340 « ne distingue pas si l'enlèvement a eu lieu par la violence, ou seulement par la fraude, la séduction et l'artifice. Il ne distingue pas non plus, comme le fait le code pénal (art. 353-357) si la fille enlevée es majeure ou mineure. »

il faut bien que sa définition soit appliquée à tous les cas où se rencontre le mot défini, autrement on tomberait dans l'arbitraire ; elle a appelé *enlèvement* des faits qui ne supposent pas la violence ; donc, en toute matière, il sera vrai de dire que l'enlèvement peut exister sans qu'il y ait violence.

Mais si cette opinion est évidemment trop restrictive, l'autre au contraire nous conduirait trop loin ; en effet, puisqu'un enlèvement peut avoir lieu par fraude ou par séduction, on n'a le droit de distinguer à cet égard entre les mineures et les majeures que si la loi a fait cette distinction. Où se trouve-t-elle donc ? Est-ce dans le Code pénal ? Nullement, car, dans l'art. 356, il est questiou d'un enlèvement par séduction ; or cet enlèvement ne peut avoir lieu que pour les mineures qui n'ont pas 16 ans ; donc la distinction que fait la loi est entre deux classes de mineures, celles qui ont et celles qui n'ont pas 16 ans, et non entre les majeures et les mineures ; et par conséquent, si vous étendez à toutes les femmes mineures l'*enlèvement par séduction*, il faut l'étendre aussi aux majeures, décider de même pour le cas de fraude, en un mot supprimer toute distinction ; c'est ce qu'un logicien rigoureux, Marcadé, n'a pas hésité à faire.

On reconnaît universellement que l'emploi de la violence, pour s'emparer de la personne d'une femme majeure ou mineure, constitue un enlèvement. C'est là le sens usuel du mot, constaté par l'Académie. Peut-on aller plus loin? Oui, si l'on y est autorisé par quelque texte appliquant à d'autres faits le mot *enlèvement*. La loi considère comme un enlèvement le détournement de mineurs par fraude (art. 354 du Code pén.) ; et elle appelle formellement *enlèvement* le détournement par séduction d'une fille mineure de 16 ans. Donc, dans ces deux cas, nous dirons qu'il y a enlèvement, et nous nous arrêterons là, car autrement on ne sa t où s'arrêter, et il faut aller jusqu'à appeler ainsi des faits que ni la langue vulgaire ni les textes de loi n'appellent de ce nom.

Ainsi nous disons qu'il y a enlèvement :

1° Lorsqu'on emmène ou qu'on retient par violence, pour en abuser, une femme majeure ou mineure ;

2° Lorsqu'on emmène ou qu'on retient, par violence *ou par fraude*, une femme mineure ;

3° Lorsqu'on emmène ou qu'on retient par violence, *fraude ou séduction*, une femme âgée de moins de 16 ans.

Au sens vulgaire du mot, nous ajoutons tout ce qui, dans la loi, est qualifié d'enlèvement, mais nous ne croyons pas qu'on puisse légitimement aller plus loin.

Cette théorie est-elle bonne en soi ? Nous le pensons; en effet, lorsqu'une femme est enlevée par fraude ou par violence, il est évident qu'il n'y a pas eu, de sa part, un calcul ; si c'est une mineure de 16 ans qu'on a séduite et détournée de chez ceux qui ont autorité sur elle, le calcul est peu probable, et cette femme, à raison de son âge, est digne d'intérêt. Mais si l'on permet aux majeures de 16 ans de prouver la paternité dans le cas du détournement par séduction, elles se laisseront ou se feront séduire par spéculation : c'est un homme riche, l'enfant aura droit à des aliments, la femme à des dommages et intérêts; et, que sait-on, la crainte des poursuites peut amener un mariage; la fortune est faite, le roman est réalisé.

Si le fait d'emmener ou de retenir une femme par la force est un enlèvement, le viol est un enlèvement, avec une circonstance de plus : l'enlèvement, même prolongé, fait seulement présumer la cohabitation, le viol est un enlèvement violent qui la suppose. Dans le premier projet, il n'était question que du *rapt ;* M. Defermon demanda, au Conseil d'État, « si aucuns dommages et intérêts ne seront dus ni à

la femme, ni à l'enfant, lorsqu'il n'y aura pas de rapt (1). »
On lui répondit que non, et le premier qui fit cette réponse,
ce fut le rédacteur, M. Boulay. Or, dans la seconde rédaction,
nous trouvons que des dommages et intérêts seront dus en
cas de rapt *ou de viol*. Donc, en ajoutant ces mots, le rédacteur a seulement développé le sens de la première rédaction, car il ne voulait ni ne pouvait introduire un cas nouveau dans l'article. Lorsqu'on le refondit pour y autoriser
exceptionnellement la recherche de la paternité, on n'expri-
ma que le cas d'enlèvement, mais il est naturel d'entendre
ce mot largement, comme le mot *rapt* de la première rédaction. Ainsi ont pu l'entendre Bigot-Préameneu, Lahary
et Duveyrier, quand ils disaient (2) que la recherche de la
paternité n'est admise que dans le cas d'enlèvement (3).

Est-il nécessaire que le fait d'enlèvement ou de viol soit
jugé préalablement par un tribunal de justice répressive ?
C'est ce que pensait le rédacteur, M. Boulay; il voulait « que
l'action en déclaration de paternité ne pût être fondée que
sur un jugement qui aurait déclaré coupable de viol ou de
rapt celui contre lequel elle serait dirigée », et « le consul
Cambacérès dit que cette opinion est la sienne. » Mais l'art.
340 ne reproduit pas cette condition, et rien ne s'oppose à
ce qu'un tribunal civil constate, à fins civiles, un fait délic-
tueux ; c'est ce que décident, pour la réparation du dommage, les art. 1 et 3 du Code d'Instruction criminelle. Or,
si le tribunal civil avait jugé, pour accorder des dommages
et intérêts, qu'il y a eu viol ou enlèvement, le fait ne serait-

(1) Fenet, X, p. 75.
(2) Fenet, X, p. 155, 198 et 241.
(3) En ce sens : Loiseau, p. 418. Delvincourt, I, p. 388. Toullier, II, n° 941.
Taulier, I, p. 434. Richefort, II, n° 306. Valette, sur Proudhon, II, p. 139,
note. Demante, II, n° 69 *bis*, II et III. Marcadé, art. 340, n° 2. Zachariæ,
§ 569, texte et note 4. Gett, *die Rechtsverhältnisse aus der ausserehelichen
Geschlechtsgemeinschaft*, § 26, p. 83. Demolombe, V, n° 491.
Contra : Ducaurroy, Bonnier et Roustain, I, n° 498. Aubry et Rau, IV, p. 699.

il prouvé qu'au point de vue des dommages et intérêts ?
Faudrait-il un second jugement, rendu par un tribunal de
répression, pour autoriser la recherche de la paternité ? Le
décès du père avant ce jugement éteindrait donc l'action !
Enfin l'acquittement ne suppose pas toujours que le fait n'est
pas constant (1).

II. Dans le cas où la recherche de la paternité est permise,
elle peut être faite par l'enfant ou ses héritiers, et par la
mère; ce sont les *parties intéressées* dont il est question dans
l'art. 340 (2).

III. Prouver que tel homme a rendu telle femme enceinte,
c'est prouver qu'il est le père de l'enfant dont elle est enceinte. On aura beau jouer sur les mots, on ne changera pas
les choses : l'auteur de la grossesse est le père de l'enfant,
et si je recherche l'auteur de la grossesse, je recherche la
paternité; ce qui est défendu. Cependant une jurisprudence
assez récente, mais qui paraît désormais établie, accorde aux
filles rendues mères des dommages et intérêts contre le séducteur (3). La jurisprudence est un excellent guide dans la
recherche des points sujets à réforme. Mais les expédients

(1) Duvergier, sur Toullier, II, n° 941, note *a*. Aubry et Rau, IV, p. 699.
Demolombe, V, n° 492. — Cpr. Paris, 28 juillet 1821 ; Sir., 21, II, 235.
   Contra : Toullier, II, n° 941. Loiseau, p. 418.
   (2) Cpr. p. 94 et la note 5.
   (3) Toulouse, 5 juillet 1843, et Rejet 24 mars 1845; Sir., 45, I, 539. Caen,
6 juin 1850, et Montpellier, 10 mai 1851 ; *J. du Palais,* 1852, II, p. 540 et s.
Bordeaux, 23 novembre 1852 ; Sir., 53, II p. 245. Douai, 3 décembre 1853;
Sir., 54, II, 193. Caen, 10 juin 1862, et Rejet, 26 juillet 1864; Sir., 65, I, 33.
Bordeaux 14 décembre 1864; Sir., 65, II, 5. Nancy, 25 février 1865 ; Sir., 65,
II, 169. Nîmes, 3 janvier 1867 ; Sir., 67, II, 39. Dijon, 1er décembre 1868;
Sir., 69, II, 15. — Cette jurisprudence est approuvée par M. Demolombe;
J. du Palais, 1852, II, p. 536 et s., note. Voy. aussi A. Gigot, Étude sur la
séduction, dans le recueil *les Ouvriers des deux mondes,* III, p. 276 et s.
Cf. p. 89 et s. ci-dessus.
   Contra : Cass., 19 vendémiaire an VII; Sir., 1, I, 168. Paris, 17 thermidor,
an X; *J. du Palais,* tome II, p. 684. Cass. 3 ventôse, an XI; *J. du P.,* tome III,
p. 164. Cass., 26 mars 1806; *J. du P.,* tome V, p. 253 : « il résulte de la loi

dont elle use pour donner satisfaction aux besoins de la pratique, sont parfois des plus singuliers (1).

Voici le cas de l'arrêt de rejet de 1864 : Un homme marié séduit une fille de 15 ans, et la retient pendant 20 ans, au moyen de toutes sortes d'artifices, dans les liens de cette union adultérine; puis il l'abandonne avec six enfants. Le tribunal de Vire (11 juillet 1861), condamne le séducteur à payer de suite à la femme une somme de 3000 fr.; de plus, à lui servir une rente viagère de 500 fr., et enfin, *à servir une pension de 500 fr. à chaque enfant, jusqu'à l'âge de dix-huit ans, et de 250 fr. à partir de cette époque.*

Le 10 juin 1862, arrêt confirmatif de la cour de Caen.

Le 26 juillet 1864, Rejet : « Attendu que l'arrêt attaqué, loin d'autoriser la recherche d'une paternité adultérine, a déclaré formellement au contraire que cette recherche serait prohibée par la loi.,... » Il l'a déclaré! Je le crois bien; on le dit, on le proclame, on proteste de son respect pour la loi, mais on la viole sans scrupule. Quand on voit les tribunaux, sous l'empire des besoins de la pratique, désobéir aussi ouvertement à la loi, c'est une preuve sûre qu'elle n'est pas bonne, et qu'il faut la modifier.

3. De la preuve de la filiation naturelle par les modes de preuve de la filiation légitime.

Présomption légale de paternité. — Quand un mariage, contracté de mauvaise foi par les deux parties, a été

du 12 brumaire an II, qu'à compter de la publication de cette loi, toute recherche de paternité non reconnue est abolie, non-seulement par rapport aux droits successifs, mais même relativement aux aliments pour l'enfant, *aux frais de gésine et aux dommages et intérêts pour la mère*, par la raison que, la paternité étant indivisible, un homme ne peut pas être père pour un cas, et ne pas l'être pour un autre. » Bastia, 3 février 1834 ; Sir., 34, II, 355. Caen, 24 avril 1850 ; *J. du P.* 52, II, p. 540. — Marcadé, *Revue critique*, 1853, p. 197 et s.

(1) Cpr. p. 68 et s., et p. 113 et s.

annulé pour toute autre cause que l'impuberté du mari (1),
la présomption de l'art. 312 doit s'appliquer, car, jusqu'au
jugement, l'homme a exercé en fait tous les droits de mari :
le droit de forcer sa femme à habiter avec lui (art. 214) et à
le suivre partout où il jugeait à propos de résider, le droit de
désavouer l'enfant, le droit de faire condamner la femme
aux peines de l'adultère ; or tous ces droits ont pour effet
d'assurer la fidélité de la femme ; de plus, si dans le cas
d'enlèvement la paternité peut être recherchée, on ne com-
prendrait pas que dans le cas de mariage elle ne fût ni prouvée ni susceptible de l'être (2).

Acte de naissance. — Suivant quelques auteurs, l'acte de
naissance où la mère est indiquée prouve la maternité (3).

On fonde ce système sur l'art. 341. Ainsi, d'après M. Va-

(1) Demolombe, III, n° 346.

(2) Aubry et Rau, IV, p. 41 et 42. Demolombe, III, n° 345.

(3) Merlin, *Questions*, v° *Maternité*, n° 1. Rolland de Villargues, n° 276.
Toullier, II, n° 866-867. Proudhon, II, p. 143. Voy. aussi : Emmery, *Fenet*,
X, p. 95. — Bordeaux, 19 janvier 1831; Sir., 31, II, 231. Paris, 7 juillet
1838; Sir., 45, II, 194, note. Limoges, 4 avril 1848; Sir., 48, II, 375. Rejet,
19 novembre 1856; Sir., 57, I, 97. Rejet, 23 novembre 1868; Sir., 69, I, 1.
Cass., 1er décembre 1869 ; Sir., 70, I, 101. — Cpr. Rejet, 1er juin 1853 ; Sir.,
53, I, 481. Caen, 24 mai 1858 ; Sir., 58, II, 535. Paris, 4 février 1867 ; Sir.,
67, II, 97. Montpellier, 13 juillet 1870 (cassé le 3 avril 1872); Sir., 72,
I, 126. Le premier de ces arrêts semble proposer une distinction, en décidant que l'acte de naissance prouve la maternité vis-à-vis des tiers, en
l'absence de toute contestation de la part de la mère ou de sa famille et de
ses ayant-droit ; de même, l'arrêt de la cour de Caen porte qu'un acte de
naissance non contredit par la mère ou par sa famille, fait foi à l'égard des
tiers ; enfin, nous trouvons, dans l'arrêt de la Cour de Paris, qu'un tel acte
fait pleine foi à l'égard des tiers, et constitue une preuve complète de l'accouchement (cpr. Demante, II, n° 64 *bis*, II) ; mais les arrêts de la Cour de cassation postérieurs à 1853, ne portent plus trace de cette distinction arbitraire.
Quant à l'arrêt de la cour de Montpellier, il admettait comme preuve de la
filiation maternelle l'acte de naissannce soutenu de la possession d'état.

Contra : Duranton, I, n° 307, et III, n° 236. Marcadé, art. 340-342, n° 3.
Demolombe, I, n° 297, et V, n°s 504-505. Aubry et Rau, IV, p. 707. — Grenoble, 24 janvier 1844 ; Sir., 45, II, 341. Colmar, 4 mai 1844 ; Sir., 45, II,
193. Pau, 29 juillet 1844 ; Sir., 45, II, 193. Metz, 21 juin 1853, et Besançon,
12 juillet 1855 ; Sir., 56, II, 449. Pau, 28 juin 1855 ; Sir., 55, II, 673. Paris,
17 juillet 1858 ; Sir., 58, II, 534. Caen, 1er mars 1860 ; Sir., 61, II, 185,

lette, cet article suppose qu'il n'y a plus qu'à prouver l'identité : «Le rédacteur s'est préoccupé des cas nombreux où il y a un acte de naissance indiquant la mère, mais où l'identité est incertaine. » (Cours de 1867-68.)

Sans aucun doute, si dans l'art. 341 l'accouchement est supposé prouvé, c'est par un acte de naissance qu'il est prouvé; en effet :

1° Si l'accouchement était prouvé par la possession d'état, l'identité serait prouvée par là même ; or l'art. 341 présente l'identité comme incertaine;

2° Si l'accouchement était prouvé par une reconnaissance, l'identité pourrait se prouver *de plano* ; or l'art. 341 exige un commencement de preuve par écrit;

3° L'article ne peut pas supposer que la preuve de l'accouchement a été faite par témoins, car il serait déraisonnable de permettre à quelqu'un de prouver l'accouchement d'une femme, sauf à justifier plus tard d'un commencement de preuve par écrit de l'identité.

Donc, la seule preuve de l'accouchement à laquelle peut se référer l'art. 341, s'il suppose l'accouchement prouvé, c'est l'acte de naissance dans lequel la mère est indiquée.

Il serait démontré par là que l'acte de naissance est une preuve de la filiation naturelle; mais la question est de savoir si l'art. 341 suppose l'accouchement prouvé. Nous pensons qu'il n'en est rien; en effet, si la preuve de l'identité est une recherche de filiation, l'enfant reconnu par sa mère devra produire un commencement de preuve par écrit pour être admis à prouver son identité, et l'enfant reconnu par son père ne pourra pas la prouver; or, ce dernier résultat est évidemment inadmissible (1).

Rouen, 23 juillet 1862 ; Sir., 63, II, 64. Cass., 3 avril 1872; Sir., 72, I, 126. Voy. aussi : Grenoble, 26 décembre 1867 ; Sir., 68, II, 313.

(1) Voy. ci-dessus, p. 89 et s.

D'ailleurs, la question « nous paraît dépourvue d'un véritable intérêt pratique ; puisque, d'une part, la preuve de l'accouchement devient complétement inutile, si, faute de commencement de preuve par écrit, l'identité du réclamant ne peut être établie ; et que, d'autre part, s'il y a commencement de preuve par écrit, les juges peuvent déclarer constante la filiation du demandeur, en prenant en considération l'acte de naissance, comme ils feraient de tous autres indices et présomptions (1) ». Il est vrai que, si cet acte fait preuve, il suffira que l'enfant ait un commencement de preuve par écrit *de son identité avec l'enfant qui a été déclaré* et présenté à l'officier de l'état civil, tandis que s'il ne fait pas preuve, il faudra qu'il ait un commencement de preuve par écrit *de son identité avec l'enfant dont la femme est accouchée ;* mais il n'est pas du tout certain que l'un soit plus facile à trouver que l'autre.

Ainsi donc, le texte même où l'on prétend trouver une application de ce système, lui ôte les avantages qu'on y cherchait, et, pour lui donner quelque utilité pratique, on s'est jeté dans l'arbitraire : la preuve de l'identité, a-t-on dit, résultera soit d'une recherche faite en justice, après la production d'un commencement de preuve par écrit, soit d'une reconnaissance formelle ou tacite de l'identité (2). Mais si la recherche de l'identité est une recherche de la maternité, l'aveu de l'identité sera l'aveu de la maternité, or cet aveu ne peut être fait qu'en forme authentique (art. 334), et la mère seule doit être admise à la faire. De plus, quand l'existence d'une reconnaissance d'identité est contestée, suivant l'arrêt du rejet du 13 avril 1864 (Sir., 64, I, 209), la preuve

(1) Valette, sur Proudhon, p. 139, noté *a*.

(2) Rejet, 19 novembre 1856 ; Sir., 57, 97. Cet arrêt suppose une reconnaissance de l'identité faite par la mère, mais apparemment la reconnaissance de l'identité faite par un tiers l'établirait à l'égard de ce tiers.

par témoins n'en est reçue que s'il y a un commencement
de preuve par écrit *de l'identité.* Ainsi, la recherche de
de l'identité est une recherche de maternité, mais la reconnaissance de l'identité n'est pas une reconnaissance de
maternité, et cependant la preuve de cette reconnaissance
est une recherche de maternité ! Ce n'est pas tout, l'arrêt
de la cour de Caen, du 24 mai 1858 (Sir., 58, II, 535),
admet comme aveu de l'identité la possession d'état donnée
par la mère (1). Mais si la possession d'état prouve la filiation, il est inutile de s'occuper de l'acte de naissance, et si
elle ne prouve pas la filiation, il faut la ranger parmi les
éléments de preuve qu'on ne peut produire en justice qu'au
moyen d'un commencement de preuve par écrit. Enfin,
l'arrêt de Cassation du 1ᵉʳ décembre 1869 (Sir., 70, I, 101),
admet, à vrai dire, sans commencement de preuve par
écrit, la preuve testimoniale ; en effet, on ne comprend pas
qu'une déclaration de grossesse rende vraisemblable l'identité de telle personne avec l'enfant indiqué dans l'acte de
naissance. Ne faut-il pas que, dans la pratique, on ait vivement ressenti le besoin de donner à l'acte de naissance le rôle
d'une preuve, pour en être venu à de pareilles singularités ?

On a dit aussi que les personnes qui doivent déclarer à
l'officier de l'état civil la naissance d'un enfant, ont mission
pour indiquer la mère, vu que l'acte doit énoncer « les prénoms, noms, profession et domicile des père et mère »,
art. 57. Mais ce texte se réfère aux père et mère légitimes ;
en effet, c'est le sens naturel des mots, et l'on convient que
l'article ne désigne pas le père naturel ; il n'est donc pas
logique de l'appliquer à la mère. L'art. 345 du Code pénal,
sanction de l'art. 57 du Code civil, se réfère comme cet
article à la filiation légitime (2).

(1) *Adde* Valette, *Explication sommaire*, p. 185, n° 23.
(2) Nous reconnaissons sans difficulté que M. Siméon, dans un passage de

D'ailleurs, si l'indication de la mère par les déclarants prouve la maternité, l'indication faite par le père doit la prouver (1), car c'est à lui que la loi donne en première ligne la mission de déclarer l'accouchement, art. 56; or l'art. 336 repousse cette conséquence.

Enfin l'argument qu'on tire de l'art. 46 repose sur une confusion manifeste entre le fait de l'accouchement et la preuve de la filiation.

L'acte de naissance ne prouve donc pas la filiation naturelle. Toutefois, dans le cas d'annulation d'un mariage contracté de mauvaise foi par les deux parties (2), la filiation naturelle de l'enfant né avant le jugement qui prononce la nullité du mariage, ou dans les 10 mois à compter de ce jugement, sera prouvée par l'acte de naissance (3).

Possession d'état. — Dans l'hypothèse dont nous venons de parler, il est certain que la possession d'état prouvera la filiation naturelle, et que l'art. 322 pourra s'appliquer, mais il faut examiner quel est en général, dans notre matière, le rôle de la possession d'état. C'est un point des plus importants : souvent des filles élèvent leur enfant, souvent des personnes vivent comme gens mariés, passent pour l'être, et remplissent tous les devoirs imposés aux pères et mères légitimes; si elles n'ont pas fait de reconnaissance, pourront-elles, à leur gré, abandonner l'enfant; sera-t-il du moins écarté de leur succession ? Si le père et la mère se marient ensemble, sans penser à le reconnaître, la possession d'état qu'il avait lui sera-t-elle inutile ? Enfin, si l'enfant reconnu par ses père et mère, aujourd'hui morts

son discours au Corps législatif, où il émet une théorie erronée sur la preuve de la filiation adultérine ou incestueuse, suppose implicitement que l'acte de naissance prouve la maternité (Fenet, XII, p. 232).

(1) Voy. cep. Toullier, II, n° 866.
(2) Voy. ci-dessus, p. 103.
(3) Aubry et Rau, IV, p. 41-42. Demolombe, III, n° 345.

ou disparus, ignore le lieu où ils ont fait la reconnaissance, n'aura-t-il pas la ressource d'invoquer la possession d'état ?

On convient généralement que la possession d'état est un bon moyen de preuve, mais on est loin de s'accorder sur le point de savoir quel rôle elle a reçu dans le Code.

Trois opinions se sont produites :

Suivant l'une, la possession d'état ne prouve pas la filiation naturelle (1).

Suivant l'autre, elle prouve la maternité, mais non pas la paternité (2).

Dans la troisième opinion, qui n'est point reçue en jurisprudence (3), la possession d'état est considérée comme

(1) Loiseau, p. 474 et 528. Toullier, II, nos 970 et 971. Coulon, *Dialogues ou Questions de droit*, III, p. 584 et 610. Demante II, n° 67 *bis*, IV et V. Marcadé, art. 340, n° 6, et *Revue critique*, I, p. 150-165. Ancelot, *Revue de législation*, 1852, II, p. 130 et s. Aubry et Rau, IV, p. 695 et 703. — Rejet, 13 mars 1827 ; Sir., 27, I, 444. Bourges, 2 mai 1837 ; Sir., 38, II, 5. Nancy, 9 février 1850 ; Sir., 51, I, 225. Cass., 17 février 1851 ; Sir., 51, I, 161. Paris, 26 avril 1852 ; Sir., 52, II, 525. Lyon, 20 avril 1853 ; Sir., 53, II, 497. Metz, 21 juin 1853 ; Sir., 56, II, 449. Pau, 28 juin 1855 ; Sir., 55, II, 673. Paris, 17 juillet 1858 ; Sir., 58, II, 534. Nîmes, 7 novembre 1864 ; Sir., 65, II, 15, et quatre arrêts indiqués en note. Douai, 14 décembre 1864 ; Sir., 65, II, 167. Agen, 27 novembre 1866 ; Sir., 67, II, 138. Voyez enfin les motifs d'un arrêt de Cassation du 12 février 1868 ; Sir., 68, I, 165 et de la cour de renvoi : Grenoble 24 juin 1869 ; Sir., 69, II, 240, et un arrêt de la Cour de cassation du 3 avril 1872 ; Sir., 72, I, 126.

Cpr. Bordeaux, 19 janvier 1831 ; Sir., 31, II, 231 (voy. l'avant-dernier motif, p. 233). Lyon, 31 décembre 1835 ; Sir., 36, II, 194. Bourges, 4 janvier 1839 ; Sir., 39, II, 289 : « Considérant que... si la possession d'état peut être invoquée par l'enfant naturel, elle ne peut l'être par la mère... » Rejet, 3 février 1851 ; Sir., 51, I, 225.

(2) Delvincourt, I, p. 389. Proudhon, II, p. 143. Duranton, III, n° 238. Richefort, II, n° 337 *bis*. Ducaurroy, Bonnier et Roustain, I, n° 499. Bonnier, *des Preuves*, I, nos 216 et 222, et *Revue pratique*, 1856, I, p. 352 et s. Allemand, *du Mariage*, II, p. 168. Neyremand, *Revue critique*, 1857, XI, p. 298. — Bastia, 17 décembre 1834 ; Sir., 35, II, 525.

Cpr. Paris, 27 juin 1812 ; Sir., 12, II, 418. Rouen, 20 mai 1829 ; Sir., 38, II, 6 (en note).

(3) Voy. cep. Rouen, 19 décembre 1844 ; Sir., 45, II, 133, et Paris, 10 mai 1851 ; Sir., 51, I, 225 (en note).

preuve : selon les uns, de la filiation naturelle simple (1) ; selon les autres, de toute filiation naturelle (2).

Un examen scrupuleux des Travaux préparatoires nous a conduit à penser que, d'après notre Code, la possession d'état ne prouve pas la filiation naturelle ; et comme il nous a semblé qu'on n'a pas toujours usé légitimement de ces documents, nous produirons les textes, et nous en ferons une analyse rigoureuse.

1° Examen des Travaux préparatoires.

I. Le 26 brumaire an X (17 novembre 1801), on discutait, au Conseil d'État, un projet d'article, portant que l'enfant naturel ne pourrait rechercher sa mère, s'il n'avait un commencement de preuve par écrit, ou une possession *constante*.

« M. Portalis dit que la possession constante est une preuve complète de l'état.

« En général, toutes les fois qu'on jouit de son état constamment, publiquement, et sans trouble, on a le plus puissant de tous les titres. Il serait donc absurde de présenter la *possession constante* (3) comme un simple commencement de preuve, puisque cette sorte de possession est la plus naturelle et la plus complète de toutes les preuves.

« Des faits de possession isolés, passagers, et purement indicatifs, peuvent n'être qu'un commencement de preuve, mais il y a preuve entière lorsqu'il y a possession constante (4). »

(1) Demolombe, *Revue de législation*, 1835, I, p. 417, et *Cours de C. N.*, V, n° 480. Merville, *Revue de droit français et étranger*, 1845, II, p. 809. Ballot, même Revue, 1849, VI, p. 812. Lafontaine, *Revue critique*, 1860, XVII, p. 97.

(2) Valette, sur Proudhon, II, p. 158. Hérold, *Revue pratique*, 1856, I, p. 193.

(3) Ces mots sont en italiques dans le procès-verbal, ce qui est important, comme on va le voir.

(4) Fenet, X, p. 72 (art. 7).

Il est incontestable que Portalis regardait la possession d'état comme une preuve de la *maternité* naturelle ; on pourrait même être porté à croire, en le supposant conséquent avec lui-même, qu'il la regardait aussi comme une preuve de la paternité (1). Nous verrons tout à l'heure ce qui en est.

A la séance qui suivit, le 12 frimaire an X (3 décembre 1801), la seconde rédaction fut présentée ; on y voit que l'enfant naturel ne pourra rechercher sa mère « que lorsqu'il aura un commencement de preuve par écrit (2) ». Cette disposition n'a plus été modifiée, c'est celle de l'art. 341 du Code.

Il semble donc, a-t-on dit, qu'on ait tenu compte de l'observation de Portalis, et que, si l'on a retranché de l'article ce qui avait trait à la possession d'état, c'est par la raison qu'on y avait donné, à ce moyen de preuve, un rôle trop peu important (3). Cette interprétation repose sur une inadvertance. Portalis demandait-il qu'on retranchât, comme on l'a fait, les derniers mots du projet d'article : « ou une possession constante ? » Il est certain qu'il ne le demandait pas : à son avis, il est « absurde de présenter la possession *constante* comme un simple commencement de preuve, » parce que « la possession *constante* est une preuve complète de l'état ». Mais pour les « faits de possession isolés, passagers, et purement indicatifs », il les considérait, ainsi qu'on l'a fait dans le cas de l'art. 323, comme un commencement de preuve (4). Or on a biffé toute la fin de l'article. Donc, ou bien le rédacteur a fait

(1) Demolombe, V, p. 492 (de la 4ᵉ édition) avant-dernier alinéa.

(2) Fenet, X, p. 102 (art. 28).

(3) Merville, *Revue de droit français et étranger*, 1845, II, p. 815. Demolombe, p. 493, 2ᵉ alinéa.

(4) Portalis insiste beaucoup sur son idée, il la reprend jusqu'à quatre fois, comme un homme qui rencontre une forte opposition, et on ne lui répond même pas. Si on acceptait son avis, pourquoi cette insistance ?

une bévue des plus considérables, ou bien l'avis de Portalis n'avait pas prévalu, et en effet le procès-verbal qui relate, à propos du même article, l'acceptation d'un amendement du Ministre de la Justice, et l'ajournement d'un amendement de Maleville, ne dit rien de celui de Portalis. Il est donc permis de penser qu'en retranchant de l'article la seule disposition de notre chapitre qui fît mention de la possession d'état, on a rejeté absolument ce moyen de prouver la filiation, pour n'admettre, comme commencement de preuve, que *des écrits* (1).

II. Si l'on avait décidé que la possession d'état prouverait la maternité, la logique aurait exigé qu'on décidât aussi que la possession d'état prouverait la paternité ; or les auteurs du Code ne l'ont pas admis, en effet :

Dans la troisième séance où l'on s'occupa de ces matières, le 29 fructidor an X (16 septembre 1802), à propos de cette disposition du projet : « la reconnaissance du père, si elle est désavouée par la mère, sera de nul effet, » quelqu'un proposait « de ne donner aucun effet au désaveu de la mère quand il est démenti par son aveu antérieur ». « M. Portalis dit qu'il est des circonstances qui ne sont pas moins fortes que l'aveu positif pour opérer la conviction : tels sont par exemple l'éducation, les soins donnés à l'enfant, en un mot ce qu'on appelle *le traitement* (2). »

Ainsi donc, Portalis, qui avait soutenu, dans la première séance, que la possession d'état doit prouver la maternité, demande seulement, quant au père, qu'elle mette sa recon-

---

(1) Cela est d'autant plus vraisemblable que la discussion s'est terminée par cette observation de Berlier que, pour modérer l'action en recherche, « il convient d'exiger, ou un commencement de preuve par écrit, *ou des faits de possession* ». Or, on a écarté absolument la possession ; l'enfant n'est reçu à rechercher sa mère *que s'il a un commencement de preuve par écrit* (art. 341 *in fine*). Fenet, X, p. 79.

(2) Fenet, X, p. 113.

naissance à l'abri du désaveu de la mère (1). Était-ce ce défaut de logique ? N'est-ce pas plutôt que, sa première proposition n'ayant eu aucun succès, il se garde de la renouveler pour le père, et ne cherche plus qu'à donner quelque utilité secondaire à la possession d'état ? Il serait ainsi parfaitement conséquent.

On voit ensuite au procès-verbal que l'idée de Portalis est aussitôt acceptée par Cambacérès, en ces termes : « il est difficile de concevoir comment on blesserait les principes, en admettant pour preuve la possession d'état acquise à un enfant illégitime contre son père.... (2). Permettra-t-on à une femme capricieuse de lui enlever ses aliments par un désaveu dont la fausseté est prouvée par les circonstances (3) ? »

Puis « M. Berlier reconnaît et avoue que, lorsque l'enfant a été traité comme tel par celui qui ensuite s'en déclare le père, le tout au vu et su d'une mère qui n'aurait point contesté cette possession d'état, une telle mère doit être déclarée non recevable dans son désaveu. » C'est encore un développement de la même idée.

Par conséquent, ni Portalis, ni Cambacérès, ni Berlier ne faisaient, de la possession d'état, une preuve de la filiation naturelle, et personne, sur ce point, n'émit un avis différent.

Voyons cependant si le Ministre de la Justice, dans une séance précédente (4), n'avait pas proposé une autre opinion (5). On examinait un article ainsi conçu : « La loi

(1) Cpr. Demolombe, p. 492, avant-dernier alinéa.
(2) En isolant ce texte de ce qui précède et de ce qui suit, M. Merville, *op. cit.*, p. 816 *in fine*, et M. Demolombe, p. 493, 1er alinéa, et p. 492 *in fine*, lui donnent un sens contraire à celui qu'il a réellement.
(3) Fenet, X, p. 114.
(4) Séance du 26 brumaire an X, Fenet, X, p. 77.
(5) Demolombe, p. 492 *in fine*. Aucun autre orateur n'a parlé, le 26 brumaire, dans le sens qu'on prête à l'observation du Ministre.

n'admet point la recherche de la paternité non avouée. »

« Le Ministre de la Justice pense qu'il est nécessaire d'expliquer ces mots de l'article : *la paternité non avouée;* ils semblent ne faire résulter l'aveu que d'une reconnaissance inscrite sur le registre public; et cependant, cet aveu peut résulter encore d'écrits privés du père, et d'autres circonstances.

« M. Boulay », rédacteur du titre, « adopte l'amendement ».

Dans ce texte, il y a deux choses, dont l'une est fort claire, et l'autre obscure. Le Ministre demande qu'on s'explique, et l'on accepte sa demande; voilà ce qui est clair. Ce qui ne l'est pas, ce sont les motifs : « *et cependant cet aveu peut résulter encore d'écrits privés du père et d'autres circonstances.* »

Cela peut s'entendre de trois manières :

1° Le Ministre, après avoir interprété le texte, le trouve trop étroit; il voudrait qu'on admît expressément l'aveu résultant d'écrits privés du père et d'autres circonstances.

2° Il le trouve bon, mais il craint qu'on n'en donne une interprétation trop large.

3° Il ne juge pas; il montre seulement l'ambiguïté du texte.

Ce que pensait le Ministre, je ne le sais pas, mais je prétends que personne ne peut le savoir, et qu'on ne doit pas en argumenter.

Mais si nous ignorons ce que pensait le Ministre, nous savons ce qu'on a fait après avoir accepté son amendement. Le texte à éclaircir était celui-ci : « La loi n'admet point la recherche de la paternité non avouée.» Or, on en retrouve la première partie dans l'art. 340 : « La recherche de la paternité est interdite », et la fin dans l'art. 334 : « La reconnaissance d'un enfant naturel se fera par un acte authentique. » Donc, on a rejeté les *écrits privés du père,* et par conséquent les *autres circonstances,* que le Ministre mettait sur la même ligne.

D'ailleurs, il n'y a rien de plus formel que ce passage de l'Exposé des motifs, par Bigot-Préameneu (1) : « Dans la loi proposée, cette sage disposition qui interdit la recherche de la paternité, a été maintenue. Elle ne pourra être établie contre le père que par sa propre *reconnaissance,* et encore faudra-t-il, pour que les familles soient, à cet égard, à l'abri de toute surprise, que *cette reconnaissance* ait été faite, ou par l'acte de mariage, ou *par acte authentique.* La loi proposée admet *une seule exception,*.. etc. »

Que Bigot-Préameneu n'ait pas pensé aux dispositions sur la possession d'état, parce qu'elles sont dans le chapitre précédent, cela n'est pas concevable ; il y a bien su trouver, comme nous le verrons ci-après, l'art. 326, pour l'appliquer expressément à notre matière. Il est vrai qu'il n'a pas rédigé ce titre ; on trouve même dans les procès-verbaux quelque chose deplus : « Séance du 29 fructidor an X. — M. Bigot-Préameneu présente le titre de la Paternité et de la Filiation. Il observe au Conseil, qu'une longue maladie l'ayant empê-ché d'assister à ses séances » (celles du 26 brumaire et du 12 frimaire an X, quant à ce qui nous occupe), « cette ré-daction est l'ouvrage de M. Boulay » (2). Mais il reparaît à la séance du 29 fructidor an X (16 septembre 1812), et ce n'est que le 20 ventôse suivant (11 mars 1803) qu'il présente l'Exposé des motifs.

2° *Examen des textes du Code.*

Il résulte des Travaux préparatoires, que la possession d'é-tat ne prouve pas la paternité naturelle ; et il semble aussi en résulter qu'elle ne prouve pas la maternité. S'il reste un doute sur ce dernier point, le texte du Code peut

(1) Fenet, X, p. 155.
(2) Fenet, X, p. 102.

le résoudre ; en effet, il faudrait sous-entendre un renvoi aux dispositions du chapitre des preuves de la filiation légitime ; or, d'une part, les dispositions sur la possession d'état sont conçues en termes étroits : « A défaut de titre, la possession constante de l'état *d'enfant légitime* suffit, » art. 320. Voy. aussi l'art. 321. D'autre part, il n'y a pas analogie parfaite quant à la certitude *de l'identité*, car la possession d'état donnée par la mère légitime, et de plus par le père, et peut-être par la famille, la prouve toujours plus énergiquement (1). Il est vrai que l'art. 328 est général, et que l'analogie est complète, mais il prononce une déchéance ; on ne peut donc pas l'appliquer à la filiation naturelle. Du reste, cela importe peu, car les principes généraux de la prescription nous permettent de donner la même décision. A plus forte raison, nous n'emprunterons pas au chapitre II les art. 329 et 330, car outre qu'ils contiennent une fin de non-recevoir, l'action n'a pas, en matière de filiation naturelle, des conséquences aussi graves.

Quant à l'art. 326, l'Exposé des motifs nous autorise à l'appliquer, car il y figure après l'exposé des preuves des deux filiations, et comme s'appliquant à l'une et à l'autre : c'est le seul article du chapitre précédent que l'auteur de l'Exposé des motifs ait ainsi réservé, pour le présenter comme dominant toute la matière (2).

Enfin nous n'hésitons pas à rattacher à l'art. 326 l'article suivant, qui en est un développement logique.

Titre et possession d'état. — La réunion d'un titre de reconnaissance, et de la possession d'état, ne rend pas inattaquable l'état de l'enfant naturel (3), car d'une part

____

(1) Cpr. Aubry et Rau, IV, p. 703, note 7.

(2) Fenet, X, p. 158.

(3) Duranton, III, n° 133. Demante, II, n° 67 *bis*, III. Ancelot, *Revue de législation*, 1852, II, p. 145 et s. Aubry et Rau, IV, p. 688. Demolombe, V,

l'art. 322 se réfère expressément à l'enfant légitime, et d'autre part l'art. 339 accorde à l'enfant, d'une manière absolue, le droit de réclamer contre la reconnaissance, et à toute personne le droit de la contester. D'ailleurs, il n'y a pas analogie entre la position de l'enfant légitime, et celle de l'enfant naturel : il est peu à craindre que la déclaration de naissance de l'enfant légitime soit inexacte, car une peine sévère en garantit la sincérité ; au contraire, la reconnaissance peut être mensongère impunément : on l'aura achetée pour cacher la faute d'une jeune fille ou d'une femme adultère, ou pour débarrasser un mari d'un enfant qu'il voudrait pouvoir désavouer. Enfin, on peut dire que l'art. 322 suppose la réunion de deux preuves ; or, en matière de filiation naturelle, la possession d'état n'est pas même un commencement de preuve.

Le système contraire, autrefois soutenu par Merlin (*Rép.* v° *Légitimité*, sect. 2, n° 4), Toullier (II, n°ˢ 898 et 899), et Proudhon (II, p. 143), (1) n'est ni conforme au texte, ni bon en soi.

Recherches de la paternité et de la maternité. — Un mariage contracté de mauvaise foi par les deux parties étant annulé, la filiation naturelle peut se trouver établie par un jugement rendu auparavant. On peut même la rechercher après l'annulation du mariage, et conformément aux art. 323 et s. (2).

n° 481. — Rejet, 13 février 1839 ; Sir., 40, I, 117. Douai, 6 juin 1851 ; Sir., 51, II, 753 (voy. la note où Devilleneuve propose de distinguer, suivant que la reconnaissance a été faite, ou non, dans l'acte de naissance de l'enfant). Caen, 8 mars 1866 ; Sir., 66, II, 348. Cass., 12 février 1868 ; Sir., 68, I, 165 ; et Grenoble, 24 juin 1869 ; Sir., 69, II, 240 (mêmes parties).

Cpr. Bordeaux, 12 février 1838 ; Sir., 38, II, 410 (1ᵉʳ motif) ; et 25 mai 1848 ; Sir., 48, II, 561.

(1) Ajoutez : Aix, 30 mai 1866 ; Sir., 67, II, 73 (cassé en 1868). Cpr. Delprat, *Revue pratique*, II, 1856, p. 283-286.

(2) Voy. ci-dessus, p. 102 *in fine* et 103, et p. 107.

CHAPITRE II

La filiation est adultérine ou incestueuse, lorsqu'au temps de la conception il ne pouvait pas y avoir de mariage légitime entre les père et mère, soit à cause de leurs rapports de parenté ou d'alliance, soit parce que l'un deux ou tous les deux étaient mariés (1).

Hors le cas de mariage putatif, peu importe la bonne foi du père ou de la mère, même lorsqu'elle est fondée sur des actes authentiques; l'opinion contraire admise (pour cette dernière hypothèse) par Pothier, dans son traité des *Successions*, chap. I, sect. 2, art. 3, § 5, quest. I, ne paraît pas morale, et en tout cas, depuis le Code, elle est absolument arbitraire (2). Que s'il a été fait violence à la femme, comme elle est exempte de toute faute, on a soutenu que l'enfant sera légitime (3); mais la question ne peut pas se poser : en appliquant les règles du mariage putatif, l'enfant ne serait pas légitime à l'égard du père (art. 202); donc, l'enlèvement fût-il constant, on ne peut pas déclarer que le ravis-

(1) Merlin, *Rép.*, v° *Légitimation*, sect. II, § 2, n° 7. Delvincourt, art. 331. Richefort, II, n° 216. Toullier, II, n° 916. Marcadé, art. 331, n° 3. Aubry et Rau, IV, p. 597. Demolombe, V, n°ˢ 558 *bis*, et 346.

(2) Merlin, *Rép.*, v° *Légitimation*, sect. II, § 2, n° 10. Toullier, I, n° 657. Demolombe, V, n°ˢ 559, 349 et 350.

Contra : Bedel, *de l'Adultère*, chap. IV, n° 37. De Vatimesnil, *Encyclopédie*, v° *Adultère*, n° 8.

(3) Bedel, n° 68. Cpr. Duveyrier (*Discours au Corps législatif*), Fenet, X, p. 241 *in fine :* il ne paraît pas s'être bien rendu compte de ce qu'il voulait dire.

seur est le père (art. 342), et par conséquent on ne sait pas si l'enfant est né de la violence que la femme a subie (1).

1° *De la reconnaissance.* — Il est défendu de reconnaître les enfants nés d'un commere adultérin ou incestueux (art. 335) (2).

Par conséquent, l'officier public ne devrait pas recevoir une telle reconnaissance (art. 35, et arg. de cet art.), et s'il l'avait reçue, elle serait nulle (3) : autrement la défense n'aurait pas de sanction. Il serait d'ailleurs contraire au bon sens, qu'un acte que la loi défend de recevoir, fût valable parce qu'on l'a reçu. Ainsi donc, la reconnaissance des enfants adultérins ou incestueux ne produit aucun effet, ni à leur profit, ni contre eux (4), et néanmoins la disposi-

(1) Demolombe, V, n° 560.

(2) Mais on peut reconnaître l'enfant qui est né avant le 180ᵉ jour du mariage, pourvu qu'il soit désavoué. S'il ne l'est pas, la loi l'attribuant au mari (art. 314 et 312 comb.), la reconnaissance même antérieure au mariage serait nulle, comme contraire à la vérité.

(3) Lahary et Duveyrier : *Fenet*, X, p. 196 et 242 *in fine*. Maleville, art. 762. Chabot, *des Successions*, art. 762, nᵒˢ 3 et 4. Belost-Jolimont, sur Chabot, art. 762, n° 1. Delvincourt, I, p. 90, et II, p. 24. Loiseau, p. 732-740. Grenier, *des Donations*, I, n° 130 *bis*. Duranton, III, nᵒˢ 195-209, et VI, n° 331. Favard, *Rép.*, v° *Enfant adultérin*, n° 1. Malpel, *des Successions*, nᵒˢ 168-170. Poujol, *des Successions*, art. 762-764, n° 2. Marcadé, art. 335, n° 2. Taulier, I, p. 417. Ducaurroy, Bonnier et Roustain, I, n° 487, et II, nᵒˢ 528 à 530. Demante, II, n° 63 *bis*, I. Aubry et Rau, IV, p. 719. Demolombe, V, nᵒˢ 581 et 587. — Rejet, 28 juin 1815 ; Sir., 15, I, 329. Rejet, 11 novembre 1819 ; Sir., 20, I, 222. Rouen, 6 juillet 1820 ; Sir., 20, II, 261. Cass., 9 mars 1824 ; Sir., 24, I, 114. Rejet, 1ᵉʳ août 1827 ; Sir., 28, I, 49. Rejet, 18 mars 1828 ; Sir., 28, I, 313. Montpellier, 19 janvier 1832 ; Sir., 33, II, 38. Bordeaux, 21 décembre 1835 ; Sir., 37, II, 71. Rejet, 8 février 1836 ; Sir., 36, I, 241. Cass., 4 décembre 1837 ; Sir., 38, I, 29. Cass., 3 février 1841 ; Sir., 41, 1, 117. Rejet, 18 mars 1846 ; Sir., 47, I, 30. Rejet, 19 avril 1847 ; Sir., 47, I, 562. Bastia, 30 avril 1855 ; Sir., 55, II, 619.

Contra : Siméon et Jaubert, *Fenet*, XII, p. 232 et 583. Merlin, *Rép.*, v° *Filiation*, nᵒˢ 20-22. Rolland de Villargues, nᵒˢ 250, 342 et 349. Toullier, II, nᵒˢ 967-969, et IV, n° 246. Vazeille, *du Mariage*, II, n° 504. — Bruxelles, 29 juillet 1811 ; Sir., 11, II, 484. Toulouse, 5 mars 1827 ; Sir., 27, II, 162. Lyon, 25 mars 1835 ; Sir., 35, II, 242. Paris, 14 décembre 1836 ; Sir., 36, II, 63.

(4) Nous ne nous arrêterons pas à réfuter les propositions suivantes :

tion de la loi qui leur accorde des aliments, trouve son application dans plusieurs cas dont nous parlerons plus loin. Il n'y a donc pas antinomie entre l'art. 335 ainsi compris, et l'art. 762.

Puisque la reconnaissance est nulle, elle ne rend donc pas l'enfant incapable de recevoir des libéralités de ceux qui l'ont reconnu. Toutefois, si la reconnaissance et la libéralité se trouvent dans le même acte, il appartient au juge de réduire celle-ci dans les termes de l'art. 908 (1).

La volonté de remplir un devoir de conscience est une cause suffisante de l'engagement pris par les père et mère de fournir des aliments à l'enfant qu'ils ont reconnu (2).

Il y a nullité dans tous les cas où la reconnaissance révèle une filiation adultérine ou incestueuse (3).

Par conséquent :

La reconnaissance produit son effet contre l'enfant, mais non pas à son profit (arg. de l'art. 335). Bedel, *de l'Adultère*, nᵒˢ 70-72.

La reconnaissance produit son effet au profit de l'enfant, mais non pas contre lui. Fouët de Conflans, art. 762, 4° et 5°.

La reconnaissance est valable quand elle est acceptée par l'enfant. Bordeaux, 21 décembre 1835 ; Sir., 37, II, 71.

La reconnaissance est valable quand elle est faite par acte sous seing privé. Nancy, 20 mai 1816; Sir., 17, II, 149. La Cour de cassation s'est formellement prononcée contre cette manière de voir, par l'arrêt de rejet du 6 mai 1820 ; Sir., 20, I, 311. Cpr. Rejet, 1ᵉʳ avril 1818, Sir., 18, I, 244. Voy. sur tous ces points : Aubry et Rau, IV, p. 720 et 721. Demolombe, V, nᵒˢ 583-586.

(1) Merlin, *Rép.*, vᵒ *Filiation*, nᵒ 20. Fouët de Conflans, art. 762, 7°. Belost-Jolimont, art. 762, obs. 1. Aubry et Rau, IV, p. 721. — Lyon, 13 mars 1847; Dalloz, 47, II, 75. Rejet, 31 juillet 1860; Sir., 60, I, 833, et trois arrêts de la Cour de cassation indiqués en note. Amiens, 14 janvier 1864 ; Sir., 64, II, 11. Paris, 11 août 1866 ; Sir., 67, II, 137.

Contra : Marcadé, art. 762, nᵒ 2. Bonnier, *des Preuves*, II, nᵒ 571. Demolombe, V, nᵒ 588.

(2) Aubry et Rau, IV, p. 721. — Grenoble, 20 janvier 1831 ; Sir., 33, II, 538. Rennes, 31 décembre 1834 ; Sir., 36, II, 506. Rejet, 15 juillet 1846 ; Sir., 46, I, 721.

Voy. cep. Angers, 8 décembre 1834 ; Sir., 26, II, 47.

(3) Cpr. Demolombe, V, nᵒ 562.

— Celui qui était marié à l'époque de la conception, ne peut pas reconnaître l'enfant (1). Celui qui était libre, ne peut pas le reconnaître en le déclarant issu d'une personne qui ne l'était pas (2); (l'identité de cette personne se prouvera, s'il en est besoin, par témoins) (3). Si la maternité adultérine est prouvée, aucun homme ne peut reconnaître l'enfant (4).

— De même, il y a nullité si l'on déclare que l'enfant est issu d'une personne qu'on ne pouvait pas épouser sans commettre un inceste (5); (l'identité de cette personne se prouvera, s'il en est besoin, par témoins) (6). Que si cette

(1) Merlin, *Rép.*, v° *Filiation*, n° 19. Duranton, III, n° 206. Taulier, I, p. 415. Demante, II, n° 63 *bis*, III. Aubry et Rau, IV, p. 718. Demolombe, V, n° 577. — Dijon, 29 août 1818; Sir., 19, II, 153. Rejet, 11 novembre 1819; Sir., 20, I, 222. Paris, 17 février 1868; Sir., 68, II, 314.

(2) Demolombe, V, n°s 575 et 576. — Mrs Aubry et Rau, IV, p. 717 (cpr. Richefort, II, n° 323. — Bastia, 18 août 1845; Dalloz, 45, II, 135. Cass., 1er mai 1861; Sir., 61, I, p. 487) ne l'admettent que pour le cas où le père a indiqué la mère. Cette distinction paraît venir de l'interprétation de l'art. 336, d'après laquelle le père naturel a qualité pour indiquer la mère. Mais il est question, dans cet article, de la mère naturelle, et non pas de la mère adultérine, car on suppose qu'elle pourrait avouer sa maternité : « la reconnaissance du père sans l'indication *et l'aveu* de la mère... » D'ailleurs, comment le père aurait-il le droit d'indiquer la mère, quand cette indication doit vicier la reconnaissance ? Il semble donc vrai, dans les deux cas, qu' « une pareille indication, qui n'aurait pas dû être consignée dans l'acte de reconnaissance, ne peut légalement produire aucun effet » (note 6). Si l'individualité de l'enfant reconnu par sa mère est complétement indépendante de l'indication du père (note 4), nous ne voyons pas qu'il en soit autrement quand le père a reconnu l'enfant *né de telle femme* (*ibidem*) : dans le second cas, la maternité n'est pas moins incertaine que ne l'est, dans le premier cas, la paternité.

(3) Aubry et Rau, IV, p. 717.

(4) Cpr. Duranton, III, n° 205.

(5) Mrs Aubry et Rau ne donnent cette solution que pour le cas où le père a indiqué la mère. Voy. ci-dessus, note 2. Cpr. Bordeaux, 17 novembre 1859; Sir., 60, II, 5. Rejet, 1er mai 1861; Sir., I, 489 (mêmes parties). Cass., 1er mai 1861 (*ibid.* p. 487).

Contra : Bourges, 12 juillet 1859; Sir., 60, II, 3 (cassé le 1er mai 1861).

(6) Aubry et Rau, IV, p. 717. — Bordeaux, et les deux arrêts de la Cour de cassation cités à la note 5, ci-dessus.

Contra : Bourges (*ibid.*).

personne a valablement reconnu l'enfant, l'autre partie ne pourra plus le reconnaître, car cette reconnaissance révélerait le vice de la filiation (1).

— La reconnaissance faite dans un seul et même acte, par deux personnes parentes ou alliées à un degré où le mariage est prohibé, ou dont l'une était mariée à l'époque de la conception, est nulle à l'égard de toutes les deux (2).

La nullité de la reconnaissance est irréparable, puisqu'elle tient au caractère de la filiation, qui ne peut pas changer (3).

2° *De la recherche*. — La recherche de la filiation adultérine ou incestueuse est prohibée (art. 342). Elle ne peut avoir lieu ni par voie d'action, ni par voie d'exception ; ni dans l'intérêt de l'enfant, ni contre lui (4). Si le texte de la loi n'adresse cette prohibition qu'à l'enfant, ce n'est

(1) Aubry et Rau, IV, p. 718, et note 10 *in fine*. Toutefois, dans le cas où la reconnaissance de la paternité a précédé celle de la maternité, ces auteurs permettent à l'enfant de faire abstraction de l'une et l'autre, et de rechercher la maternité conformément à l'art. 341. N'est-ce pas soumettre la reconnaissance du père à l'acceptation de l'enfant ?

On trouve dans les auteurs trois autres systèmes, qui sont purement arbitraires :

1° La reconnaissance de la mère l'emporte toujours. Duranton, III, n° 201.

2° L'enfant a le choix entre les reconnaissances. Taulier, I, p. 415.

3° Les tribunaux apprécient. Demante, II, n° 63 *bis*, III. Demolombe, V, n° 580.

(2) Demante, II, n° 63 *bis*, IV. Aubry et Rau, IV, p. 718. Demolombe, V, n°ˢ 578, 579 et 574. — Cpr. Merlin, *Rép.*, v° *Filiation*, n° 19. Nîmes, 13 juillet 1824 ; Sir., 25, II, 318. Angers, 8 décembre 1824 ; Sir., 26, II, 47. Rejet, 1ᵉʳ août 1827 ; Sir., 28, I, 49. Bourges, 4 janvier 1839 ; Sir., 39, II, 289.

Contra : Duranton, III, n° 202. Cpr. Taulier, I, p. 415 et 416.

(3) Aubry et Rau, IV, p. 721. Cpr. Maleville, art. 762. Favard, *Rép.*, v° *Enfant aldultérin*, n° 1. — Douai, 26 décembre 1835 ; Sir., 37, II, 188.

(4) Merlin, *Rép.*, v° *Filiation*, n° 18. Favard, *Rép.*, v° *Enfant adultérin*, n° 5. Bonnier, *des Preuves*, n° 221. Aubry et Rau, IV, p. 716. Demolombe, V, n° 570. — Paris, 6 juin 1809 ; Sir., 9, II, 310. Cass., 14 mai 1810 ; Sir., 10, I, 272. Rejet, 14 mai 1811 ; Sir., 14, I, 111. Cass., 17 décembre 1816 ; Sir., 17, I, 191. Rejet, 1ᵉʳ avril 1818 ; Sir., 18, I, 244. Rejet, 6 mai 1820 ; Sir., 20, I, 311.

pas que les tiers aient le droit d'agir, puisque l'esprit du Code est d'empêcher que la filiation dont nous parlons ne soit révélée; c'est au contraire parce que l'enfant seul (ou son représentant) a le droit de rechercher son état, dans les cas où la recherche est permise (1).

L'art. 342, pour ce qui concerne la paternité, n'est pas la répétition de l'art. 340 ; tout au contraire, il défend la recherche dans le cas où cet article la permet : ainsi, par exemple, on ne pourrait pas rechercher la paternité du ravisseur, s'il était marié à l'époque de l'enlèvement (2).

Lorsqu'une réclamation de filiation légitime a lieu contre une femme mariée, si le juge acquiert la preuve que l'enfant n'est pas du mari, l'action devra être rejetée, comme tendant à établir une filiation adultérine (3).

L'enfant reconnu par un homme non marié peut-il réclamer l'état d'enfant légitime (4) d'une femme mariée ? On a jugé qu'il le peut : il renversera la connaissance en prouvant sa légitimité (5). Dans un autre système, on donne

(1) Voy. ci-dessus, p. 94.

(2) Duranton, III, n° 235. Demante, II, n° 71 *bis*, I. Ducaurroy, Bonnier et Roustain, I, n° 503. Aubry et Rau, IV, p. 716, note 1 ; et 722, note 21. Demolombe, V, n° 565. Cpr. Marcadé, art. 342, n° 2.

Contra : Loiseau, p. 735. Favard, *Rép.*, v° *Enfant adultérin*, n° 1. Grenier, *des Donations*, I, n° 130 *bis*. Malpel, n° 169. — Amiens, 20 février 1819 ; Sir., 21, II, 39 (1er motif). Cpr. Bedel, n° 69 : cet auteur distingue entre l'enfant (argument de l'art. 342 : un enfant ne sera jamais admis à la recherche...), et les tiers intéressés à prouver que l'enfant est adultérin.

(3) Aubry et Rau, IV, p. 553. Demolombe, V, n° 263. Cpr. Valette, *Explication sommaire*, p. 180. — Rejet, 22 février 1843 ; Sir., 43, I, 180. Rejet, 1er mai 1849 ; Sir., 49, I, 618. Aix, 14 juin 1866 ; Sir., 67, I, 141.

(4) Il est clair qu'il ne pourrait pas réclamer l'état d'enfant illégitime. M. Duveyrier a cru devoir dire, au Corps législatif, que les tiers ne sont pas reçus à prouver « que cet enfant, reconnu par un père libre, est entaché d'adultère du côté de sa mère. » Fenet, X, p. 245 *in fine*, et 246. Suivant nous, les tiers n'ont jamais l'action en recherche de filiation : voy. ci-dessus p. 94, 101, et 121.

(5) Bordeaux, 12 février 1838 ; Sir., 38, II, 406, et Rejet, 23 février 1843 ; Sir., 43, I, 180 (mêmes parties).

au juge le pouvoir d'admettre cette action, encore qu'il n'y ait pas de motifs suffisants pour annuler la reconnaissance (1). Ne pourrait-on pas soutenir que l'action n'est point recevable tant que la reconnaissance subsiste, par la raison qu'il faut renverser la preuve de l'état qu'on a, pour pouvoir en rechercher un autre ? La reconnaissance est opposable aux tiers (art. 339), et parmi les tiers, à l'enfant, puisqu'on n'exige pas son acceptation. Or, il est certain qu'un enfant légitime dont l'état repose sur un acte de naissance (ou sur la possession), ne peut pas réclamer une autre filiation (légitime ou naturelle), s'il n'a d'abord fait annuler l'état que lui donne cet acte de naissance (art. 323 : *à défaut de titre ou de possession constante...* la preuve de la filiation peut se faire par témoins). Ne doit-on pas décider de même, que l'enfant reconnu ne peut par rechercher une autre filiation (naturelle ou légitime), sans avoir fait juger mal fondée la preuve de son état actuel? Dans notre hypothèse, l'enfant recherche une autre filiation paternelle, puisqu'en soutenant que la mère qu'il recherche est sa mère légitime, il soutient par là-même, encore qu'il ne l'ait pas mis en cause, que le mari est son père.

Si la reconnaissance est opposable à l'enfant, il s'ensuit que l'enfant reconnu par un homme ne peut pas rechercher, pour sa mère naturelle, une femme parente ou alliée de l'auteur de la reconnaissance à un degré où le mariage est prohibé (2).

Il est sans difficulté que l'enfant reconnu par un hom-

____

(1) Aubry et Rau, IV, p. 553. Demolombe, V, n° 567. — Cpr. Rejet, 22 janvier 1840 ; Sir., 40, I, 120. Bordeaux, 25 mai 1848 ; Sir., 48, II, 561. Rejet, 27 janvier 1857 ; Sir., 57, I, 177. Aix, 30 mai 1866 ; Sir., 67, II, 73.

(2) *Contra :* Duranton, III, n° 201. — Comme dans l'hypothèse précédente, M. Demolombe donne aux tribunaux le pouvoir d'admettre l'action, si la reconnaissance ne leur parait pas présenter des garanties de sincérité suffisantes (V, n° 569).

me marié, comme né de lui et d'une autre que sa femme, peut répudier cette reconnaissance illégale, et rechercher pour sa mère naturelle, la femme même qui y était désignée (1).

3° *Des cas où la filiation peut se trouver établie.* — Nous avons dit qu'il y a des cas où peut se trouver établie une filiation adultérine ou incestueuse. C'est, premièrement : lorsque, par erreur de fait ou de droit, un jugement passé en force de chose jugée a constaté cette filiation ; (2) deuxièmement : dans le cas d'annulation d'un mariage contracté de mauvaise foi par les deux parties (3); troisièmement : lorsqu'il a été jugé, dans les cas prévus par les art. 312, 313 et 325, que l'enfant conçu pendant le mariage n'est pas du mari (4).

C'est pour ces hypothèses qu'ont été faits les art. 762 et 908.

(1) Aubry et Rau, IV, p. 717.

(2) Aubry et Rau, IV, p. 722. Demolombe, V, n° 587. — Rejet, 12 décembre 1854; Sir., 55, I, 593.

(3) Marcadé, art. 335, n° 3. Demante, II, n° 71 *bis*, IV. Aubry et Rau, IV, p. 722. Demolombe, V, n° 587.

Contra : Valette, sur Proudhon, II, p. 157.

(4) Aubry et Rau, IV, p. 722. Demolombe, V, n° 587. — Rejet, 11 avril 1854; Sir., 54, I, 289.

QUATRIÈME PARTIE

DROIT ÉTRANGER

Un exposé du droit étranger ne doit pas se restreindre aux lois de cinq ou six peuples principaux, car un petit nombre de lois ne peut présenter qu'un petit nombre de systèmes ; or, en matière de critique, il est de la dernière conséquence de connaître tous les avis, d'être au fait de toutes les expériences : nous essaierons de donner une idée de la plupart des lois actuellement en vigueur, soit en Europe, soit en Amérique.

CLASSIFICATIONS GÉNÉRALES DES LOIS ÉTRANGÈRES :

Iʳᵉ CLASSIFICATION. — Au point de vue de la forme.

1° *Lois codifiées.*

1. Autriche.	9. Prusse.
2. Bade (grand-duché de).	10. Roumanie.
3. Belgique.	11. Serbie.
4. Hollande.	12. 14 cantons suisses [1].
5. Iles Ioniennes.	13. Bolivie.
6. Italie.	14. Haïti.
7. Norwége.	15. Louisiane.
8. Pologne.	

2° *Lois non codifiées.*

1. Angleterre et États-Unis.	3. Portugal.
2. Espagne.	

[1] Y compris ceux de Bâle et de Saint-Gall : s'ils n'ont pas, que je sache, un code civil général, ils ont du moins une loi complète sur la matière.

IIe CLASSIFICATION. — Au point de vue de la date.[1]

1° *Lois antérieures au Code français.*

1. Norwége........ ....'.'..... 1687
2. Bâle (loi spéciale)........ 1719
3. Bavière.................,............ . 1756
4. Prusse. 1794

2° *Lois postérieures au Code français.*

1. Autriche..........	1812
2. Vaud...............................	1821
3. Louisiane............................	1824
4. Berne...............................	1826
5. Lucerne.....	1832
6. Saint-Gall (loi spéciale).............	
7. Fribourg...........................	1836
8. Hollande...........................	1838
9. Tessin...	
10. Soleure...........................	1841
11. Iles Ioniennes......................	
12. Bolivie....	1843
13. Serbie.	1844
14. Argovie............................	1848
15. Glaris..........................	1852
16. Neufchâtel........................	1854
17. Zurich............................	
18. Valais............................	1855
19. Roumanie..........................	1864
20. Italie............................	1865

IIIe CLASSIFICATION. — Au point de vue du fond.

1° *Lois reproduisant le Code français,*

SANS MODIFICATION, pour ce qui est de notre matière :	AVEC QUELQUES ADDITIONS :
1. Belgique.	1. Grand-duché de Bade.
2. Genève.	2. Pologne.
3. Haïti.	

(1) Nous ne parlons ici que des lois codifiées ; une législation non codifiée, à proprement parler, n'a pas de date, elle est de tous les temps, car elle se développe et se transforme chaque jour.

2° *Lois où l'on trouve des emprunts faits au Code français.*

1. Louisiane.
2. Hollande.
3. Iles Ioniennes.
4. Bolivie.

5. Neufchâtel.
6. Valais.
7. Roumanie.
8. Italie.

3° *Lois qui portent la trace de l'influence du Code français,*
quoiqu'elles n'aient rien emprunté au texte.

1. Tessin.

2. Serbie.

4° *Lois originales.*

1. Autriche.
2. Codes d'Argovie, de Berne, de Fribourg, de Glaris, de

Lucerne, de Soleure, de Vaud, de Zurich, et loi spéciale de Saint-Gall.

Il y a soixante-dix ans, on avait ainsi à classer nos coutumes ; le Code les a remplacées, une seule loi tient lieu de soixante. A l'étranger, comme chez nous, les coutumes ont fait place à des codes, et même on a vu naguère plusieurs codes se fondre en un seul : le Code Sarde, le Code des Deux-Siciles, le Code de Modène, le Code de Parme, Plaisance, et Guastalla, ont été remplacés par le Code italien.

Ce n'est pas seulement en chaque pays que se fait l'unité, c'est encore entre toutes les législations. Notre Code a été l'instrument de cette révolution : on a pu le remarquer dans les tableaux que nous avons présentés, quinze législateurs, en Europe ou en Amérique, ont copié ou imité ce Code, et ces emprunts qui n'ont pas été faits sans de sages corrections, nous serviront à corriger notre Code lui-même. Ainsi se fait l'unité dans les lois, et l'unité la meilleure, celle qui résulte de la propagation des meilleures lois librement acceptées par tous.

CHAPITRE PREMIER

Des preuves de la filiation naturelle simple.

SECTION I. — DES PREUVES AUTRES QUE LE TÉMOIGNAGE ET LES PRÉSOMPTIONS DE L'HOMME.

§ 1er — *Reconnaissance.*

1° *Règle générale et exceptions.* — La reconnaissance des enfants naturels par leurs père et mère est universellement admise. Cependant, la loi de Bâle ne paraît avoir considéré la reconnaissance, même authentique, de la paternité, que comme un élément de preuve (art. 94 et 100 combinés) (1).

Il y a deux cas, dans la loi de Soleure, où le père naturel ne peut pas reconnaître son enfant. Je ne sais si le traducteur les a exactement indiqués ; il est à peu près impossible de les comprendre. (Voy. art. 297 *in fine.*) Une autre loi de la Suisse, la loi d'Argovie, soumet la reconnaissance du père à une autorisation de la commune ;

1° Toutes les fois que la femme n'a pas l'action en déclaration de paternité (art. 223 et 227 combinés) ;

2° Si le père a été assisté comme indigent par la commune, et n'a pas remboursé ; si la commune a déjà élevé un enfant de lui ; s'il a à sa charge un enfant naturel (art. 226 et 227 combinés).

L'art. 167 de la loi de Berne semble exiger la même autorisation dans tous les cas ; en réalité, cette disposition si-

(1) Voy. à l'Appendice.

gnifie que le père ne peut pas, sans une autorisation de sa commune, se faire attribuer l'enfant ; mais il peut avouer sa paternité, et l'on fera usage de son aveu contre lui, en agissant dans le délai, pour lui faire attribuer l'enfant. Ce qu'on lui interdit, c'est de prendre les devants, et de provoquer lui-même le jugement (art. 167 et 179 combinés). Ces articles manquent de clarté.

Suivant le Code hollandais (art. 339), la reconnaissance du père ne peut avoir lieu sans le consentement de la mère, tant qu'elle vit.

Enfin, la loi de Neufchâtel décide que, dans deux cas particuliers, la mère ne peut reconnaître son enfant qu'avec la permission du tribunal (art. 342). Cet article est très-obscur (1).

2° *Capacité requise.* — Une loi déclare le père incapable de faire une reconnaissance avant d'avoir atteint un certain âge : « La reconnaissance faite par un mineur ne sera valable qu'autant qu'il aura accompli sa 19° année. » (Code hollandais, art. 337.) Rien de semblable pour la mère. En Bolivie, le mineur de 26 ans peut rétracter sa reconnaissance (art. 232).

3° *Formalités.* — Certaines législations n'exigent aucune formalité : tout aveu, même verbal, prouve la paternité ou la maternité ; s'il y a doute sur l'existence de l'aveu, les tribunaux vérifient, mais dès qu'il est certain qu'il y a eu un aveu, peu importe la forme. C'est ce que décident expressément les lois de Bavière, art. 9 ; d'Autriche, art. 163 (pour le père) ; et de Fribourg, art. 224 (pour le père). Il en est de même en Espagne ; et, en l'absence de dispositions sur ce point, il faut certainement décider de même pour l'Angleterre, les États-Unis, la Prusse, la Serbie, la Roumanie, les cantons de Bâle (quant à la

____

(1) Voy. à l'Appendice, et la note sous l'art. 241.

mère), de Berne (arg^t des art. 180 et 200, *nec obstat*, art. 167), de Lucerne (arg^t des art. 90, 86 et 94), de Vaud (arg^t de l'art. 196), et de Zurich.

Dans les autres pays, les formalités exigées peuvent se diviser en trois classes : — un écrit quelconque, — un acte authentique quelconque, — un certain acte authentique.

— Un écrit quelconque. En Portugal, la reconnaissance du père doit être faite par écrit. En Bolivie (art. 226), un acte sous seing privé suffit pour la reconnaissance de la mère, mais il doit être rédigé en présence de deux témoins. Si la mère ne sait pas signer, l'acte sous seing privé est signé par un des témoins. La reconnaissance du père, par acte sous seing privé, doit être déposée entre les mains d'un officier public art. (229. 3°), à moins qu'il ne s'agisse d'un testament olographe (art. 229. 4°), et encore le dépôt du testament olographe est exigé quand il contient une reconnaissance faite par un homme marié (art. 230); disposition dont le motif m'échappe absolument.

—Un acte authentique quelconque. Voici les noms des pays où ce système est suivi : Hollande, art. 336; Iles Ioniennes, art. 241 reproduisant l'art. 334 du Code français; Italie, art. 181; Neufchâtel, art. 240 reproduisant l'art. 334 du Code français; Tessin, art. 85; Valais, art. 138; et Louisiane, art. 221 reproduisant l'art. 334 du Code français.

—Un acte authentique déterminé. En Norvége, la reconnaissance a lieu au moyen d'une publication à l'audience. Dans le canton d'Argovie, elle se fait devant le tribunal, art. 222; et à Soleure, devant le président du bailliage, art. 297 (pour le père). Dans la plupart des lois suisses, la femme doit déclarer sa grossesse à l'autorité publique, sous peine de perdre le droit d'agir contre le père. C'est une reconnaissance de maternité. Voyez : Argovie, art. 216; Berne, art.

173 ; Bâle, art. 96 ; Fribourg, art. 217 ; Lucerne, art. 81 ; Saint-Gall, art. 1er; Soleure, art. 289. 4°; Vaud, art. 191 ; Zurich, art. 285. Quelques-unes de ces lois nomment un curateur au ventre, à la suite de éette déclaration ; l'identité de l'enfant est ainsi garantie : Argovie, art. 217 ; Lucerne, art. 84.

4° *Délais.* — L'art. 222 du Code d'Argovie donne au père un délai d'un an, depuis la naissance de l'enfant, pour faire la reconnaissance (1). Même décision dans la loi de Soleure, art. 297.

A Neufchâtel (art. 239), la reconnaissance ne peut pas avoir lieu avant la naissance de l'enfant. Elle est au contraire expressément permise avant cette époque, par le Code italien, art. 181, et par le Code de Bolivie, art. 231. Les autres lois sont muettes sur ce point.

5° *Effets.* La reconnaissance est irrévocable. Cependant, en Bolivie, la révocation du testament qui contient la reconnaissance entraîne la nullité de celle-ci (art. 229 et 230). La même loi permet au mineur de rétracter sa reconnaissance, avant l'âge de 26 ans (art. 232).

Enfin, plusieurs lois ont reproduit cette disposition du Code français (art. 337), que « la reconnaissance faite pen-
« dant le mariage, par l'un des époux, au profit d'un en-
« fant naturel qu'il aurait eu, avant son mariage, d'un au-
« tre que de son époux, ne pourra nuire ni à celui-ci, ni
« aux enfants nés de ce mariage. » Voyez : Hollande, art. 240 ; Valais, art. 140 ; Bolivie, art. 243. Le Code italien a été plus loin, mais dans un autre sens ; il ne reproduit pas l'art. 337 du Code français, mais il décide que cet enfant ne pourra pas être introduit dans la maison conjugale sans le consentement de l'autre époux (art. 183).

(1) La reconnaissance peut cependant avoir lieu en tout temps, lorsque la commune du père y consent; art. 227.

§ 2. *Possession d'état.*

Aucune loi ne décide expressément que la possession d'état prouve la filiation naturelle.

En Portugal, où la preuve par témoins de la filiation naturelle est libre, la possession d'état n'est pas très-nettement distinguée des indices de toute sorte sur lesquels peut se fonder la conviction du juge ; cependant on la considère comme la conjecture la plus convaincante. De même, en Louisiane, la preuve des faits de possession est regardée comme une recherche de filiation (art. 227. 2°). On ne voit pas non plus bien clairement, dans le Code du canton de Valais (art. 142. 1°) si la possession d'état est considérée comme une preuve, on seulement comme un moyen d'introduire la preuve par témoins ; en tout cas, elle ne peut être invoquée que pendant 5 ans à compter de la naissance (art. 145).

Il y a même, pour le grand duché de Bade, un texte qui semble repousser la preuve par la possession d'état ; mais ce texte est équivoque. Nous savons que le Code français est encore en vigueur dans ce pays, et qu'on n'y a fait, en cette matière, que quelques additions ; l'addition faite à l'art. 334 porte que « la reconnaissance d'un enfant naturel doit être expresse, elle ne résulte pas de simples avantages faits à un enfant, par exemple de soins qu'on prend de son éducation. » Cela peut signifier : ou bien que la possession d'état ne prouve pas la filiation, ou bien que des soins donnés à un enfant ne constituent pas une possession d'état, qu'il faut des faits plus caractéristiques, par exemple l'attribution du nom de famille, etc.

Cette lacune n'existerait peut-être pas dans les lois étrangères, si le Code français qu'elles ont si souvent reproduit, avait décidé que la possession d'état prouve la filiation naturelle.

Remarquons du reste que dans les pays où la preuve de la filiation peut se faire librement par témoins, il n'est pas très-nécessaire d'attribuer formellement à la possession d'état le rôle de preuve, car le juge ne manquera pas de déclarer la paternité ou la maternité, si les faits de possession lui paraissent assez bien établis.

§ 3. *Acte de naissance.*

Une autre lacune se rencontre généralement : on ne voit presque nulle part des dispositions précises sur le rôle de l'acte de naissance où la mère est indiquée. Cependant, l'art. 241 du Code de Neufchâtel a fait, de cette indication, « une présomption légale » de la maternité. De même, dans son commentaire sur le Code autrichien, le baron de Zeiler dit que la mère est connue par la désignation qu'en fait l'acte de naissance (1).

Il y a plus, le Code autrichien regarde l'indication *du père*, d'après la déclaration de la mère, comme une preuve de la paternité, lorsqu'elle a été faite de son consentement, art. 164. Ce n'est pas à proprement parler une reconnaissance par mandataire, car il suffit que le père ait laissé faire.

(1) Voy. à l'Appendice.

SECTION II. — DE LA PREUVE PAR TÉMOINS OU PAR LES PRÉSOMPTIONS DE L'HOMME.

I. Maternité.

Suivant la plupart des législations, la preuve de la maternité est reçue *de plano*, et peut se faire par tous les moyens.

Il y a des textes précis pour la Bavière, art. 9, 2ᵉ alinéa ; le canton du Tessin, art. 87 ; et la Louisiane, art. 230. Il y a le témoignage du baron de Zeiler, pour l'Autriche ; et pour le Portugal, celui du jurisconsulte qui a rédigé la note sur les lois portugaises, qui figure dans l'ouvrage de M. Anthoine de Saint-Joseph. Il faut en dire autant, dans le silence des textes, pour l'Angleterre et les États-Unis, la Hollande, la Prusse, la Serbie et les cantons suisses.

Enfin, en Norwége, la question de savoir comment les enfants naturels recherchent leur mère, ne peut pas se poser, puisque les enfants naturels non adultérins sont légitimes par rapport à leur mère.

Mais, dans les autres pays, la maternité ne peut être recherchée que sous certaines conditions ; elles sont plus ou moins rigoureuses : les unes sont purement et simplement celles du Code français ; il en est ainsi à Neufchâtel, art. 247 ; en Roumanie, art. 308 ; en Bolivie, art 237 (1) ; sans parler de a Belgique, de Bade, et de Genève, où la loi en vigueur st le Code français. Les autres législations ont élargi le système du Code ; elles ont admis la preuve par témoins pour le cas où il y a des indices graves. C'est ce qu'on a

---

(1) Mais la maternité se prouve sans commencement de preuve par écrit quand la mère ne sait pas écrire (art. 249). Il faut alors qu'on produise deux témoins.

fait en Italie, art. 190; et auparavant, dans le canton de Valais, art. 148; et aux îles Ioniennes, art. 248. Même décision dans le Code polonais, où l'on reproduit, en le complétant, le texte de notre Code (art. 306).

II. Paternité.

Les lois étrangères se partagent entre le système qui défend la recherche, et celui qui l'autorise, mais le système adopté en chaque pays s'applique avec plus ou moins de rigueur et de logique. Nous verrons une certaine loi de la Suisse décider que la recherche de la paternité est interdite en principe, mais qu'elle peut néanmoins être toujours faite.

La recherche est prohibée, non-seulement en Belgique, à Genève, en Pologne et à Haïti, où le Code français est en vigueur sur ce point, mais encore en Hollande, art. 343; en Italie, art. 189; aux Iles Ioniennes, art. 247; en Roumanie, art. 307; à Neuchâtel, art. 246; dans le canton du Tessin, art. 87; en Serbie, art. 130; et en Bolivie, art. 234. A Bade et dans le canton de Valais, on trouve le même principe écrit, sinon appliqué.

Le principe inverse est admis: dans les cantons suisses autres que ceux que j'ai indiqués, et de plus : en Bavière, art, 9; en Prusse, art. 614 et 615 de la 2ᵉ partie du tit. II; en Autriche, art. 163; en Portugal, en Espagne, en Norwége, en Angleterre, dans le droit commun des États-Unis, et enfin en Louisiane, art. 226.

Voyons maintenant comment on applique, dans chaque pays, le principe accepté.

§ 1ᵉʳ. — *Interdiction de la recherche.*

Le principe de l'interdiction est appliqué absolument et sans exception : à Neufchâtel, art 246; dans le canton du

Tessin, art. 87 ; en Serbie, art. 130 ; et en Bolivie, art. 234.

Une seule exception est admise dans les autres pays , c'est pour le cas d'enlèvement. Toutefois, le Code italien a joint au cas d'enlèvement celui de viol (art. 189. Cpr. Bade et Valais, ci-après).

Quant aux Codes de Bade et de Valais, voici ce que j'y trouve : à Bade, l'article 340 du Code français est en vigueur, mais on y a fait une addition :

« Pourra être déclaré père de l'enfant :

« 1° Celui qui aura entretenu la mère de cet enfant ;

« 2° Celui qui, occasionnellement, sera convaincu d'avoir cohabité avec la mère, ou qui aura avoué volontairement la paternité. »

La première partie du 2° est obscure : qu'est-ce que être convaincu *occasionnellement* (1) ? Quelles circonstances fourniront la preuve de la cohabitation, sans qu'on puisse dire qu'il y ait une recherche proprement dite ?

« 3° Celui qui se sera rendu coupable d'un viol sur elle à l'époque correspondante à la conception de l'enfant. »

On voit que le principe qu'on n'a pas voulu changer, est considérablement restreint : enlèvement, viol, entretien d'une concubine, aveu (on ne dit pas s'il doit être formel, ou s'il peut résulter des circonstances), enfin cohabitation occasionnellement établie ; voilà l'étendue des exceptions.

Dans le canton de Valais, il y a une disposition encore plus curieuse. Le rédacteur avait sous les yeux le Code français qu'il copie souvent ; ainsi il copie les art. 334 et 335, l'art. 337 et l'art. 339 ; arrivé à l'art 340, il veut développer, et voici ce qu'il écrit :

« Art. 142. La paternité... ne peut être recherchée que « dans les cas suivants :

(1) Ce mot ne peut pas se rapporter à la cohabitation, car le principe qui interdit la recherche serait complétement renversé.

« 1° Lorsqu'il sera prouvé que l'individu désigné comme père de l'enfant, a donné à celui-ci une suite de soins d'où l'on puisse inférer la paternité. »

Il semble que cette possession d'état n'est qu'un élément de la preuve à fournir; mais la combinaison de ce 1er paragraphe avec le 4e paraît indiquer que le rédacteur s'est mal exprimé, et qu'il a voulu combler une lacune du Code français, en décidant que la possession d'état fait preuve.

« 2° Lorsqu'on représentera un écrit émané de l'individu « désigné comme père de l'enfant, par lequel cet individu « déclare sa paternité. »

Nous venons de voir que la loi de Bade va beaucoup plus loin, puisqu'il suffit d'un aveu quelconque.

« 3° Dans le cas d'enlèvement ou de viol. »

Ces deux cas rapprochés l'un de l'autre se trouvent déjà, nous l'avons vu, dans le Code italien, et dans celui de Bade.

« 4° Lorsque la mère établit que dans le temps qui a « couru depuis le 300e jusqu'au 180e jour avant la nais- « sance de l'enfant, le prétendu père a cohabité avec elle. »

En rapprochant ce 4e alinéa, du commencement de l'article, on a cette phrase singulière :

La paternité ne peut être recherchée que lorsque la mère établit que... le prétendu père a cohabité avec elle !

Comme il n'est pas probable que le rédacteur ait oublié, en écrivant la fin de l'article, ce qu'il avait mis au commencement, il est à croire que ce dernier paragraphe aura été ajouté après coup, après une discussion dans laquelle les partisans de la recherche de la paternité l'auront emporté. Il y a ainsi, dans notre Code, plus d'un exemple d'additions faites après coup, qui se rattachent péniblement aux dispositions auxquelles on les a jointes. On ne peut donc pas ranger la loi du canton de Valais parmi celles qui prohibent la recherche de la paternité.

Nous pouvons remarquer ici, sauf à insister plus tard sur ce point, que l'addition du Code de Bade, et la loi assez récente du canton de Valais, témoignent du désir d'élargir le système du Code français, tout en en maintenant le principe. Il est vrai que la loi de Valais dépasse le but, et supprime le principe en voulant l'élargir, mais les trois premiers alinéas renferment une extension modérée, dont nous aurons bientôt à apprécier la valeur.

§ 2. — *Principe de la recherche.*

Nous trouvons d'abord des lois qui posent seulement le principe sans le développer, ce sont : le Code de Bavière, art. 9 ; le Code autrichien, art. 163 ; et le Code de Glaris, art. 59 ; — puis des législations coutumières sur lesquelles les renseignements nous manquent en tout ou en partie. Ainsi nous n'avons aucun renseignement sur la jurisprudence norwégienne, et quant à celle du Portugal, nous savons seulement que la preuve de la paternité résulte de ce qu'un homme a entretenu dans sa maison la mère de l'enfant, à moins qu'il ne prouve qu'elle se livrait à d'autres à l'époque de la conception. Quant au point de savoir si le serment de la femme est admis, si l'action peut être intentée quand le prétendu père est décédé, quelle en est la durée... etc., les documents nous font défaut. Nous laissons donc de côté ces cinq législations.

Dans certains pays, au contraire, la matière de la recherche de la paternité a été réglementée avec un soin minutieux. Voyons d'abord ceux où la recherche se fait avec le plus de rigueur, et progressivement ceux où la preuve est admise plus difficilement. Cette progression nous conduit à examiner ces législations dans l'ordre suivant : Prusse, Louisiane, Suisse, Angleterre et Espagne.

De toutes les législations, celles où la preuve de la paternité était la plus facile à faire, c'était la législation anglaise, avant 1835. Il suffisait à une fille d'accuser un homme, sous serment, pour le faire condamner comme père de l'enfant. C'est le système qu'on attribue communément à notre ancienne jurisprudence, c'est celui qui est peut-être en vigueur aux États-Unis si le changement qui s'est produit en Angleterre, n'a pas été imité en Amérique, fait sur lequel les livres arriérés de nos bibliothèques publiques ne peuvent nous donner aucun renseignement. Nous reviendrons bientôt sur la législation anglaise.

1° *Prusse.* — Dès que le tribunal de tutelle apprend l'existence d'un enfant illégitime, il doit, d'office, lui nommer un tuteur (art. 614), qui exercera les droits de l'enfant contre son père (art. 615). On écarte ainsi la mère, dont le législateur semble se défier, et le tuteur n'a pas à lui demander conseil pour agir contre le père (art. 617). Ici se trouve reproduit avec exagération un des traits les plus bizarres des décisions exceptionnelles de notre ancienne jurisprudence : quand plusieurs hommes ont eu des relations avec la mère, à l'époque de la conception, le tuteur peut s'attaquer à celui d'entre eux qu'il voudra choisir (art. 619) ; s'il échoue, ou si l'individu condamné devient insolvable, il peut en poursuivre un autre (art. 620), et ainsi de suite. C'est l'application du fameux principe : « il faut un père à l'enfant » (1).

Mais il est nécessaire que l'individu poursuivi ait pu être le père de l'enfant ; par conséquent, il faut, pour que la poursuite réussisse, que l'accouchement de la femme se place

(1) Voy. ci-dessus p. 22 et suiv.

entre le 210ᵉ et le 285ᵉ jour à dater de la cohabitation prouvée (art. 1089).

Comment se prouve la cohabitation ? Elle se prouve par les circonstances, par l'aveu, même extrajudiciaire, du défendeur (art. 1109), et par le serment. Le serment est de deux sortes, il est déféré ou par l'une des parties à l'autre (art. 1104), ou par le juge à celle des parties qui mérite le plus de faveur. La loi entre, sur ce point, dans les détails les plus minutieux : le serment supplétoire sera déféré à la femme (1), par exemple : si elle a mené une vie d'ailleurs irréprochable (art. 1108) ; si le défendeur s'est vanté d'avoir pris certaines privautés avec elle, quand même il alléguerait que ces propos n'étaient que des plaisanteries (art. 1111 et 1112), etc. Le serment purgatoire sera déféré à l'homme, s'il a mené une conduite d'ailleurs irréprochable, et que la femme se soit rendue suspecte d'une conduite déréglée (art. 1113), etc.

Il est remarquable que dans le doute sur la conduite des parties, le juge doit déférer le serment supplétoire plutôt que celui de justification (art. 1118). En d'autres termes, la loi décide en faveur de la femme.

Voilà pour le fait de la cohabitation ; quant à l'époque, les mêmes règles doivent être suivies (art. 1120). La femme sera admise au serment supplétoire sur ce point, principalement quand le défendeur, après avoir nié d'abord ses relations avec la femme, les a ensuite avouées ou en a été convaincue (art. 1121).

Enfin, l'homme peut prétendre qu'il a été entraîné à la cohabitation par la plaignante (art. 1123); il y a sur ce point

(1) Quoique le procès soit intenté par un tuteur, on doit procéder comme dans le cas où la mère agit en dommages et intérêts (voy. l'art. 618, et cpr. l'art. 1027), et cela est sans difficulté, car la mère ne manquera pas d'intervenir, et de conclure à des dommages et intérêts, si elle n'a déjà pris les devants.

plusieurs présomptions légales : si la plaignante était majeure et l'accusé mineur, la présomption est en faveur de l'accusé (art. 1114). En cas de majorité ou de minorité chez les deux parties, la présomption milite pour l'homme, s'il est d'une année au moins plus jeune que la femme (art. 1125). Même présomption si la cohabitation a eu lieu chez l'accusé, sans que la plaignante puisse indiquer de motif valable pour lequel elle s'y soit trouvée alors (art. 1126).

Si l'accusé disparaît depuis la plainte, il est présumé le père. A l'inverse, depuis un rescrit du 17 novembre 1800, la filiation naturelle ne peut être recherchée après le décès du père, quand même l'enfant serait né après ce décès.

2º *Louisiane.* — La recherche de la paternité, admise sans restriction pour l'enfant libre (1) et blanc, n'est permise, en faveur des enfants de couleur libres, que s'ils recherchent un homme de couleur (art. 226).

La preuve résulte de toute espèce d'actes privés du père, où celui-ci aura reconnu l'enfant (2); de la possession d'état (3), et de ce que le défendeur entretenait la mère dans sa maison à l'époque de la conception (art. 227). A défaut de ces preuves, on admet le serment de la mère joint à la preuve de la cohabitation (art. 228). Il n'est pas reçu, si la mère est de mœurs dissolues, ou passe pour avoir eu un commerce illicite avec un ou plusieurs hommes autres que celui qu'elle accuse d'être le père de son enfant, *avant ou depuis* la naissance de cet enfant.

3º *Suisse.* — Pour exposer clairement les lois de la Suisse, dont les dispositions sont très-nombreuses et très-étendues, nous en choisirons une, par exemple la loi de Berne, nous l'examinerons rapidement, et puis nous indi-

---

(1) Aujourd'hui il n'y a plus d'esclaves en Lousiane.
(2) Nous avons vu que la reconnaissance doit être authentique (art. 221).
(3) Voy. ci-dessus p. 132.

querons en quoi les autres lois en diffèrent ou s'en rappro-
chent. On pourra d'ailleurs consulter à l'Appendice les lois
d'Argovie, Bâle, Fribourg, Lucerne, Saint-Gall, Soleure,
Vaud et Zurich. (Voy. aussi la loi du canton de Valais qui
rentre, au fond, dans la même catégorie.)

D'après la loi de Berne, la femme qui veut agir contre
le père de son enfant, doit déclarer sa grossesse, au plus
tard le 210° jour après sa conception (art. 173). Elle subit
un interrogatoire sur le temps, le lieu, l'auteur de sa grossesse, etc. (art. 175). Enfin, lors de ses couches, elle doit
appeler deux témoins, qui auront à rendre compte du temps,
du lieu, et du sexe de l'enfant (même article).

Si l'enfant n'a pas été reconnu par le père, le tribunal
l'attribue à la mère (art. 181), et celle-ci a trois mois, à
compter de la notification de ce jugement, pour agir contre
le père (art. 182). La demande sera rejetée : 1° si l'accusé
prouve qu'il a été dans l'impossibilité d'être l'auteur de la
grossesse au lieu et au temps désignés ; 2° si la demanderesse mène une vie dissolue ; 3° si elle a déjà eu deux enfants naturels, ou si le divorce a été prononcé contre elle
pour cause d'adultère ; 4° si elle a varié dans ses déclarations
lorsqu'elle a indiqué le père ; 5° si elle a été condamnée à une
peine qui entraîne la privation des droits civils (art. 185).

Ce qui est singulier, c'est que l'accusé convaincu d'adultère, condamné deux fois pour attentat à la pudeur, ou
frappé d'une peine qui emporte la privation des droits
civils, ne peut alléguer contre la demanderesse un fait dont
il est lui-même coupable (même article *in fine*).

Une femme âgée de plus de 24 ans, ne peut pas poursuivre un homme mineur de 16 ans (art. 189).

Le tribunal, en cas de doute, défère le serment à celui
qui a pour lui les apparences (art. 194).

L'action n'a pas lieu contre un défunt (art. 200).

Telles sont les principales dispositions de la loi de Berne.

Voyons maintenant quelques points des autres législations. Elles exigent toutes, comme celle de Berne, la déclaration de grossesse; mais à Lucerne, on veut que la femme renouvelle, à l'époque de l'accouchement, la désignation du père (art. 90. 2°); et même, dans quelques pays, on prend des mesures pour surveiller l'accouchement ; ainsi, on nomme un curateur au ventre (Lucerne, art. 83 et 84), ou bien c'est le juge qui doit constater l'accouchement (Fribourg, art. 230 et 223. 2°).

En général, on doit agir dans un délai très-court (1), par exemple dans le délai d'un an à compter de l'accouchement (Argovie, art. 234 *in fine*), ou de trois mois suivant d'autres lois (Bâle, art. 96 *in fine*; St-Gall, art. 6 ; Vaud, art. 195) ; ou même de deux mois seulement (Valais, art. 145). Il y a deux lois qui ne permettent d'agir qu'avant l'accouchement (Soleure, art. 289. 4° ; Zurich, art. 285). Cependant je ne trouve l'indication d'aucun délai dans les lois de Fribourg et de Lucerne.

En suivant l'ordre des dispositions de la loi de Berne que nous avons prise pour type, nous arrivons aux cas où la demande doit être rejetée. En voici d'abord cinq qui sont analogues à ceux qu'indique cette loi :

1° Si l'enfant est né avant le 180° ou depuis le 300° jour de l'époque indiquée par la mère, comme étant celle de la conception (Lucerne, art. 91. 5°) ;

2° Si la femme a mené une vie dissolue et scandaleuse (Fribourg, art. 223. 5° ; Bâle, art. 97) ;

3° Si elle a déjà eu un enfant naturel (Argovie, art. 231 ; Lucerne, art. 91. 8° ; Soleure, art. 289. 3°) ;

____

(1) Il en est ainsi, même quand c'est l'enfant qui agit, après la mort de sa mère. Voyez Bâle, art. 101.

4° Si elle a varié dans ses déclarations au sujet de la paternité (Fribourg, art. 223. 3°);

5° Si elle a été condamnée criminellement (Argovie, art. 231; Soleure, art. 289. 1° ; Lucerne, art. 91. 9°).

Il faut ajouter :

6° Si la défenderesse avait attiré elle-même celui qui l'a rendue enceinte (Bâle, art. 98 ; Zurich, art. 291 *in fine*) ;

7° Si la demande est formée par une femme séparée de corps contre son mari ;

8° Si la femme ou l'accusé sont privés de leurs facultés intellectuelles (Fribourg, art. 225. 3° ; Soleure, art. 289. 2°).

L'exception fondée sur l'âge de la demanderesse, comparé à l'âge du défendeur, se retrouve aussi dans quelques lois (Vaud. art. 194 : 16 et 20 ans ; Soleure, art. 289. 7° : 16 et 24 ans). A Zurich, il suffirait pour faire rejeter la demande, que le défendeur n'eût pas encore 16 ans à l'époque de la conception, sans considérer l'âge de la mère (art. 291. 1°). Enfin, d'après la loi d'Argovie, la femme majeure ne peut agir contre celui qui était mineur lors de la conception (art. 232).

Le serment purgatoire n'est pas reçu dans le canton d'Argovie (art. 238); mais le serment de la femme est admis partout ; et même, la loi de Soleure décide que si la demanderesse meurt avant la prestation du serment, la demande doit être accueillie (art. 295).

Enfin, la prohibition d'agir contre un décédé se trouve dans plusieurs des lois (Argovie, art. 232 ; Bâle, art. 100 ; Fribourg, art. 225 ; Lucerne, art. 94).

4° *Angleterre.* — Nous avons déjà dit quelques mots de la loi anglaise, nous savons qu'avant 1835 la preuve de la paternité résultait de l'indication du père, par la femme demanderesse, sous la foi du serment. Aujourd'hui, cette preuve illusoire ne suffit plus, il faut qu'il y ait d'ailleurs des preuves suffisantes pour convaincre le juge, et l'action ne peut être intentée qu'avant la naissance, ou dans les 12 mois qui la suivent. Les renseignements que Stephen nous fournit sur ce point sont un peu vagues, mais il semble que l'esprit de la loi et de la jurisprudence anglaise est de restreindre l'emploi de l'action en paternité, et de ne prendre en considération que les preuves les plus sérieuses et les plus concluantes (1).

5° *Espagne.* — Il paraît résulter du passage d'Escriche rapporté à l'Appendice, que la recherche de la paternité ne peut avoir lieu que dans un seul cas, à savoir : si l'enfant est né d'une concubine entretenue dans la maison. La preuve à faire est celle des relations suivies de l'homme et de la femme, qui constituent celle-ci en l'état de concubine ; cette preuve faite, il y a une présomption légale de paternité pour l'homme.

La loi espagnole est donc celle qui restreint le plus le rôle de la recherche de paternité, puisqu'elle ne la permet que dans un cas. On n'y ajoute même pas le cas d'enlèvement ou de viol, mais on peut faire rentrer le premier dans les termes peu précis d'Escriche, commentaire d'une loi moins précise encore :

« On ne doit regarder, » dit-il, « comme le père naturel d'un enfant, que celui qui est convaincu de l'avoir eu d'une concubine, ou *femme* qu'il tenait dans sa maison. »

____

(1) M. Léon Faucher (*Études sur l'Angleterre,* au chapitre de Carmarthen) nous apprend que l'action n'est recevable que quand la mère est indigente, et que c'est la paroisse qui l'intente. Nous citerons ce texte plus loin.

CHAPITRE II

Des preuves de la filiation adultérine ou incestueuse.

Il faut distinguer les lois qui prohibent, ou paraissent prohiber, la reconnaissance et la recherche de cette filiation, — et celles qui permettent, ou paraissent permettre, cette reconnaissance et cette recherche.

§ 1ᵉʳ. *Prohibition.*

1° Le Code hollandais a reproduit purement et simplement, dans les art. 338 et 344, la disposition des art. 335 et 342 du Code français.

2° A Neufchâtel (art. 243), l'enfant né d'un commerce incestueux ou adultérin ne peut jamais être reconnu par le père. Quant à la recherche, il était inutile d'en parler, puisque l'interdiction de la recherche est absolue (art. 246).

3° Il semble qu'on ne peut ni reconnaître ni rechercher la filiation adultérine, dans le canton de Vaud. En effet, d'abord il n'est pas question de la reconnaissance des enfants naturels, dans la loi de ce pays : c'est le tribunal qui adjuge l'enfant au père ou à la mère (art. 182); puis l'art. 188 4° exige que l'enfant soit adjugé à la mère, si à l'époque indiquée de la cohabitation, l'une ou l'autre des parties était mariée. Il n'y a rien sur la filiation incestueuse.

§ 2. *Faculté de reconnaître ou de rechercher cette filiation.*

1° Le Code italien renferme une disposition curieuse : après avoir décidé, dans l'art. 180, qu'on ne peut pas reconnaître les enfants adultérins ou incestueux, le législateur a écrit, dans l'art. 193, que dans les cas où la reconnaissance est interdite, l'enfant n'est jamais admis à rechercher ni la paternité ni la maternité. Jusqu'ici, ce sont les règles du Code français, mais voici l'innovation : « toutefois l'enfant naturel aura toujours l'action pour obtenir des aliments : *si la paternité ou la maternité résulte d'une déclaration expresse contenue dans un écrit émané du père ou de la mère.* »

Il est donc vrai de dire que la reconnaissance des enfants adultérins ou incestueux est permise, mais elle n'a pas les effets de la reconnaissance ordinaire, et la forme authentique n'est pas nécessaire.

La preuve de la paternité ou de la maternité peut encore résulter, suivant le même article de loi, d'un mariage déclaré nul, ou bien, indirectement, d'un jugement civil ou criminel.

2° De la loi italienne qui permet la reconnaissance en prohibant la recherche, on peut rapprocher celle du canton du Tessin, qui ne défend que la recherche (art. 88), et garde le silence au sujet de la reconnaissance, — et celle du canton d'Argovie (art. 233), qui défend à la mère de poursuivre un homme marié, mais permet expressément à celui-ci de faire une reconnaissance avec l'autorisation de sa commune (art. 227.)

3° Nous placerons ici, en antithèse avec les lois déjà citées, celles de Bolivie, et du canton de Valais.

Le Code bolivien qui reproduit plusieurs articles du Code français, a reproduit l'article 335 qui défend la reconnaissance, mais non l'art. 342 qui défend la recherche, et il n'est pas à croire que ce soit un oubli. (Voy. la série des articles de ce Code, à l'Appendice.)

Il en est de même du Code de Valais (voy. l'art. 139 et la série des art. suiv.)

4° Enfin voici quelques décisions remarquables :

— L'art. 99 de la loi de Bâle accorde l'action à la femme rendue enceinte par un homme marié, lorsqu'elle avait joui jusqu'alors d'une réputation irréprochable. Elle l'accorde même à la femme qui ne jouissait pas d'une bonne réputation, dans le cas où elle est sans ressources.

— Je trouve dans le code de Soleure la disposition suivante (art. 284) : la demande en reconnaissance de paternité « ne peut être formée par une femme mariée non divorcée ou *non séparée de corps*. » L'article ajoute en finissant, que la femme séparée ne peut agir contre son mari. Par conséquent, la recherche de la paternité adultérine est possible dans le cas de séparation de corps.

— Le Code de Zurich permet à la femme d'agir contre l'auteur de sa grossesse, si elle a ignoré qu'il était marié (art. 291. 2°).

Enfin le Code de Louisiane défend la reconnaissance (art. 222), il ne défend pas la recherche de la paternité incestueuse ou adultérine ; mais quant à la mère, il renferme une disposition ambiguë (art. 230) :

« La recherche de la maternité naturelle est admise en faveur de toute espèce d'enfants illégitimes, pourvu que la mère qui serait ainsi recherchée ne soit pas une femme mariée. » Cela peut s'entendre de la maternité naturelle d'une femme actuellement mariée.

CINQUIÈME PARTIE

EXAMEN CRITIQUE DES LOIS ACTUELLES

SUR LA PREUVE DE LA FILIATION NATURELLE,

AVEC L'INDICATION DES RÉFORMES DONT LA LOI FRANÇAISE EST
SUSCEPTIBLE

CHAPITRE PREMIER

Des preuves de la filiation naturelle simple.

§ 1er. *Reconnaissance.*

1° *Sa valeur.* — Ceux qui ont donné la vie à un enfant
naturel, ont le devoir de le nourir et de l'élever, l'enfant a
droit à ces soins, à cette éducation ; donc, lorsqu'une personne avoue sa paternité ou sa maternité, la loi doit s'emparer de son aveu, et lui imposer l'obligation de remplir
ses devoirs envers son enfant. Quel serait en effet l'office
de la loi, si elle n'assurait l'accomplissement de pareils
devoirs ?

Partout on a compris cette vérité : toutes les lois que nous
connaissons admettent la reconnaissance. Cependant, nous
avons rencontré, dans quelques lois de la Suisse, de singulières dispositions : on soumet la reconnaissance du père à
l'autorisation de sa commune, quand elle serait exposée à

supporter la charge de l'enfant (1) ; comme s'il n'y avait qu'un intérêt pécuniaire en jeu ! Comme si le seul fait de la reconnaissance n'était pas une réparation ! C'est ainsi que la loi du canton d'Argovie soumet à l'autorisation, dans certains cas, le mariage de l'homme nécessiteux (2). L'esprit d'économie outrée est un trait caractéristique du régime communal.

Mais l'homme n'est jamais certain de sa paternité ; en se disant le père, il pourra nuire à la réputation d'une femme qui n'a jamais eu commerce avec lui, on peut craindre le scandale de reconnaissances du même enfant par plusieurs hommes, etc.; aussi, la loi de Hollande exige, comme nous l'avons dit, l'aveu de la mère. Dans la discussion de notre Code, on proposa successivement plusieurs systèmes : d'abord, la nécessité de l'aveu de la mère ; puis, la validité de la reconnaissance, sous la condition que la mère ne désavouerait pas ; enfin, le système dont l'art. 336 est l'expression pénible et obscure : il n'est pas juste, a-t-on dit, que la mère ait le droit d'empêcher la reconnaissance, soit en refusant un aveu que peut arrêter la honte, la crainte de ne pas trouver d'établissement, ou l'intérêt de la paix du mariage (d'ailleurs, elle pourrait mourir avant d'avoir fait l'aveu), soit en méconnaissant, par vengeance, un homme qui l'a abandonnée (3). Nous pensons que les auteurs du Code se sont arrêtés au meilleur parti, et que le droit de contester la reconnaissance, ouvert à toute personne intéressée, est, pour la femme, une protection suffisante.

2° *Capacité requise.* — Doit-on recevoir, sans condition d'âge, la reconnaissance d'un enfant naturel? Un acte de cette importance, qui crée un rapport de filiation, pourra-

---

(1) Voy. ci-dessus, p. 128.
(2) Art. 72, en note sous l'art. 226, à l'Appendice.
(3) Voy. Fenet, X; notamment p. 84, 112 *in fine,* et 157.

t-il être fait par un mineur ? N'est-il pas à craindre qu'il soit arraché par séduction ? N'est-ce pas avec raison que le Code hollandais interdit à l'homme mineur de 19 ans, de reconnaître un enfant, et que la loi de Bolivie permet au mineur de 26 ans de rétracter sa reconnaissance ? Nous l'avons déjà dit, la reconnaissance n'est pas seulement un droit pour le père ou la mère, c'est un devoir impérieux; le mineur trouvera dans l'authenticité une protection utile, et dans les tribunaux un secours suffisant contre l'obsession ou l'erreur (1).

3° *Formalités.* — Nous venons de parler de l'authenticité : l'intervention d'un officier public et de témoins, en assurant l'indépendance de la personne, garantit la sincérité de la reconnaissance ; or, c'est un point qui intéresse : 1° l'enfant reconnu, car une reconnaissance mensongère peut lui enlever l'avantage d'être reconnu par son père véritable ; 2° les tiers, par exemple les enfants de celui qui fait la reconnaissance, son conjoint (2), ses héritiers présomptifs ; 3° enfin, l'ordre et la paix de la société.

Quant aux officiers publics qui recevront la reconnaissance, la loi n'en pouvait pas faire une énumération, mais peut-être eût-il été bon de poser une règle générale ; par exemple, de décider que la reconnaissance peut être reçue non-seulement par un officier de l'Etat civil ou par un notaire (ce qui résulte des textes), mais encore par tout officier public, lorsqu'elle se rattache à un fait dont il a le droit de s'occuper, à un acte de sa compétence.

4° *Délais.* — Notre Code ne dit rien de l'époque où l'on peut reconnaître un enfant. C'est une omission que le Code italien et le code de Bolivie, copiés sur le nôtre, ont en partie réparée, en décidant que la reconnaissance peut se faire

____

(1) En ce sens, M. Demolombe, V, n° 387 *in fine*.
(2) L'art. 337 ne le met pas à l'abri de tout dommage, même pécuniaire.

avant la naissance de l'enfant. Cela est sage, car le père peut craindre de mourir auparavant, et la mère est exposée à mourir dans ses couches.

Cependant nous avons noté une loi étrangère, la loi de Neufchâtel, qui défend de reconnaître l'enfant avant sa naissance. Sans doute on peut dire que, si l'enfant ne naît pas vivant, la reconnaissance révèle inutilement un fait qu'il aurait mieux valu taire, mais cette considération n'autorise pas le législateur à priver l'enfant du bénéfice éventuel de la reconnaissance. Elle est d'ailleurs utile à la société, car elle garantit que l'enfant, s'il naît vivant, ne sera pas abandonné. Enfin la plupart des enfants naissent vivants. Dira-t-on que si l'homme craint de mourir avant l'accouchement, l'impossibilité de reconnaître l'enfant l'engagera à épouser la mère, et qu'ainsi l'enfant naîtra légitime? Mais, d'une part, il faudrait supposer que l'homme n'est pas actuellement marié (1) ; et, d'autre part, la femme pourrait ne pas consentir au mariage ; enfin, l'âge des parties pourrait s'y opposer.

On trouve en Suisse deux lois qui n'admettent la reconnaissance du père, que dans un délai assez court à compter de l'accouchement. Si c'est dans le but de hâter les reconnaissances, le moyen est illusoire, car on laissera passer le délai, et l'on s'en excusera sur la brièveté de ce délai ; puis, on abandonnera des enfants auxquels il n'est plus possible de se rattacher par un lien légal, et l'on aura encore là une sorte d'excuse. Que s'il a paru qu'on jugerait mieux de la vérité des reconnaissances, à une époque voisine de l'accouchement, cette disposition est bien rigoureuse, et présente plus d'injustice que d'utilité. D'ailleurs,

(1) Nous ne supposons pas que la femme s'est mariée, car il ne pourrait pas être question de reconnaissance avant le désaveu du mari, et par conséquent avant la naissance (art. 314 *in fine*).

le vrai motif de ces lois, c'est l'intérêt des communes : la reconnaissance du père, naturellement incertaine, exposera sa commune à contribuer à l'entretien de l'enfant. C'est pour cela que la loi de Bâle n'a fait, de l'aveu de la paternité, qu'un simple élément de preuve.

Si l'enfant naturel est mort, et n'a pas laissé de postérité légitime, admettra-t-on la reconnaissance ? Pas une loi, que je sache, n'a touché ce point ; c'est une regrettable lacune. Il faudrait, en la comblant, se garder de deux excès : de ce que la reconnaissance peut être une spéculation, il ne s'ensuit pas qu'on ait le droit de l'interdire absolument, et, s'il est possible qu'elle soit désintéressée, ce n'est pas une raison pour l'admettre toujours. On pourrait l'interdire en principe, et l'admettre dans certains cas ; par exemple : s'il n'a pas été possible de la faire avant le décès, comme en cas d'absence, de maladie de l'esprit, etc. ; ou si on l'a faite dans l'ignorance du décès. Un fils naturel ayant péri à l'armée, sa mère le reconnut pour exempter un autre fils (1) : il serait bien dur, dans un cas de ce genre, d'annuler la reconnaissance, aussi pourrait-on décider que la reconnaissance sera valable, s'il est prouvé qu'on ne l'a pas faite dans le but de recueillir la succession de l'enfant.

5° *Effets.* — Il serait superflu d'écrire dans la loi que la reconnaissance est irrévocable : c'est une règle de bon sens, et l'exception qu'on y a faite en Bolivie, pour le mineur de 26 ans, ne paraît pas bien fondée. Admettrons-nous du moins, avec la même loi, que la révocation du testament emporte celle de la reconnaissance ? Il est certain que le testateur entend rester le maître des dispositions de son testament, mais cela ne suffirait pas ; ce qui est décisif, c'est qu'il peut se faire qu'il ait eu des doutes sur sa paternité, et que ces doutes se soient confirmés. Il serait donc

(1) Caen, 28 mai 1858 ; Sir., 58, II, 535.

très-dangereux de maintenir la reconnaissance. Quant à la mère, si elle est sûre de sa maternité, elle peut n'être pas sûre de l'identité de l'enfant; c'est encore un motif suffisant pour ne pas maintenir la reconnaissance (1).

C'est une question difficile, en législation comme en droit positif, que de savoir si la reconnaissance peut-être contestée par celui qui l'a faite. D'un côté, on dit qu'il n'est pas raisonnable de maintenir une filiation dont la fausseté pourrait être prouvée, ou même qui est fausse évidemment, d'après la nature des choses. D'autre part, on répond que l'auteur de la reconnaissance ne l'attaquerait que s'il y trouvait son avantage ; que notre question n'a d'intérêt que si lui seul réclame contre la reconnaissance, par conséquent qu'on peut lui laisser les charges de cette filiation mensongère, et le punir ainsi de sa fausse déclaration (2).

Voici les raisons qui semblent devoir faire préférer la première opinion. D'abord, comprendrait-on qu'on maintînt la reconnaissance, quand son auteur n'a que quelques années de plus que la personne reconnue? Est-il dans nos mœurs d'infliger à titre de peine une filiation qui n'a rien de fondé? Et puis, cela n'est pas sans danger, car les véritables parents de l'enfant, disposés peut-être à le reconnaître si la fausse reconnaissance n'avait pas été faite, ou si elle tombait, pourront s'abstenir et laisser le soin de l'enfant à cet étranger. Au contraire, permettre à l'auteur de la reconnaissance de la contester, c'est rendre à peu près impossible un marché que le système inverse facilite, l'achat à prix d'argent de reconnaissances mensongères ; qui

(1) En ce sens, M. Demolombe, V, n° 455 *in fine*. Cet auteur semble dire, que le testament révoqué fournissant un commencement de preuve par écrit, la recherche de la maternité sera toujours possible, ce qui serait une considération en notre faveur. Mais la recherche ne sera permise que s'il y a en outre un commencement de preuve par l'écrit de l'identité (art. 341).

(2) Demolombe, V, n° 437.

est-ce qui consentirait à payer si l'auteur de la reconnaissance pouvait ensuite la contester?

Enfin l'article 337 de notre Code contient une sage disposition; on peut toutefois se demander s'il convient de l'appliquer au jugement qui, pendant le mariage, déclare la paternité ou la maternité? Trois systèmes peuvent être proposés : 1° l'assimilation de la reconnaissance forcée à la reconnaissance volontaire; 2° la distinction formelle des deux cas; 3° une décision mixte qui donnerait au jugement un plein et entier effet, à moins que les commencements de preuve par écrit.... ou les éléments de la décision n'eussent été fournis à l'enfant pendant le mariage. Nous pensons, avec M. Demolombe (V, n° 466), que le seul système qui puisse efficacement assurer la paix du mariage, est l'assimilation des effets du jugement à ceux de la reconnaissance. Et même, à notre avis, la loi n'a pas assez fait à cet égard : d'après le Code italien, l'époux a le droit de s'opposer à l'introduction de l'enfant dans la maison conjugale. Cette disposition serait un complément utile de l'art. 337 du Code français.

§ 2. *Possession d'état.*

La possession d'état, disait Portalis dans la discussion du Code, est le plus puissant de tous les titres (1) : ce n'est pas une simple déclaration, qui peut être surprise, ou arrachée par la violence (on sait en effet à quoi se réduit, dans la réalité des affaires, la présence de l'officier public), c'est une reconnaissance de tous les jours, qui exige le courage d'affronter l'opinion, et dont la publicité est l'essence ; elle offre de plus l'avantage de prouver l'identité.

Mais, pourrait-on dire, si vous déclarez que les soins,

____

(1) Voy. ci-dessus, p. 109.

l'éducation donnée à l'enfant, prouveront la filiation, on s'abstiendra d'élever son enfant naturel, on l'abandonnera. — Cette objection n'est pas fondée; pour qu'un enfant naturel élevé par ses parents puisse leur être attribué, il faut qu'ils l'aient présenté comme *leur enfant*, par exemple : qu'ils aient pourvu à son éducation, à son entretien, en cette qualité, qu'ils lui aient donné leur nom, etc. (Cpr. art. 321).

Si l'on écrivait dans le Code que la possession d'état prouvera la filiation naturelle, je ne sais si personne y verrait rien à redire, et certainement la pratique y trouverait une extension du système des preuves, qu'elle demande aujourd'hui à des expédients bizarres et dangereux. Une disposition de la loi est d'autant plus nécessaire que la jurisprudence, après avoir essayé de soutenir que la possession d'état prouve la maternité, s'est vue forcée, en l'état des textes, d'abandonner ce système intermédiaire et de rejeter absolument la preuve par la possession d'état.

§ 3. *Acte de naissance.*

Nous savons que la jurisprudence, ajoutant à la loi, donne à l'acte de naissance où la mère est indiquée, le rôle de preuve de l'accouchement; qu'en même temps elle considère comme une recherche de maternité la preuve de l'identité, et que néanmoins elle admet la reconnaissance sans aucune condition de forme. Cette théorie arbitraire, et doublement inconséquente, est l'indice d'un grand besoin d'extension. L'indication de la mère est usuelle; en faire une preuve, ce serait rattacher à leur mère la plupart des enfants naturels.

Y aurait-il quelque danger? MM. Aubry et Rau semblent le craindre, car ils demandent un aveu confirmatif de la mère; à cette condition, disent-ils, « une pareille disposition, parfaitement rationnelle, et conforme au but dans lequel ont été établis les registres de l'Etat civil, n'eût présenté aucun danger pour la femme indiquée comme mère de l'enfant, puisque, sans un aveu confirmatif de sa part, cette indication serait restée sans effet à son égard (1). » Mais si l'on croit les déclarants, quand il s'agit de l'accouchement d'une femme mariée, pourquoi ne les croirait-on pas quand il s'agit de l'accouchement d'une femme non mariée? La supposition d'un enfant à une femme mariée a les suites les plus graves : l'attribution de l'enfant au mari (art. 312), et l'intrusion d'un étranger dans la famille; et pourtant on les croit. C'est qu'il y a une sanction énergique, la peine de la réclusion, prononcée contre celui qui supposerait un enfant à une femme qui n'est pas accouchée (art. 345, C. pén.). Sans doute, l'indication de la mère nuit à sa réputation, mais si l'on soumet à des restrictions la preuve de la maternité, c'est pour en assurer la sincérité, et non pas pour épargner à la femme la révélation de sa faute. Qu'importe, enfin, que les femmes non mariées cachent leur accouchement; on ne peut être tenu de le déclarer que si on le découvre; et si on le découvre, qu'importe qu'elles se soient cachées?

On pourrait exiger que les déclarants fissent l'indication de la mère; si les filles se défont de leur enfant, c'est pour cacher leur accouchement, et non pas parce qu'elles craignent qu'on n'aille le déclarer si on le découvre (2).

§ 4. *Présomption légale de paternité.*

Nous avons dit plus haut dans quel cas et par quels motifs on doit appliquer cette présomption. C'est là une déduc-

---

(1) Tome IV, p. 681, note 22 *in fine.*
(2) Voy. cep. Demolombe, I, n° 297, vers la fin.

tion qui est dans le rôle de l'interprète ; la loi ne doit poser que des principes, car ce n'est pas sans danger qu'elle descend aux détails. Aussi croyons-nous que sur ce point la loi actuelle est suffisante, d'autant plus qu'on est d'accord pour donner l'interprétation que nous indiquons.

§ 5. *Recherche de la maternité naturelle.*

Il a paru dangereux d'admettre sans conditions la preuve par témoins de la maternité : pour la maternité légitime, on exige soit un commencement de preuve par écrit, soit des indices graves ; pour la maternité naturelle, la loi veut un commencement de preuve par écrit (art. 341). Y a-t-il une bonne raison pour justifier cette différence ?

Quatre lois étrangères, en copiant l'art. 341 de notre Code, y ont ajouté un dernier alinéa, qui admet comme préliminaire suffisant, les indices graves : ce sont les Codes d'Italie, du canton de Valais, des Iles Ioniennes, et de Pologne (1). Ce fait est significatif ; et en effet, que l'on considère le commencement de preuve par écrit comme un moyen d'écarter les procès vexatoires, ou comme un adminicule de preuve qui vient renforcer celles qu'on produit ensuite, si les indices graves ont paru, pour la filiation légitime, remplir efficacement ces deux rôles, comment seraient-ils insuffisants en matière de filiation naturelle ? Leur nature, celle de la preuve par témoins, la confiance que méritent les tribunaux sont les mêmes, et si une décision erronée a des conséquences malheureuses, c'est surtout en matière de filiation légitime, puisque les droits de l'enfant sont plus étendus, et qu'il entre dans la famille. On doit remarquer d'ailleurs qu'il y a des familles où l'on écrit

(1) La même addition avait été faite dans le code de Parme, Plaisance et Guastalla, de 1820 (art. 368), dans le code des Deux-Siciles (art. 264), et dans le code Sarde (art. 187).

peu ; des indices seraient le plus souvent le seul moyen d'introduire la preuve par témoins.

Que si l'on ne partageait pas cette manière de voir, on pourrait du moins demander que la loi décidât, comme le fait la jurisprudence, que le commencement de preuve par écrit peut résulter des actes publics ou privés d'une partie engagée dans la contestation, ou qui y aurait intérêt si elle était vivante.

On convient que le commencement de preuve par écrit exigé par l'art. 341 doit porter à la fois sur l'accouchement et sur l'identité, mais cet article demanderait une rédaction plus claire.

Enfin il y a eu des difficultés quant aux personnes qui peuvent rechercher la maternité ; il paraîtrait raisonnable de décider :

1° Que la recherche de la maternité n'est pas admise contre l'enfant. C'est l'opinion qui prévaut dans la jurisprudence ;

2° Qu'elle ne peut pas être exercée du chef de l'enfant par ses créanciers. Il n'est pas honnête, en effet, de faire argent de toutes choses ;

3° Que les art. 326 à 330 s'appliquent à la recherche de la maternité naturelle. Mais il faut reconnaître que les art. 326 et 327 sont bien malheureux : il serait fort simple d'exiger que les tribunaux de répression se conformassent aux règles du Code civil sur l'admission de la preuve, et en particulier que la Chambre des mises en accusation ne renvoyât l'accusé devant la Cour d'assises que quand ces conditions d'admission de la preuve par témoins se rencontreraient.

§ 6. — *Recherche de la paternité.*

C'est ici le point le plus délicat de notre tâche. La règle qui interdit la recherche de la paternité est, par son importance, par les vives sympathies qu'elle rencontre, ou par les haines généreuses et les colères ardentes dont elle est l'objet, une de celles qu'il est le plus périlleux d'avoir à juger. Gardons-nous donc de l'esprit de système, et demandons aux faits la solution cherchée.

L'ancienne jurisprudence française admettait la recherche de la paternité, et il y eut des abus; à quoi tenaient-ils? Il est certain qu'ils tenaient surtout à l'absence d'une disposition législative qui, en limitant l'application du principe, aurait gardé les tribunaux des excès où ils sont tombés. Il est certain qu'ils tenaient aussi à la règle *virgini prægnanti creditur*, qui signifiait, non pas que la décision du procès dépendait de la fille, mais qu'une provision lui était d'abord accordée, sauf à restituer si elle ne pouvait pas faire la preuve. Mais les abus tenaient-ils en partie au principe même de la recherche? Cela n'est ni démontré ni susceptible de l'être, mais cela est probable, et voici pourquoi : le droit intermédiaire, favorable jusqu'à l'excès à l'enfant naturel, crut néanmoins devoir lui défendre la recherche; si le législateur eut pensé qu'une réglementation suffisait, eût-il supprimé légèrement un principe salutaire et juste, et faut-il croire que l'esprit de réaction l'ait poussé jusque-là? D'ailleurs, pendant toute la période intermédiaire, la jurisprudence maintint sévèrement la défense de rechercher la paternité, et le Code l'a formulée dans l'art. 340, en y faisant une seule exception. Comment les rédacteurs, infidèles à leur méthode ordinaire, n'auraient-ils pas saisi l'occasion de faire une transaction, de prendre un moyen terme entre les règles de l'ancien droit et les lois intermédiaires; la crainte immodérée de l'agitation et du bruit suffit-elle pour expliquer cela? A vrai dire, l'histoire ne nous fournit pas une solution certaine, il faut chercher ailleurs, et consulter notamment les lois étrangères.

Nous avons vu que les lois étrangères se partagent entre
le principe de la recherche, et celui de la prohibition. Toutefois, les deux Codes les plus récents, le Code italien de 1865
et le Code roumain de l'année précédente, prohibent la recherche; et l'on a vu il y a quelques années, en 1854, le
Code de Neufchâtel répudier le système traditionnel de la
Suisse, pour suivre le Code français. Il y a donc une tendance de ce côté, mais cela n'est pas décisif; ce qui est bien
autrement important, c'est la réforme anglaise de 1835, et
l'attestation de ses effets par un observateur compétent.

Dans ses études sur l'Angleterre, M. Léon Faucher nous
apprend quel était l'état des mœurs dans ce pays au moment où parut la loi de 1835 (voy. au chap. de *Carmathen*) :

« On sait qu'aux termes de la vieille législation des paroisses, toute fille-mère qui se disait enceinte des œuvres
d'un homme, était crue sur parole, et que le père putatif,
si mieux il n'aimait épouser la mère, était tenu de fournir
des aliments à l'enfant ; en cas de résistance ou de refus,
les magistats pouvaient ordonner la contrainte par corps.
Cette coutume avait donné lieu à des abus inimaginables :
les jeunes filles, spéculant sur la protection dont la loi couvrait leurs désordres, se livraient au premier venu, dans
l'espoir d'obtenir, à défaut de mariage, une pension alimentaire ; les plus éhontées trafiquaient même de ce pouvoir de dénonciation, et levaient des contributions sur les
jeunes gens, en les menaçant, pour le cas où ils ne se rachèteraient pas du péril, de les désigner aux magistrats. »

Quel enseignement faut-il tirer de là ? Il en faut conclure que la recherche de la paternité est, par sa nature,
une cause de dépravation pour la femme. S'il lui suffit de
désigner celui qu'on devra condamner, le mal est porté au
comble : la femme se livre au premier venu, et puis elle

lève des contributions sur les jeunes gens. Que si l'on exige une preuve sérieuse, on diminue le mal sans le supprimer : la femme ne peut plus poursuivre avec succès que celui auquel elle s'est livrée, mais elle peut se livrer par spéculation. Voyons, en effet, ce que produisit la loi de 1835 :

« En réprimant le scandale, la loi de 1835 n'a pas dérogé au principe des législations d'origine germanique, qui admettent la recherche de la paternité, mais elle a décidé, par voie d'atténuation, que tout enfant illégitime resterait à la charge de sa mère jusqu'à l'âge de seize ans, et que, dans le cas où la mère se trouverait hors d'état de l'entretenir, l'enfant retombant à la charge de la paroisse, les gardiens auraient le droit de sommer le père putatif de pourvoir à son entretien. Mais alors le témoignage de la mère ne suffit plus, il faut d'autres témoignages et des indices en quelque sorte matériels, pour déterminer cette imputation de paternité. La paroisse peut toujours saisir les revenus ou le salaire du père putatif, comme gage de la pension alimentaire, mais elle n'est plus autorisée à faire usage de la contrainte par corps. »

Ainsi, l'action n'était plus reçue que dans un cas, et c'est la paroisse qui devait l'intenter. Que pouvait-il résulter de là, ou plutôt qu'en est-il résulté ?

Les désordres des femmes ont dû être arrêtés d'abord, soit parce que la cause qui les produisait était en partie supprimée, soit par la circonspection qu'inspirait une loi encore mal connue ; mais la recherche de la paternité subsistant en partie, elles ont dû remarquer bientôt que la spéculation restait possible : la fille est pauvre, la paroisse agira sur son indication contre le père de son enfant, donc il paiera pour éviter d'être indiqué (1). D'un autre côté,

____

(1) Cette critique peut s'adresser au système prussien qui remet l'action à un tuteur de l'enfant ; le père évitera l'indication en donnant à la femme de quoi vivre et élever l'enfant.

dans les cas où la recherche était défendue, rien ne retenait plus les hommes. Par conséquent, les désordres ont recommencé bientôt, modifiés dans leur cause. Ce résultat est attesté par M. Faucher en ces termes :

« Cette réforme étrange, qui n'osait ni donner ni retirer à la femme la protection de la loi, avait d'abord réprimé en Angleterre le débordement des naissances illégitimes, qui reprend maintenant son cours (1) ».

Ainsi, la recherche de la paternité favorise les désordres des femmes, et la prohibition de la recherche laisse un libre cours aux désordres des hommes. C'est au législateur à choisir le moindre de ces deux maux.

Ce qui prouve qu'il en est ainsi, c'est que les deux systèmes ont été proposés dans le même but, pour arrêter les naissances illégitimes. En France, on réclame la recherche contre les hommes, parce que c'est d'eux que vient le mal (2). En 1821, les désordres des femmes la firent prohiber dans la Hesse grand-ducale, et quelques années après, la première chambre législative du royaume de Bavière réclamait la même mesure (3).

(1) La suite de ce passage est relative au pays de Galles, et ne peut s'expliquer que par l'état des mœurs de ce pays.

(2) « Défendre la recherche de la paternité, c'est autoriser par l'impunité tous les désordres de l'homme, encourager la séduction, provoquer l'infanticide, et [assumer] sur la femme, sur l'être le plus faible, la responsabilité et les conséquences d'une faute commune. *Au point de vue de l'amélioration des mœurs*, la réforme la plus urgente est celle de l'art. 340. » Projet de pétition à l'Assemblée nationale, dans le journal *l'Avenir des femmes*, du 5 novembre 1871.

(3) Nous empruntons ces deux faits au travail de M. Kœnigswarter sur les enfants naturels (3ᵉ partie), *Revue de droit français et étranger*, 1843.

On voit aussi dans l'ouvrage de Gett (*die Rechtsverhältnisse aus der ausserehelichen Geschlechtsgemeinschaft, nach gemeinem, baierischem... rechte*, Munich, 1836, 1 vol. in-8, p. 203, en note), que la chambre législative de l'état libre de Francfort vota, le 21 octobre 1835, que « la motion pour la suppression de la recherche de paternité est admissible. » Cet auteur rapporte au même endroit, p. 201 et s., les objections qui ont été faites contre l'art. 340 de notre Code. mais il refuse de prendre parti ; suivant lui, la statistique peut seule tran-

Il faut donc que le législateur choisisse, car une solution mixte ne pourrait être que la moitié d'un bon système, et la moitié d'un mauvais, comme en Angleterre; et si le législateur doit choisir, son choix ne saurait être douteux, il doit prohiber la recherche, sauf à tempérer, si cela est possible, la rigueur de ce principe.

Ici nous rencontrons des objections (1); elles sont tirées, soit des droits de l'enfant, soit de la faiblesse de la femme, soit de l'intérét public.

1° Les droits de l'enfant. « L'enfant a droit à un état civil... L'État doit assurer à tout enfant le droit de se faire reconnaître par ses parents, et à la mère le droit de faire reconnaître son enfant par le père (2). » Mais sur quoi fondez-vous ces droits de l'enfant ? — Sur le droit naturel. — C'est-à-dire que l'enfant a ces droits parce qu'il les a. Pour nous, voici nos raisons : la recherche de la paternité favorise l'inconduite des femmes ; c'est là au premier chef un danger pour la société ; donc elle a le droit de prohiber la recherche.

On parle du droit de l'enfant naturel à n'être pas condamné à la misère, au vice... — Ce n'est pas à la société, mais aux mauvaises mœurs qu'il faut s'en prendre ; les meilleures lois ne rendront pas toutes seules les mœurs pures, et les désordres auront toujours des conséquences funestes.

Pour quelques personnes, le droit de l'enfant de rechercher son père tient à une conception particulière du mariage : ce qui fait le mariage, c'est l'amour, il se forme et

cher la question. Mais eût-on des statistiques exactes des naissances illégitimes antérieures et postérieures au Code, il ne s'ensuivrait pas nécessairement que l'augmentation ou la diminution tînt à la règle de l'art. 340.

(1) Voy. *Röder : Kritische Beiträge über die aussereheliche Geschlechtsgemeinschaft, zunächst in Bezug auf den Art. 340 des C. Nap... Darmstadt,* 1837, 114 pages in-12.

(2) Ahrens, Cours de droit naturel, 5° édition, p. 468 *in fine* et s.

cesse avec lui (1). C'est un moyen simple de supprimer les naissances illégitimes !

2° La faiblesse de la femme. « S'il est une loi qui m'a paru la honte de la civilisation, » disait M. Jules Favre dans l'affaire Armand, « c'et celle qui interdit la recherche de la paternité, qui met ainsi le sexe le plus faible à la discrétion du plus fort, et qui permet à l'homme de chasser celle qu'il a séduite, avec le fruit de ses entrailles » (2).

Qu'on mette en parallèle les maux que peut causer la séduction exercée par l'homme, avec les maux qui résulteraient des calculs et des spéculations honteuses de la femme, et l'on verra de quel côté la société est le plus menacée.

3° L'intérêt public. C'est l'intérêt public qui fut invoqué au Corps législatif, dans la séance du 14 juillet 1868. On discutait une section du budget ; M. Jules Favre dit qu'il est choquant « de voir mettre à la charge des communes certains enfants, quand on sait parfaitement quelle est la main qui devrait les nourrir. » Et M. Glais-Bizoin propose, ce qui suivant lui se fait en Saxe, d'imposer par jugement, à celui qui est désigné comme le père par la notoriété publique, l'obligation de subvenir aux besoins de l'enfant, et cela *sans rechercher la paternité au point de vue civil.*

Nous connaissons ce système : il faut un père à l'enfant, mais un père quant à la charge de l'entretien seulement ; pour cela, une apparence, la renommée, la notoriété suffit ; il importe avant toutes choses de décharger les communes. C'était le système du Parlement de Bretagne (3).

<hr>

(1) *L'enfant né hors mariage*, brochure par Émile Acollas, Paris 1865, reproduite dans la collection Germer-Baillière.

(2) Le *Droit* du 26 mars 1864. Cf. Leplay, *La réforme sociale en France*, I, p. 368 et s., 3ᵉ édition. « Il y aurait lieu... d'abroger l'art. 340 du C. civ., et de rendre par là aux filles séduites le bénéfice de l'art. 1382 » (p. 374). « Cette réforme, est dans mon opinion, celle qui doit précéder toutes les autres. » (III, p. 506).

(3) Voy. ci-dessus, p. 20.

Il est à peine besoin de dire que l'intérêt public pécuniaire doit s'effacer devant un intérêt plus élevé, celui de la conservation des bonnes mœurs dans la personne de la femme, par la proscription sévère de tout système qui pourrait amener sa vénalité.

Mais si c'est là le seul motif qui peut faire rejeter la recherche de la paternité, toutes les fois qu'il ne se présentera pas, la recherche devra être permise, et c'est ici qu'il est légitime d'invoquer les droit de l'enfant.

Dans le cas d'enlèvement et dans le cas de viol, il n'y a point de calcul possible; donc il faut autoriser la recherche. Il y a même un troisième cas où elle peut l'être sans danger, c'est le cas de séduction par promesse de mariage, à la condition qu'il existe un commencement de preuve par écrit de la séduction et de la promesse de mariage.

Développons cette proposition.

La promesse de mariage employée pour séduire une fille prouve son honnêteté, c'est un fait très-dangereux et très-coupable, enfin si la promesse de mariage a été faite, c'est que le mariage n'est pas impossible : la menace de l'action pourrait donc amener le mariage, et l'enfant naîtrait légitime.

Mais comment se prouvera la promesse de mariage? Par témoins? Admettre cette preuve *de plano* serait une grave imprudence; mais s'il y a un commencement de preuve par écrit émané du séducteur, tout danger disparaît.

Toutefois, la preuve de la promesse de mariage étant ainsi faite, il y aurait une imprudence non moins grave à permettre *de plano* la preuve de la séduction. Supposez qu'on ait promis le mariage à une fille, et puis que découvrant sa mauvaise conduite, on se retire : la fille, par vengeance, inventera une séduction, et elle la prouvera avec l'aide de témoins complaisants. Mais s'il y avait un commencement de preuve par écrit de la séduction (et ce sera presque toujours celui-là même qui révèle la promesse de mariage employée pour séduire), cette intrigue ne serait plus possible.

Quant aux indices graves, ils seraient, par la nature des choses, trop équivoques en pareille matière, pour remplacer le commencement de preuve par écrit.

Telles sont les exceptions qui paraissent pouvoir être faites au principe qui interdit la recherche de la paternité. Nous avons cherché vainement à les étendre davantage, toujours apparaît le danger qu'il faut éviter à tout prix, le danger de favoriser la corruption des femmes (1) ; au reste, s'il était quelque hypothèse que nous n'eussions pas aperçue, où la recherche de la paternité n'aurait pas le résultat dangereux que nous craignons, nous l'ajouterions bien volontiers à la liste de nos exceptions. Mais ce que nous ne pourrions comprendre, c'est qu'un législateur conséquent avec lui-même laissât les tribunaux accorder aux filles séduites des dommages et intérêts, alors que la recherche est impossible ; c'est une pratique pleine de scandales et de dangers.

(1) Quand la fille séduite a moins de 16 ans, par exemple, il n'y a guère à craindre, de sa part, un calcul ; mais ses parents, pour faire sa fortune, peuvent l'exposer à la séduction, ou même la livrer au premier venu, et faire argent de sa grossesse.

CHAPITRE II

Ce qu'on remarque d'abord, en lisant dans le Code le chapitre des Enfants naturels, c'est qu'il y en a de deux sortes, les uns dont la filiation peut se prouver de plusieurs manières, et les autres dont la filiation ne peut être prouvée, si ce n'est par accident. Cette distinction n'existait pas dans l'ancien droit, tous les bâtards pouvaient prouver leur filiation pour obtenir des aliments. Dans le droit intermédiaire, il en était de même, sauf qu'on n'admettait pas la recherche de la paternité ; c'est seulement quant aux droits de succession qu'on distinguait, dans le droit intermédiaire, deux sortes d'enfants naturels (1).

Le Code italien a permis de reconnaître les enfants adultérins ou incestueux. Art. 193. (Cet article est bizarre dans sa forme, mais si on le lit jusqu'au bout, il ne laisse pas le moindre doute.) Dans le Code roumain de 1864, où l'on a reproduit les principales dispositions du Code français, les règles sur la filiation adultérine ou incestueuse ont été passées sous silence. Ont-elles, en effet, quelque raison d'être ? Nous ne saurions mieux faire que de reproduire ici ce qu'en a dit M. Demolombe :

« On peut sans doute critiquer ce système au point de vue moral et philosophique ; et, pour ma part, je ne serais pas éloigné de penser que le mieux en législation, et lorsqu'il s'agit de gouverner les hommes, c'est de les prendre comme ils sont. Il me paraît très-douteux qu'il y ait beaucoup d'avantages à ne pas voir ce que tout le monde voit,

(1) Voy. ci-dessus, p. 55 et s., et spécialement p. 61 et 62.

et à nier ce qui est certain ; on s'expose ainsi à des résultats choquants, qui mettent cette ignorance affectée de la loi en contradiction avec l'évidence des faits, et qui produisent un scandale souvent plus grand que la vérité même qu'on n'a pas voulu recônnaître, et qu'on n'a pas pu dissimuler (1). »

———

On a dit avec raison que les auteurs du Code étaient animés de l'esprit de conciliation, et qu'ils cherchaient un moyen terme entre les théories excessives de la révolution et les dogmes surannés de l'ancien régime. Mais à l'époque où le Code a été fait, un profond besoin de calme avait envahi les âmes ; pour éviter le bruit, on prohiba comme scandaleuse la preuve de telle filiation, on rejeta légèrement telle preuve excellente, on défendit trop absolument telle autre. Il semble qu'on ait subi l'influence de cette idée du premier Consul que « la société n'a pas d'intérêt à ce que des bâtards soient reconnus (2). » Aussi, n'est-il pas surprenant de voir aujourd'hui la doctrine et la jurisprudence se débattre au milieu de ces entraves, et réclamer une extension prudente et salutaire du système des preuves de la filiation naturelle.

Nous résumerons nos observations critiques, en présentant les dispositions critiques de notre Code modifiées comme nous souhaiterions qu'elles le fussent. C'est un mode d'exposition un peu ambitieux, mais on voudra bien nous le passer, en vue des avantages qu'il offre :

(1) Tome V, n° 561. En ce sens : Bonnier, *des Preuves*, n° 571, et *Revue pratique*, 1856, I, p. 348.
(2) Fenet, V, p. 77, au commencement.

DE LA FILIATION

CHAPITRE III

Des enfants naturels.

SECTION I. — DES PREUVES DE LA FILIATION NATURELLE.

(Art. 334.) L'enfant naturel peut être reconnu par le père et par la mère, soit conjointement, soit séparément. La reconnaissance ne peut être faite que par acte authentique. Elle peut être reçue par un officier de l'état civil, par un notaire, et par tout autre officier public lorsqu'elle se rattache à un acte de sa compétence.

(Art. 335.) La reconnaissance peut être faite avant ou depuis la naissance de l'enfant. Elle ne peut l'être après son décès, sauf dans les cas suivants :

1° S'il a laissé des descendants légitimes qui existent encore à l'époque de la reconnaissance ;

2° Si celui qui veut reconnaître l'enfant n'a pas pu le faire avant le décès de cet enfant ;

3° Si l'auteur de la reconnaissance ignorait le décès de l'enfant quand il l'a faite ;

4° Si la reconnaissance n'a pas été faite dans le but de recueillir la succession de l'enfant décédé.

(Art. 336.) La reconnaissance faite pendant le mariage par l'un des époux, au profit d'un enfant naturel qu'il aurait eu, avant son mariage, d'un autre que son époux, ne pourra nuire ni à celui-ci, ni aux enfants nés de ce mariage.

Néanmoins elle produira son effet après la dissolution de ce mariage, s'il n'en reste pas d'enfants.

Les mêmes dispositions s'appliquent au jugement déclaratif de paternité ou de maternité.

Dans les deux cas, l'enfant ne peut être introduit dans la maison commune sans le consentement de l'autre époux ; à moins, dans le cas de reconnaissance, qu'il n'eût donné son adhésion à la reconnaissance.

(Art. 337.) La reconnaissance est irrévocable. Néanmoins la révocation d'un testament authentique entraînera celle de la reconnaissance qui y sera contenue.

Toute reconnaissance de la part du père ou de la mère, de même que toute réclamation de la part de l'enfant, pourra être contestée par tous ceux qui y auront intérêt, et par l'auteur de la reconnaissance.

(Art. 338.) La maternité naturelle est prouvée par l'acte de naissance où la mère est indiquée (1).

(Art. 339.) La possession d'état prouve la filiation naturelle.

(Art. 340.) La recherche de la paternité est interdite. Dans le cas d'enlèvement, et dans le cas de viol, lorsque l'époque de l'enlèvement ou du viol se rapportera à celle de la conception, le ravisseur ou l'auteur du viol pourra être, sur la demande des parties intéressées, déclaré père de l'enfant.

La recherche de la paternité est également admise en faveur de l'enfant, dans le cas de séduction par promesse de mariage, lorsqu'il y a un commencement de preuve par écrit de la séduction et de la promesse de mariage.

La femme ne peut obtenir de dommages et intérêts que

(1) L'art. 57 devrait être ainsi modifié : « L'acte de naissance énoncera... les noms, profession, et domicile des père et mère légitimes, *de la mère naturelle*, et des témoins. »

dans les cas où la recherche de la paternité est permise.

(Art. 341.) La recherche de la maternité est admise en faveur de l'enfant.

L'enfant qui réclamera sa mère sera tenu de prouver l'accouchement de celle-ci, et son identité avec l'enfant dont elle est accouchée.

Il ne sera reçu à faire cette preuve par témoins, que lorsqu'il aura déjà un commencement de preuve par écrit de l'accouchement et de l'identité, ou lorsque les présomptions ou indices résultant de faits dès lors constants, seront assez graves pour déterminer l'admission de la preuve par témoins.

(Art. 342.) L'action en recherche, soit de la paternité, soit de la maternité, ne peut être intentée par les créanciers de l'enfant, de son chef. Elle passe à ses héritiers.

Les articles 326 à 330 sont applicables aux enfants naturels (1).

(1) Voy. toutefois p. 159.

PIÈCES JUSTIFICATIVES

1° ANCIEN DROIT FRANÇAIS

1° Extrait du *Traité de la Séduction*, de Fournel.

Pages 87 et 88 : « Il ne faut pas croire que la déclaration de grossesse soit, entre les mains de la fille enceinte, un titre contre celui qu'elle charge (1). On sait assez qu'il n'est permis à personne de se faire un titre : *omnibus, in re propria, dicendi testimonium facultatem jura submoverunt.* Code, *de testibus*. Le serment dont la déclaration serait accompagnée ne détruit pas la force de ce principe... La déclaration, renouvelée dans les douleurs de l'enfantement, ne fournit pas, contre l'accusé, un titre plus puissant (2).

(1) On ne devra pas s'étonner de retrouver ici quelques phrases déjà citées : nous ne pouvons justifier l'emploi que nous avons fait de phrases détachées des textes, qu'en produisant maintenant ces textes en entier, et dans leur ordre propre. Dans le corps de l'ouvrage, des citations complètes auraient entravé l'exposition, ici, nous y ajouterons même des notes où nous pourrons donner jusqu'aux moindres détails.

(2) Cf. Loiseau, p. 64. Fournel ajoute : « Ce n'est qu'une simple *présomption* qui a besoin d'être soutenue par des preuves de cohabitation » ; il commet en cela une inadvertance, car il expose ensuite, avec une clarté parfaite, que la déclaration, — ou bien est une preuve complète (quant à la provision), — ou bien ne forme pas le moindre préjugé (quant au fond de l'affaire). Cette fin de phrase doit donc être laissée de côté.

Pages 98 à 101 : « De la condamnation aux frais de gésine et provisions alimentaires. »

« On appelle frais de gésine, ceux qui sont employés au
soulagement de l'accouchée, et aux premiers secours de l'enfant. Ces frais étant de nature à ne souffrir aucun retardement, la fille enceinte est fondée à se les faire avancer par
celui qu'elle prétend être l'auteur de sa grossesse. C'est ce
qui forme la matière de la demande en provision, qui est
devenue presque de style en pareille occasion... Indépen-
damment des frais de gésine, la fille devenue mère est fondée à demander que le père soit tenu de frayer, provisoirement, à la nourriture de l'enfant.

« Pour que la provision soit adjugée contre un particulier, il n'est pas nécessaire que la paternité soit établie contre lui ; la seule imputation de la fille est suffisante, sans
considérer les circonstances qui pourraient en faire suspecter la sincérité. La discussion de la paternité est une affaire qui
concerne le fond, mais la nécessité urgente d'expédier le provisoire ne permettant pas aux juges de se livrer à cet examen, ils
se contentent, pour le moment, d'une légère présomption (1).

« Nous avons, en cela, adopté les dispositions du droit romain, qui n'exige en pareil cas qu'une légère apparence
de paternité : *si parens neget filium, idcircoque alere se
non debere contendat, summatim judices oportet cognoscere.* L. 5. § 8, Dig., *de agn. et al. lib.*, 25, 3.

« Or, le préjugé sommaire dont la loi se contente, est
formé suffisamment par la déclaration de la mère (2).

(1) C'est encore une inadvertance, en sens inverse de celle que nous venons
de relever ; en effet, l'auteur dit à la page 102, que « la seule déclaration de
la mère *fait foi* pour la provision », et que « le juge qui a sous les yeux
l'indication de l'auteur de la grossesse, a tout ce qu'il lui faut pour prononcer sur la provision. « Donc, quant à la provision, la déclaration n'est pas
seulement une présomption légère, mais une preuve.

(2) On voit ici pourquoi Fournel présentait comme une présomption, la déclaration de la fille : c'était pour s'autoriser de la loi romaine, et nous avions

« Cette jurisprudence est très-ancienne parmi nous.
« S'il est question, dit Papon, d'un enfant dénié par le
« père prétendu, lors, sans curieusement s'enquérir s'il est
« fils dudit père ou non, le juge doit pourvoir sur les ali-
« ments, et après s'enquérir de la vérité, à laquelle n'est
« fait préjudice par telle provision d'aliments. » Liv. 18,
tit. 1.

« On trouve même, aux additions faites sur cet auteur,
un arrêt de 1572 qui a confirmé une provision adjugée
pour frais de gésine par un juge incompétent, tant est grande
la faveur d'une pareille condamnation.

« C'est cette jurisprudence assurée qui a donné lieu à
cette maxime si triviale : *virgini prægnanti creditur.* Voy.
Peleus, question 191, Faber, Boërius, Ayraut, Brillon, Bar-
det, etc.

« S'il y a plusieurs particuliers en cause, contre lesquels
il y ait de justes présomptions de la paternité, ils peuvent
être condamnés solidairement au paiement de la provision.
Basset I, liv. 4, tit. 2, ch. 3. »

Page 102 *in fine.* « Il est de principe que la seule déclara-
ration de la mère fait foi pour la provision, le juge qui a
sous les yeux la plainte de la mère, portant l'indication de
l'auteur de sa grossesse, a tout ce qu'il lui faut pour prononcer sur la provision. »

Pages 104 et 105. « Quelle que soit la provision accordée
à la fille, et de quelque manière qu'elle ait été exécutée,
elle ne forme aucun préjugé contre le défendeur ou l'ac-

tort d'y voir une inadvertance, c'est bien autre chose : c'est la prétention de
rattacher au droit romain la maxime fameuse *virgini prægnanti creditur.*
Mais que dit la loi romaine ? — Le juge examinera sommairement. Et que
décide la jurisprudence française ? — Le juge n'examinera pas, « la seule
« imputation de la fille est suffisante, sans considérer les circonstances qui
« pourraient en faire suspecter la sincérité. » Donc, il faut laisser au compte
de la jurisprudence française ce qui lui appartient sans conteste. Voy. ci-
dessus, page 38.

cusé (1). Ce jugement ne lui enlève aucun de ses moyens pour impugner la paternité qu'on lui attribue, et dont la preuve continue d'être à la charge de la mère : *Meminisse autem oportet, etsi pronuntiaverint (judices) ali oportere, attamen eam rem præjudicium non facere veritati, nec enim hoc pronuntiatur filium esse, sed ali debere.* — L. 5, § 9, Dig., *De agnosc. et al. lib.*, § 25, 3.

« Si, par l'événement de la contestation, le prétendu père est déchargé de la demande, il a une action en restitution de la provision qu'il aura été contraint de payer, et par les mêmes voies qu'il y aura été contraint.

..... « Si l'accusé ou le défendeur succombe en définitive, et qu'il soit condamné à des dommages et intérêts, la provision à laquelle il a été condamné n'entre point en déduction des dommages et intérêts, si le jugement n'en contient une disposition expresse. C'est le sentiment général des auteurs. »

Pages 119 à 122, sous la rubrique : « Exception tirée de « l'*inconduite de la fille enceinte.* »

..... « L'inconduite de la fille... n'est point une raison pour dispenser l'accusé de se charger de l'enfant, si d'ailleurs il est suffisamment avéré qu'il y ait eu copulation entre les parties.

« Bien que le commerce entretenu par la fille avec plusieurs hommes, rende naturellement la paternité équivoque, c'est néanmoins une chose certaine que la paternité appartient à quelqu'un... Or, puisqu'il faut pour l'intérêt public et celui de l'enfant, assigner à celui-ci un père qui prenne soin de son éducation, on ne peut le chercher que parmi ceux qui ont fréquenté la mère.

« Inutilement dira-t-on que dans une recherche aussi

(1) Le *défendeur*, dans le cas de la séduction simple ; l'*accusé*, dans le cas de rapt de séduction.

obscure, on risque de condamner l'innocent et de sauver le coupable.

« D'abord, il faut avouer que la déclaration faite par la mère est un grand préjugé ; il est assez raisonnable de croire que, sur cet article, la mère a des notions capables de lui faire distinguer le véritable auteur de la paternité.

« En second lieu, quand on supposerait qu'elle est elle-même trompée, ou qu'elle veut tromper, les magistrats ne craignent point de faire une injustice, en chargeant de l'éducation de l'enfant celui qui peut au moins en être le père, et qui n'offre aucun moyen plausible pour la négative. De deux possibilités, il faut choisir celle qui, étant plus vraisemblable, est aussi la plus utile à l'enfant. Il lui faut un père, le bon sens veut qu'on le choisisse parmi ceux qui se sont exposés à le devenir. Après tout, l'objet des magistrats n'est pas de rencontrer nécessairement l'auteur de la paternité naturelle, il suffit qu'il y ait, dans les présomptions, de quoi asseoir une paternité vraisemblable. Celui sur qui elle tombe ne doit imputer qu'à son imprudence et à son inconduite, de s'être exposé à ce soupçon (1).

« C'est d'après ces considérations qu'il a été rendu, le 18 février 1679, à la Tournelle criminelle, un arrêt qui a condamné le nommé Froger, homme marié, à se charger de l'enfant, quoiqu'il fût établi que, dans le même temps, la mère de cet enfant entretenait un commerce criminel avec le vicaire de sa paroisse.

« On trouve dans le recueil de Basset une espèce plus singulière. Plusieurs particuliers, au nombre de quatre ou cinq, avaient connu une eune fille le même jour. La fille étant devenue enceinte, elle s'adresse à tous ces particuliers pour la charge et 'éducation de l'enfant, et par ar-

______

(1) En voulant justifier une jurisprudence insensée, il n'est pas surprenant qu'on soit entraîné à de pareils raisonnements.

rêt du 25 février 1664, les accusés furent solidairement condamnés à se charger de l'enfant jusqu'à l'âge de 14 ans (Basset, I, liv. IV, tit. II, chap. III.) »

Pages 130 à 135 : « La preuve d'un commerce illicite est de trois espèces :

1° La preuve littérale ;

2° La preuve conjecturale ;

3° La preuve naturelle.

« § 1er. Preuve littérale. C'est celle qui résulte des lettres, billets, et autres écrits émanés de l'accusé ; soit que ces écrits contiennent la mention ou l'aveu de la cohabitation charnelle, comme si l'accusé avait fait baptiser l'enfant sous son nom, et qu'il eût signé l'extrait baptistaire ; soit seulement qu'ils soient rédigés avec un style de familiarité qui la fasse raisonnablement présumer.

« § 2. Preuve conjecturale. Il y aurait de l'injustice à exiger d'une jeune fille enceinte qu'elle apportât des témoignages *de visu* du commerce illicite qu'elle impute à son adversaire ; il suffit qu'elle soit en état d'offrir des témoins de certaines familiarités qui soient de telle nature qu'elles entraînent avec elles la présomption naturelle d'une intime habitude.

..... « Lorsque les deux parties vivent ensemble sous le même toit et à la même table, c'est un préjugé en faveur de la fille... Cette cohabitation était, dans l'ancienne jurisprudence, d'une plus grande considération qu'elle n'est aujourd'hui. Une servante qui devenait enceinte dans la maison de son maître, était réputée enceinte de ses œuvres, jusqu'à ce qu'il eût établi que la servante avait un commerce illicite avec d'autres. On ne conçoit pas que cette jurisprudence ait eu quelque durée... Il était d'une souveraine injustice d'imposer au maître de la fille enceinte l'obligation d'indiquer l'auteur de sa grossesse, rien n'étant plus facile à une servante que de dérober aux yeux de son maître les traces de ses intrigues... Boërius s'élève avec force contre cette jurisprudence peu judicieuse, qui mettait la réputation des maîtres à la merci d'une malheureuse servante, et qui lui faisait payer les plaisirs d'un palefrenier ou d'un marmiton (Décision 199).

« Ce sont ces abus bien reconnus qui ont déterminé la jurisprudence actuelle à ne plus donner aux servantes engrossées cette foi aveugle dont elles étaient honorées ; elles n'ont absolument aucune prérogative sur les autres filles, leur déclaration n'a d'effet que pour la provision, et, lorsqu'il s'agit du fond de la contestation, la qualité de maître ne forme pas le moindre préjugé...

« C'est à la servante enceinte à établir contre son maître la paternité, par des familiarités suffisantes pour la lui imputer... Mais si la servante enceinte n'a rien de pareil à prouver contre son maître, celui-ci sera déchargé de la demande en déclaration de paternité, avec dépens, quand même la déclaration de la fille aurait été accompagnée du serment, et qu'elle l'aurait renouvelée dans les douleurs de l'enfantement.

« C'est ce qui a été jugé singulièrement par deux arrêts du Parlement de Rouen, des 15 avril 1723, et 22 décembre 1733, rapportés à la fin de la Coutume de Normandie. On peut aussi voir à ce sujet l'espèce rapportée par l'annotateur de Denizart, V° *Grossesse*, n° 16. »

Page 139 : « § 3. De la preuve naturelle. » (C'est la preuve tirée de la ressemblance de l'enfant avec son prétendu père ; voici les exemples que donne Fournel :)

..... « Si dans la famille de l'accusé tous les enfants viennent au monde avec six doigts, et que l'enfant soit né avec cette difformité ; si l'accusé est nègre, et que l'enfant soit né mulâtre ; si l'accusé est sourd et muet, et que l'enfant soit affligé de la même infirmité. »

Page 147 : ..... « Cette espèce se présenta pour un enfant qui était venu au monde avec deux doigts égaux à la main droite, singularité qui se rencontrait chez celui qui était indiqué pour être l'auteur de la grossesse. Celui-ci fut chargé de l'éducation de l'enfant, par arrêt du mois de juin 1690, rendu sur les conclusions de M. l'avocat général Talon, et rapporté par Brillon, V° *Grossesse*, n° 3. »

2° Extrait des *Principes du droit français suivant les maximes de Bretagne*, par Poullain-Duparc. Tome VIII.

Page 110 : « Une fille ou femme majeure, qui est devenue grosse, obtient difficilement des dommages et intérêts, parce que la faute est égale ; à moins que des circonstances ne puissent donner lieu à cette condamnation, le Parlement d'en adjuge point, et, lorsqu'il y a lieu d'en accorder, ils sont très-modiques. Mais l'homme est toujours condamné de se charger de l'enfant, et de payer les frais des couches. C'est une justice qui ne peut être refusée, quand même la personne aurait précédemment donné d'autres preuves de débauche. »

Page 166 : (Sur la preuve qui est nécessaire pour réussir dans l'action résultant d'un commerce illicite).

« Ledeux, notaire, fut condamné de se charger d'un bâtard de sa domestique, sur la seule déclaration de cette fille qu'il était l'auteur de sa grossesse. On n'exige pas, à cet égard, de la part des généraux de paroisses, des preuves aussi fortes que celles que la fille serait obligée de faire, parce que le premier objet doit être de pourvoir à la subsistance de l'enfant et d'en décharger la paroisse. Mais, d'ailleurs, dans l'espèce, la circonstance que la fille était domestique chez Ledeux, lorsqu'elle devint grosse, suffisait pour faire présumer la vérité de la déclaration qu'elle avait faite. Quand il n'y a pas cette circonstance, la déclaration de la fille n'établit qu'une présomption sur laquelle le général de la paroisse pourrait obliger le garçon de se charger provisoirement de l'enfant. Mais, pour l'en charger définitivement, il faudrait des preuves de familiarité suffisantes pour faire présumer un mauvais commerce. — Voyez les arrêts du Parlement de Rouen, des 15 avril 1723, et 22 décembre 1733, dans Denizart, au mot *Grossesse.* »

Pages 110 et 111 : ... Je me borne à de courtes réflexions sur la progression de preuves qui est établie par l'équité et par le bon sens, pour les différents objets relatifs à un commerce illicite.

... « Il est extrêmement difficile d'avoir des preuves suffisantes en cette matière. Ainsi, l'on est réduit aux semi-preuves et aux présomptions résultantes de la familiarité. »

Page 112 : ... « Lorsqu'il ne s'agit point ni de la vie ni de l'honneur d'un citoyen, mais d'un objet purement pécuniaire, la preuve de fréquentation, et à plus forte raison celle d'une familiarité plus ou moins grande, doit suffire pour condamner le garçon de se charger de l'enfant et de payer les frais de couches, à moins qu'il ne prouve le mauvais commerce de la fille avec d'autres (1). »

Pages 113 et 114 : ... « Mais il est certain que, sans une preuve de fréquentation, la seule déclaration de la fille, répétée même dans le temps de ses couches, ne peut pas faire de preuve, car que doit-on penser des déclarations d'une personne qui a manqué à son devoir, et qui s'est livrée au déshonneur ? »

« Il y a néanmoins une exception à l'égard de la domes-

---

(1) Fournel, en nous assurant qu'on n'admettait pas l'exception tirée de l'inconduite de la fille, semble présenter ce point comme admis universellement. (Voy. ci-dessus, p. 22.) Il se trompait, au moins quant à la jurisprudence du parlement de Bretagne, qui est ici attestée par Poullain-Duparc.

tique, si elle était, lors de la conception de l'enfant, chez celui qu'elle en déclare l'auteur. Outre la fréquentation continuelle et la familiarité qui résulte de cette qualité, le pouvoir du maître sur sa domestique produit un degré de preuve, ou du moins une présomption très-forte.

« Mais des preuves si faibles se bornent à la condamnation aux frais de couches et à la pourvoyance de l'enfant, et ne peuvent jamais produire les dommages et intérêts pour une majeure. Une mineure aurait même de la peine à en obtenir, sur les seules preuves de fréquentation et de familiarité, s'il n'y avait pas quelques circonstances qui pussent donner une apparence de séduction. »

❋

3° Extrait de l'Ancien Denizart, II, p. 585, v° Grossesse.

§ 15. « La simple déclaration d'une fille ou femme libre, que l'enfant dont elle est grosse est des œuvres d'un homme qu'elle nomme, suffit, suivant les docteurs Faber et Boërius, pour obliger l'accusé à se charger provisoirement (seulement) de la nourriture de l'enfant : mais elle ne suffit pas pour le contraindre à s'en charger définitivement, parce que personne n'est admis à déposer, encore moins à être jugé de sa propre cause (*creditur virgini juranti se ab aliquo cognitam et ex eo prægnantem... si non est meretrix.* Faber, *Cod. de prob.*, def. 18 et *de test.*, def. 49.)

« Cependant, comme il ne serait pas naturel d'absoudre en pareil cas un accusé qui a eu la prudence et le soin d'écarter les témoins, et que d'ailleurs un fait de la nature de celui qui donne lieu à la grossesse d'une fille, n'est pas du nombre de ceux dont l'auteur puisse être aisément connu ; qu'au contraire il se commet dans l'ombre du mystère et loin des regards curieux, la jurisprudence a voulu qu'on regardât la déclaration de la fille comme une présomption, et que les preuves de liaison et de familiarité marquée en formassent une autre. Ainsi, la réunion de ces deux présomptions, c'est-à-dire de la déclaration de la fille et de la preuve acquise par les dépositions de témoins, de familiarités suffisantes pour faire présumer un commerce charnel, est regardée comme une preuve sur laquelle il est permis de se décider en pareil cas ; mais l'une de ces présomptions serait seule insuffisante. Voyez Parlement de Normandie, 15 (avril) 1723 et 22 décembre 1733, arrêts rapportés à la suite du texte de la Coutume de Normandie imprimé à Rouen en 1754 (1).

« Un autre arrêt du Châtelet, du 10 octobre 1760, décide qu'il suffisait qu'une fille se fût abandonnée à plusieurs hommes, quoiqu'elle ne fût pas du nombre de ces filles qu'on trouve communément dans des lieux de débauche, pour qu'elle ne pût contraindre celui qu'elle accusait d'être l'auteur de la grossesse, à se charger de l'enfant dont elle était accouchée (2). »

§ 20. « Soit qu'on accorde des dommages et intérêts ou non, le père, quand la paternité est constante, est ordinairement assujetti à se charger de l'enfant, à le nourrir et élever dans la religion catholique, apostolique et romaine, et à rapporter au Ministère public des certificats de l'existence et de l'état de l'enfant, tous les trois mois.

« C'est ce que portent ordinairement les jugements qui interviennent dans ces sortes d'affaires. On est aussi dans l'usage de condamner, tant le père que la mère, en une peine pécuniaire, applicable au pain des prisonniers ou autres œuvres pies. »

(1) Un petit volume in-32.
(2) Denizart, comme Poullain-Duparc, contredit Fournel sur ce point. Voy. p. 22, ci-dessus.

4° Extrait du *Recueil de Jurisprudence* de Guyot.

1° Au mot *Aliments*, § 1ᵉʳ, p. 174.

« Si une fille a eu commerce avec plusieurs hommes, ils doivent tous contribuer solidairement aux aliments de l'enfant, attendu qu'on ignore lequel d'entre eux est le père. C'est ce qui a été jugé par arrêt du 25 février 1661 (1).

« Dans toutes les causes d'état indécises, le père est obligé de fournir les aliments à celui qui se dit son fils, et qui est en possession de la filiation. C'est ce qui a été jugé par arrêt du 21 août 1626. »

2° Au mot *Bâtard*, sect. I, 6°, p. 635 et 636.

« Il était autrefois d'usage, dans le ressort du Parlement de Flandre, lorsqu'une fille avait mis au monde un enfant naturel, de le porter tout de suite, et souvent avec beaucoup d'appareil, chez celui qu'elle avait déclaré en être le père. Par là, un homme qui pouvait n'avoir eu aucune familiarité avec la mère de cet enfant, se trouvait non-seulement déshonoré par l'éclat que faisait dans son voisinage cette ridicule cérémonie, mais encore obligé provisoirement et sans ordre de justice (2), de lui fournir des aliments nécessaires. Cet abus était trop criant pour échapper longtemps aux soins et à la vigilance du Ministère public. Il a été proscrit par arrêt du 18 décembre 1726, et il a été en même

---

(1) On a vu à l'instant que Denizart cite un arrêt plus récent en sens contraire, et qu'il ne le signale pas comme une décision nouvelle ou isolée.

(2) Cette obligation, pour la personne accusée de paternité, de fournir provisoirement des aliments à l'enfant, n'était pas une particularité de la coutume de Flandre ; c'était un point universellement admis : on l'a vu dans Fournel, Poullain-Duparc et Denizart. Quant à ce que ce dit l'auteur ; qu'il n'y avait pas besoin d'une ordonnance de justice, cela veut dire évidemment que si l'accusé paye les aliments, il acquitte une dette ; que ce qui rend la dette exigible, c'est la déclaration de la mère, et non l'ordonnance du juge ; mais si l'accusé refuse de payer, il faudra bien un ordre du juge, afin d'exécuter contre lui.

temps défendu aux sages-femmes et à tous autres, de porter ainsi des enfants nouveau-nés chez qui que ce soit, sans une ordonnance de justice par écrit, à peine de 100 florins d'amende pour la première fois, et de peine plus griève en cas de récidive. »

3° Au mot *Filiation*, page 246.

« L'ancienne jurisprudence admettait les enfants natu- rels à faire preuve de leur filiation, non-seulement par des faits directs, mais même par de simples présomptions, et dès qu'ils prouvaient que leurs pères prétendus avaient eu des relations fréquentes et habituelles avec leurs mères (1), il n'en fallait pas davantage pour faire condamner leurs pères prétendus à leur fournir des aliments. »

4° Au mot *Fornication*, § 2, page 281.

(Cette note a été rédigée par Desessarts.) « La déclaration d'une fille, qu'elle a été séduite par un tel, n'est point une preuve suffisante pour regarder celui qu'elle accuse, com- me coupable.

« Plusieurs auteurs ont cependant prétendu que, lorsque la fille était enceinte, elle devait être crue sur son serment, et que sa déclaration suffisait pour déterminer les juges à condamner celui qu'elle accusait, à nourrir provisoirement son enfant. L'ordonnance criminelle de Léopold, duc de Lorraine, est conforme à cette opinion, mais on n'admet

---

(1) Cette note a été rédigée avec peu de soin ; en effet, après avoir dit que la filiation naturelle peut se prouver par des *faits directs*, ce qui ne peut s'entendre que des relations de l'homme et de la femme, ou du fait bien rare que la femme n'a pu avoir commerce avec aucun autre homme, l'au- teur présente comme la matière de simples présomptions « des relations *fréquentes* et *habituelles* » entre la mère et le père prétendu. Si ce sont là de simples présomptions, quels seront donc les faits directs ? Ce n'est pas tout ; il n'est pas vrai qu'on exigeât, pour établir la filiation, la preuve de relations *fréquentes* et *habituelles*. C'est là une invention de l'auteur ; les textes de Fournel, de Poullain-Duparc et de Denizart ne laissent aucun doute sur ce point. Voy. ci-dessus p. 16 et s.

point, en France, cette condamnation provisoire fondée sur la déclaration de la fille (1).

« Quand la déclaration d'une fille est jointe à des présomptions très-fortes, elle peut alors être regardée comme une preuve suffisante (2).

« Autrefois, une servante était crue sur la déclaration qu'elle était enceinte des œuvres de son maître, et ce dernier était obligé de la nourrir provisoirement et pendant la durée du procès (3). La jurisprudence a entièrement changé : Arrêt du Parlement de Paris, du 15 avril 1712 (Journal des audiences), et du Parlement de Flandre, du 13 avril 1696 (Recueil de Desjaunaux.) »

5° Extrait du *Recueil d'arrêts* de Papon, édition de 1607.

1° Liv. XVIII, 1. Voy. ce passage exactement rapporté par Fournel, ci-dessus, p. 175.

2° Liv. XXII, 13. « Sur la question d'une femme enceinte assermant que c'est d'un tel qu'elle nomme, contre lequel elle demande provision, a été douté si l'on doit demeurer à son serment, et là-dessus y a trois cas à considérer :

« Le premier, que s'il est question d'une femme mariée

---

(1) C'est une erreur manifeste. Il est certain qu'on admettait universellement la maxime *virgini prægnanti creditur,* et que cette maxime signifiait : l'accusé de paternité est tenu de fournir provisoirement des aliments, par cela seul qu'il est accusé. L'erreur singulière de Desessarts est l'inverse de cette autre erreur qui donne à la maxime *virgini creditur* une extension démesurée, en prétendant qu'on ajoutait foi à la déclaration de la fille pour statuer sur le fond même du procès, pour trancher la question de paternité.

(2) Autre erreur, partagée d'ailleurs par Denizart, et réfutée par le texte même des arrêts qu'il invoque. La déclaration de la fille n'était point prise en considération pour la décision du fond, pas même comme présomption, comme semi-preuve. Il y eut, du reste, quelques décisions judiciaires dans le sens indiqué par Desessarts.

(3) Nouvelle erreur. Le maître n'était pas seulement condamné provisoirement, l'imputation de paternité faisait foi contre lui. Cela est dit par tous les auteurs.

et vivant en la compagnie de son mari, quelque serment qu'elle fasse, on ne la doit croire.

« L'autre et second cas est que si c'est une concubine tenue à pot et olle, on doit demeurer à son serment si elle affirme que l'enfant est de son maître, lequel ne peut venir au contraire (1), hors qu'il prouve qu'elle se soit prostituée dans ce temps à autre qu'à lui.

« Le troisième cas jugé, une femme demeurant à part, et ayant bruit de plusieurs, l'on ne croit à son serment (2). »

6° Extrait du *Codex definitionum forensium, et rerum in sacro Sabaudiæ senatu tractatarum*, par le président Favre. — Genève, 1640 (3).

(Tit. XIV, Lib. IV, Definitio XVIII.)

Virgini creditur juranti se ab aliquo cognitam, non etiam meretrici, cui nec permittitur jusjurandum deferre.

« Creditur virgini dicenti se ab aliquo cognitam, et ex eo prægnantem esse : meretrici non item. Quanquam si constet habitasse meretricem cum eo a quo se dicit cognitam, locus esse potest condemnationi fiduciariæ, et, ut aiunt, provisionali pende nte lite. (En note : Boërius, Papon, etc.) At quid si ea, quæ jam ante ex alio prægnans fuit, dicat se, a quo tempore peperit, non ab alio cognitam quam ex quo se dicit nunc prægnantem? An ei jurare licebit? Minime vero, quia turpis persona est (en note : Cujusmodi personis permittendum non est ut in causa sua judices fiant, quod eveniret, si ipsarum juramento res committeretur ; l. I. Dig. quarum rerum act. n. d.). Ergo nec jusjurandum deferre reo poterit,

(1) Cette concubine tenue à pot et olle est la même que d'autres jurisconsultes appellent *la servante*. On peut s'en convaincre en lisant la suite du passage de Papon, qui est assez curieux ; il rapporte sur ce sujet tout un plaidoyer d'Ayraut. (C'est un exemple de *cause grasse*.)

(2) Papon ne prévoit pas le cas où la femme qui demeure à part n'est point soupçonnée de se livrer à plusieurs ; mais les auteurs qui le prévoient disent que la femme n'était pas crue sur son serment. Voy. ci-dessus Fournel, Poullain-Duparc et Denizart, pages 16 et s.

(3) C'est une édition posthume, car le président Favre est mort en 1624.

non illa solum ratione quod ipsi referre reus non possit, sed
etiam quia utrum ab alio cognita mulier sit, nescire vir
potest (en note : Nemo autem de alieno facto jurare unquam
cogendus est; l. Marcellus, 11, § Jurare, Dig. de Jurejur.).

(Lib. IV, Tit. XV, Definitio XLIX.)

« *Non creditur virgini juranti se cognitam a conjugato.*

« Etsi virgini juranti se ex Titio prægnantem esse credi
solet, non tamen id est perpetuum (en note : Varias enim
circa hanc materiam vide apud Boërium, decis. 299, et An-
ton. Tessaur., décis. 3. num. 4.) Quid enim si Titius uxorem
habeat ? Nulla ratio est cur virgini credatur, ne alioquin
et turbetur matrimonium, et adulterii accusatio unius mu-
lierculæ testimonio alioquin suspectissimo perficiatur (en
note : Est enim suspectissimum testimonium mulieris quæ
jam deliquit, nisi si Titius eam a se cognitam fateatur.)»

(Lib. IX, Tit. VII, Definitio VI.)

« *Mulieri dicenti se ex aliquo prægnantem an et quando
credatur? et quis partum alere debeat?*

« Mulieri dicenti se ex Titio prægnantem non creditur(1);
nec si jurare parata sit, si neget Titius se cum illa rem unquam habuisse. Itaque deficientibus aliis probationibus,
remedium id unum mulieri superest, ut jusjurandum Titio
deferat, juratura ipsa si referre malit ille quam jurare. Al-
terutrum enim facere Titius damnandus erit, nisi probet
ab aliis eodem tempore cognitam...

« Plane, si fateatur Titius mulierem a se cognitam, nec
alios rem cum ea habuisse probet, credetur mulieri juranti
se ex eo prægnantem, partumque etiam anniculum et ma-

____

(1) Après avoir parlé de la *fille* honnête, *virgo*, puis de la femme de mauvaise vie, *meretrix*, Favre s'occupe de la *femme* honnête, *mulier*, et la
règle qu'il donne pour elle fait antithèse à celle qu'il a donnée pour la *virgo* :
— Creditur *virgini* dicenti se ab aliquo cognitam. — *Mulieri* dicenti se ex
Titio prægnantem non creditur.

trem exhibere, si inops sit illa (alioquin viva matre non te-
netur pater susceptum ex illegitimo coitu partum alere)
cogendus erit Titius. »

7° Extrait du discours de Servan.

Préface : « Une déclaration de grossesse est, jusqu'à un
certain point, accusation à la fois et condamnation, et sur
cette simple déclaration, un citoyen est chargé d'une femme en couches et d'un enfant au berceau. S'il n'est pas père, quel détestable fardeau ! »

(Dans la Préface encore, et à la page 6, il dit qu'on a juré
sur la parole du président Favre, sans regarder plus loin) :
« il faut moins la regarder (cette maxime) comme une règle
que comme une exception étonnante aux règles ordinaires
de la probabilité de nos jugements ;.... on condamne un
citoyen sans l'entendre, on le condamne sur la déposition
d'un seul témoin, qui dépose sur ses propres intérêts. »

Page 11 : « Ce n'est qu'un enfant dont il est chargé ;
voilà ce que dit la raillerie ! »

(Il paraît, par ce qui suit, que la présomption n'avait pas
lieu contre les hommes mariés.)

Page 14 : « On vous a dit avec vérité, Messieurs, dans la
précédente audience, que la maxime du président Faber
n'était point suivie dans tous les tribunaux de ce royaume (2); la plupart n'ont adopté sur cet objet aucune règle
générale, et ce sont les circonstances qui les déterminent. »

Page 32 : « Il faut croire, dit le président Faber, la déclaration de la femme, de peur que la mère et l'enfant ne
périssent de faim (3). Quelle raison ! Eh quoi, sommes-nous

---

(1) On a placé ce texte après celui du président Favre, parce qu'il s'y
réfère.

(2) Cela paraît être un moyen oratoire, bien plutôt qu'une exacte constatation de la jurisprudence.

(3) Je n'ai point vu que Faber donne cette raison.

chez des peuples barbares? La mère et l'enfant sont-ils exposés dans des bois, et faut-il s'exposer à commettre une injustice pour éviter au gouvernement une légère dépense qu'il ne refuserait pas? Un enfant est né dans l'État, son père n'est pas connu, eh bien, c'est son roi qui doit l'être, et la patrie sera sa mère. »

8° Extrait du livre de Palæotus : *de Nothis.*

Page 129 : « *An illegitimi se ex cœto patre natos probare possint ?*

«Si quis mulierem quamcumque apud se consuetudinis gratia domi propriæ alat et retineat, partum inde editum illius fere semper judicandum, quamvis et ab aliorum concubitu illa interim non abstinuisset (1), quod ad uxoris et concubinæ exemplum inductum est. »

(Supposant ensuite que la femme est entretenue dans une autre maison, il se demande ce qu'il faut décider) :

«Responderem ego illum filii parentem declarandum, in cujus manu mulier erat, cujusque dominatu regebatur, quamvis et ab aliis sui copiam quandoque fecerit (2). Introducta est enim hæc præsumptio ad matrimonii similitudinem.

« Quid de ea quam quis sæpe cognovit? Ex ea quis aliquem ut filium agnoscere cogendus non erit (3).

« Quid de eo qui natus est domi ex ancilla? Nec is uti pater eo solo judicatur quod ejus ancilla domi apud se filium pepererit? »

(1) Ce système fut suivi par quelques tribunaux ; Fournel va même jusqu'à le présenter comme admis généralement, et l'on a vu les curieuses raisons par lesquelles il prétend la justifier (ci-dessus, p. 22 et s.). Du reste, pour déterminer quel est le père, parmi ceux qui ont fréquenté la mère, la règle de Palæotus vaut mieux que celle de Fournel ; il est moins dangereux de condamner celui qui a entretenu la femme, que celui qu'elle désigne.

(2) Cette opinion ne fut pas suivie.

(3) Cette opinion, rejetée par la jurisprudence à l'époque où cet auteur écrivait, fut admise plus tard.

2° DROIT ETRANGER

(EUROPE)

1° Angleterre. — Extrait de l'ouvrage intitulé : *New commentaries
on the laws of England* (partly founded on Blakstone) by Henry
John Stephen. Fourth edition. London, 1858. IIᵉ vol., p. 302
à 304.

If the mother be not of sufficient ability, to maintain
the bastard, the law affords her the means of compelling the
father of the bastard to supply a fund for ist maintenance.
For, by 7 and 8 Victoria, c. 101 (amended by 8 and
9 Vict., c. 10) (1), any single woman with child, or delivered
of a bastard child (2) may, either before the birth, or at
any time within twelve months from the birth, make
application to a justice of the pace, charging a person by
name as the father of her child; and where the alleged
father has within the twelve months paid money for its
maintenance, such application may be made at any subse-
quent period whatever, and without limitation in regard
to time. Upon this, the person charged is then summoned
to appear (either in person, or by counsel or attorney),
before the justices in petty session, woho are to hear the

(1) La reine Victoria est montée sur le trône en 1837, par conséquent ces
lois sont des années 1844, 45 et 46.

(2) By the law as it once stood, an order of filiation and maintenance might
be obtained on the application of the overseers of the parish, and on the
unsupported evidence of the woman herself. But by 4 and 5 William IV,
c. 76 (c'est-à-dire par des lois rendues en 1834 et 1835, le roi Guillaume
ayant commencé à régner en 1830), it was required (as now is), that the
mother's evidence should be corroborated by some other testimony.

evidence on both side; and if the evidence of the mother
be corroborated in some material particular by other testimony, to the satisfaction of the justices, they may adjuge
the man to be the putative father of such bastard child; and
may also (if the see fit under the circumstances), make an
order on the putative father, for the payment to the mother
(or to some other person to be appointed for the custody of
the child, in the case of death, insanity, imprisonment or
transportation), of a weekly sum of money for its maintenance, which order shall be in force until the child attain
the age of thirteen, or die, or the mother be married. The
party charged, however is intitled to appeal from this order
to the justices of quarter sessions, etc...

2° *Autriche.* — Code civil de l'empire d'Autriche, traduit par
Declerc. Un vol. in-8°, 1837 (dans la collection Foucher). Ce code
est en vigueur depuis le 1er janvier 1812.

Art. 163. Est présumé père de l'enfant, celui qui, suivant le mode établi par les lois sur la procédure (1), est
convaincu d'avoir cohabité avec la mère d'un enfant, pendant les sept mois au moins et les dix mois au plus qui ont

(1) Dans la traduction de l'art 163 du code autrichien, par M. Anthoine de
Saint-Joseph, il y a une erreur assez grave. Voici cette traduction : « Celui
qui est convaincu de paternité de la manière prescrite par le Code de procédure, *ou celui* qui a cohabité, etc. »

Il y aurait donc deux cas distincts ; mais c'est une erreur qu'il est facile de
reconnaître en se reportant au *Commentario sopra il codice civile universale
della monarchia austriaca,* par le baron de Zeiler, rédacteur du Code.

La traduction italienne qu'il donne de l'article 163, est conforme à celle de
M. Declerc.

Voici maintenant un extrait du commentaire sur les art. 163 et 164 (tome I,
p. 341) :

« Il paragrafo stabilisce, a favore del filio, una presuntione legale da cui
pero non rimangono esclusi ne gli altri mezzi di prova della paternità,
ne le prove contrarie atte a distruggere la presunzione.

« La madre d'ordinario si conosce dal registro di nascita, o puo conoscersi
dalle deposizioni dei testimoni che furono presenti al parte, o dal altre cir-
constanze. »

précédé le moment de l'accouchement; ou celui qui avoue un tel fait, même hors justice.

Art. 164. L'inscription du nom du père sur le registre des naissances ou des baptêmes, d'après la déclaration de la mère, ne fait preuve complète que lorsque cette déclaration a été faite conformément aux dispositions de la loi, avec le consentement du père, et que ce consentement a été constaté par le témoignage du curé et du parrain, avec cette addition que le père lui est parfaitement connu.

3° *Bade* (grand-duché de). — Les dispositions du Code français y sont encore en vigueur; on y a seulement fait deux additions :

Addition à l'art. 334 (1) : « La reconnaissance d'un enfant naturel doit être expresse, elle ne résulte pas de simples avantages faits à un enfant, par exemple du soin qu'on prend de son éducation. »

Addition à l'art. 340 :

« Pourra être déclaré père de l'enfant :

1° Celui qui aura entretenu la mère de cet enfant;

2° Celui qui, occasionnellement, sera convaincu d'avoir cohabité avec la mère, ou qui aura avoué volontairement sa paternité;

3° Celui qui se sera rendu coupable d'un viol sur elle à l'époque correspondante à la conception de l'enfant. »

4° *Bavière*. — Code civil de 1756.

De la paternité et de la filiation, art. 9, 2° alinéa.

« Toutes les preuves sont admises pour établir la paternité, la filiation, et la parenté naturelles (2). »

---

(1) Cet extrait (comme tous ceux que nous donnons ensuite sans indiquer une origine différente), est tiré de la *Concordance* de M. Anthoine de Saint-Joseph, 2ᵉ édition.

(2) Voy. Gett, *Die Rechtsverhältnisse aus der ausserehelichen Geschlechtsgemeinschaft*, § 55, nᵒˢ 4, 7 et s.

5° *Belgique.* — Le Code français y est en vigueur sans modification sur le point qui nous occupe.

— (*Danemark*) (1).

6° *Espagne.* — Extrait du *Diccionario razonado de jurisprudencia y legislacion,* de Escriche, nouvelle édition. Paris, 1851 (1 vol. in-4°).

Verbo *Paternidad.* La paternité naturelle se prouve de deux manières :

« Por la declaracion del padre, y por el concubinato de este con la madre :

« Porque no se pueda dudar, » dice la ley 1, tit. 5, lib. 10, Novis. Recop., « cuales son hijos naturales, ordenamos y « mandamos, que entónces se digan ser los hijos naturales, « cuando al tiempo que nascieren ó fueren concebidos, sus « padres podian casar con sus madres, justamente sin dis- « pensacion, con tanto que il padre lo reconozca por su « hijo, puesto que non haja tenido la mujer de quien lo « hubo en su casa ni sea una sola ; ca concurriendo en el « hijo las cualidades susodichas, mandamos que sea hijo « natural. » Debe pues uno ser tenido por padre natural de un hijo, si se prueba que le reconocio por tal, ó que le hubo de una concubina ó mujer que tenia en su casa. »

— (*États Romains*) (2).

— (*Grèce*) (2).

7° *Hollande.* — Code civil de 1838.

Art. 335. La reconnaissance établit des rapports civils entre l'enfant naturel et ses père et mère.

Art. 336. La reconnaissance d'un enfant naturel peut être faite par toute espèce d'acte authentique. Elle peut avoir

(1) Il n'y a rien d'explicite, sur notre matière, dans le code danois de 1683.

(2) Les États romains étaient régis par le droit romain. En Grèce, la loi en vigueur est exposée dans le πρόχειρον νόμων d'Harménopoulos, c'est encore du droit romain. Il en est de même en Allemagne, voy. Gett, *die Rechtsver- hältnisse aus der ausserehelichen Geschlechtsgemeinschaft*, p. 84 et s.

lieu aussi par acte reçu par l'officier de l'état civil, inscrit sur les registres.

Art. 337. La reconnaissance faite par un mineur ne sera valable qu'autant qu'il aura accompli sa dix-neuvième année, et pourvu qu'elle ne soit pas l'effet de la violence, de l'erreur, du dol ou de la séduction.

La fille mineure pourra faire cette reconnaissance, même avant l'âge de 19 ans accomplis.

Art. 338, comme l'art. 335 du Code français.

Art. 339. La reconnaissance d'un enfant naturel, sans le consentement de la mère, ne sera pas admise du vivant de celle-ci (1). La reconnaissance faite après la mort de la mère n'aura d'effet qu'à l'égard du père.

Art. 340. Comme l'art. 337 du Code français.

Art. 341 à 343. Comme les art. 339 à 340 du Code français.

Art. 344. Comme l'art. 342 du Code français.

8° *Iles Ioniennes.* — Code de 1841.

Art. 241 et 242. Comme les art. 334 et 335 du Code français.

Art. 243. La reconnaissance d'un enfant naturel n'aura d'effet qu'à l'égard de celui qui l'aura reconnu (2).

Art. 244 à 247. Comme les art. 337 à 340 du Code français.

Art. 248. Comme l'art. 341 du Code français, mais on ajoute : « ou quand les présomptions ou les indices résultent de faits constants jusqu'à cette époque, sont assez graves pour en déterminer l'admission (3).

---

(1) C'est la décision qui était dans le projet de l'art. 336 du Code français, et qui y a laissé des traces.

(2) Dans les deux articles précédents, on a copié le Code français, art. 334 et 335 ; arrivé à l'article 336, le rédacteur a eu le bon esprit de lui donner une forme plus claire. Il est curieux de voir les étrangers corriger notre code avant nous-mêmes.

(3) C'est encore une innovation heureuse dont les étrangers nous donnent l'exemple.

Art. 249. Comme l'art. 342 du Code français.

9° *Italie.* — Code civil exécutoire depuis le 1ᵉʳ janvier 1866 (traduction de M. Orsier) (1).

Chapitre III, section Iʳᵉ. De la filiation des enfants nés hors mariage (2).

Art. 179. L'enfant naturel peut être reconnu par le père et par la mère, soit conjointement, soit séparément.

Art. 180. Ne peuvent toutefois être reconnus :

1° Les enfants nés de personnes dont même une seule était, à l'époque de la conception, mariée avec une autre ;

2° Les enfants nés de personnes entre lesquelles il ne pouvait y avoir mariage pour cause de parenté ou d'alliance, en ligne directe à l'infini, et en ligne collatérale jusqu'au deuxième degré.

Art. 181. La reconnaissance d'un enfant naturel aura lieu dans l'acte de naissance, ou dans un acte authentique antérieur ou postérieur à la naissance (3).

Art. 182. La reconnaissance n'aura d'effet qu'à l'égard de celui des auteurs qui l'a faite, et elle ne donne à l'enfant reconnu aucun droit envers l'autre (4).

Art. 183. L'enfant naturel de l'un des époux, né avant le mariage (5), et reconnu pendant le mariage, ne peut être introduit dans la maison commune sans le consentement

____

(1) Il y une autre traduction du code italien, par M. Gandolfi. Annecy, 1868. Elle paraît renfermer quelques inexactitudes.

(2) Cette section correspond à la 2ᵉ section du chapitre *des enfants naturels* dans le Code français. Le rédacteur du code italien qui avait sous les yeux notre code, en a changé avec raison l'ordre défectueux, il a mis en première ligne la section qui dans le Code français n'est que la seconde.

(3) En France, on discute sur le point de savoir si l'enfant peut être reconnu avant sa naissance.

(4) C'est l'art. 336 du Code français corrigé ; nous avons déjà remarqué la même correction dans le code des îles Ioniennes, art. 243.

(5) Il aurait mieux valu mettre *né ou conçu* avant le mariage.

de l'autre époux (1), à moins que ce dernier n'eût déjà donné son adhésion à la reconnaissance.

. . . .

Art. 188. La reconnaissance peut être contestée par l'enfant et par quiconque y a intérêt.

Art. 189. La recherche de la paternité est interdite (2), sauf dans les cas d'enlèvement et de viol (3), quand la date de ces faits correspond à celle de la conception.

Art. 190. La recherche de la maternité est admise : l'enfant qui réclame sa mère doit prouver qu'il est identiquement celui-là même qui a été enfanté par elle. La preuve par témoins n'est toutefois admise que lorsqu'il y a déjà un commencement de preuve par écrit, ou lorsque les présomptions et les indices, résultant des faits déjà certains, sont assez graves pour en déterminer l'admission (4).

Art. 191. La demande en déclaration de paternité ou de maternité peut être contestée par toute personne y ayant intérêt.

Art. 192. Le jugement qui déclare la filiation naturelle produit les effets de la reconnaissance.

Art. 193. Dans le cas où la reconnaissance est interdite, l'enfant n'est jamais admis à la recherche ni de la paternité ni de la maternité.

Toutefois, l'enfant naturel aura toujours l'action pour obtenir des aliments :

---

(1) Cette disposition est bonne, et elle a paru si remarquable à M. Huc (*le Code civil italien...* Paris, 1868, 2 vol. in-8°) qu'il borne à cette remarque ses observations sur cette section. Ier vol., page 87.

(2) Voy. dans le journal *la Legge*, n° 68, p. 567, l'étude du professeur Precerutti. (Note du traducteur.)

(3) On sait que les jurisconsultes français discutent sur le point de savoir s'il faut sous-entendre l'hypothèse du viol dans l'art. 340 du Code civil.

(4) La fin de cet article contient une disposition qu'il est bien désirable de voir ajouter à l'article 311 de notre code. — Cpr. l'art. 306, ci-après, du code de Pologne.

1° Si la paternité ou la maternité résulte indirectement d'un jugement civil ou criminel ;

2° Si la paternité ou la maternité résulte d'un mariage déclaré nul ;

3° Si la paternité ou la maternité résulte d'une déclaration expresse contenue dans un écrit émané du père ou de la mère (1).

10° *Norwége.* — Code de 1687.

La reconnaissance des enfants naturels, autres que ceux nés d'un commerce adultérin, aura lieu au moyen d'une publication à l'audience publique du tribunal.

Tout enfant qui n'est pas né d'un commerce adultérin, est considéré comme légitime à l'égard de sa mère.

11° *Pologne.* — Le fond de la législation est le Code civil français, mais le 1er livre a été remanié en 1825.

Art. 298 à 301. Comme les art. 334 à 337 du Code français.

Art. 304 et 305. Çomme les art 339 et 340.

Art. 306. Comme l'art. 341 du Code français, seulement on ajoute :

« Ou des indices résultant de faits hors de doute à cette époque, et qui, par leur importance, exigent absolument l'admission de cette preuve (2). »

12° *Portugal.* — La législation n'est pas codifiée. (Anthoine de Saint-Joseph, III, p. 187.)

La preuve de la filiation des enfants illégitimes, quant au père, est très-facile lorsque la mère était la concubine du prétendu père, vivant avec lui dans la même maison ; la

---

(1) Cette déclaration écrite est véritablement une reconnaissance, et une reconnaissance plus facile que celle des enfants naturels simples, puisqu'on n'exige pas que l'écrit soit authentique. La loi italienne admet donc la reconnaissance des enfants adultérins ou incestueux, mais elle ne leur accorde que des aliments.

(2) C'est à peu près ce que nous avons vu dans l'art. 190 du code italien.

paternité, dans ce cas, est présumée (1), à moins qu'il ne soit prouvé par la partie adverse que, dans le même temps, la mère a eu commerce avec un autre homme.

Dans les autres cas, la preuve est difficile, et s'établit par conjecture, comme par exemple :

1° Si le prétendu père a eu copulation effective, ou des rapports fréquents avec la mère, dans le temps utile pour la conception ;

2° S'il a reconnu l'enfant, ou l'a appelé ainsi par écrit ou dans son testament ;

3° S'il l'a élevé comme tel; s'il l'a nourri, marié, établi ou doté, ce qui est la conjecture la plus convaincante (2) ;

4° S'il a été inscrit comme tel sur le registre des baptêmes;

5° S'il a passé pour tel, depuis sa naissance, parmi les voisins et dans la commune renommée;

6° S'il y a, dans sa physionomie, de la ressemblance avec son père, conjecture cependant très-trompeuse.

A l'égard de la mère, la filiation peut se prouver avec facilité et certitude.

13° *Prusse.* — Le Code prussien est de 1794. Il fut traduit en français par ordre du Ministre de la justice, en l'an IX. Une nouvelle édition de ce Code a paru en 1803 (3).

— 2° partie, titre II.

Art. 614. Dès que l'existence d'un enfant illégitime vient à la connaissance du tribunal de tutelle, soit par un procès existant entre les parents, soit par la déposition de témoins

---

(1) Même décision dans la loi espagnole; voy. ci-dessus, p. 194.

(2) C'est la preuve par la possession d'état. Il faut remarquer que le jurisconsulte portugais qui a rédigé cette note, présente cette preuve comme distincte de la recherche de la paternité, et comme plus convaincante que la reconnaissance. Ces deux idées sont parfaitement justes.

(3) N'ayant pu trouver, dans les bibliothèques de Paris, ni le texte, ni une traduction de cette nouvelle édition, nous citerons d'après la traduction faite sur la première.

non récusables, le tribunal de tutelle doit, d'office, nommer un tuteur à l'enfant.

Art. 615. Ce tuteur doit se charger des droits de l'enfant envers son père (1), et convenir avec le père et la mère des mesures nécessaires pour son entretien et son éducation, sous la surveillance du tribunal de tutelle.

Art. 617. Si le père désigné nie que l'enfant soit de lui, le tuteur, lors même que la mère ne voudrait pas intenter un procès, doit, pour l'avantage de l'enfant, provoquer l'interrogatoire judiciaire et le jugement.

Art. 618. Quand il s'agira d'examiner et de décider si l'enfant appartient au père désigné, il sera procédé selon les principes posés dans la section XI du titre précédent (voir ci-après, p. 201).

Art. 619. Si la mère, dans l'espace de temps auquel, d'après ces principes, se reporte la conception de l'enfant, a eu commerce avec plusieurs hommes, il dépend du tuteur, en se réglant sur les circonstances, de commencer par celui d'entre eux qu'il jugera à propos, pour demander l'accomplissement des obligations du père envers l'enfant (2).

Art. 620. Si celui-ci en est déchargé, ou qu'il soit dans l'impossibilité de les remplir, le tuteur peut faire valoir les droits de l'enfant contre les autres individus l'un après l'autre (3).

---

(1) Ce n'est pas la mère qui peut rechercher la paternité, mais le tuteur, sous la surveillance de la justice. Cette règle excellente supprime une partie des dangers de la recherche de la paternité, car le tuteur s'abstiendra de poursuivre si l'indication faite par la mère lui paraît vexatoire ; au contraire, il agira, quoiqu'elle garde le silence, contre celui qui est vraisemblablement le père.

(2) Dans notre ancien droit, on n'admettait pas l'action en pareil cas; cependant quelques tribunaux l'accueillirent, il s'en trouva même qui condamnèrent à la fois tous ceux qui avaient eu commerce avec la femme.

(3) C'est là une règle très-curieuse ; nous ne l'avons pas rencontrée dans

— 2ᵉ partie, titre I, section XI. — Des suites judiciaires de la cohabitation sans mariage.

Art. 1027. Celui qui rend enceinte une femme à laquelle il n'est point uni par mariage, doit l'indemniser et avoir soin de l'enfant (1).

Art. 1036. Le prétexte que la femme enceinte a cohabité avec d'autres hommes, ne dispense point l'actionné de cette première espèce de dédommagément (2).

(Outre les frais de couches, la femme peut demander des dommages et intérêts ; voyez les articles 1044 à 1046.

— Les art. 1047 et suivants décident que s'il y a eu promesse de mariage, et que le séducteur refuse de l'accomplir, le jugement attribuera à la femme le nom, l'état et le rang du séducteur ; elle sera dans la position d'une femme divorcée (3).

Art. 1089. Tous les dédommagements légaux ci-dessus déterminés, ne peuvent être exigés, par la femme séduite, que dans le cas où elle accoucherait entre les

---

notre ancienne jurisprudence, où il y eut pourtant des systèmes variés. Il faut avouer qu'elle est fort bizarre ; en effet, il semble qu'on devrait dire : ou bien ne condamnez personne, parce qu'il y a doute, ou bien condamnez toutes ces personnes, car le doute est le même pour toutes, ou bien enfin : si vous n'en condamnez qu'une, que la condamnation soit définitive, qu'on soit réputé père non pas tant qu'on restera solvable, mais toujours.

(1) Bien que la recherche de la paternité soit faite, en général, par le tuteur, on voit que la mère a ici un moyen indirect de rechercher la paternité, car celui qui sera condamné à des dommages et intérêts pour l'avoir rendue grosse, est certainement le père de l'enfant dont elle était grosse.

(2) En règle générale, toute femme rendue enceinte hors du mariage peut exiger du père de son enfant les frais d'accouchement et de baptême, ainsi qu'un entretien convenable pendant six semaines ; mais les prostituées, et les femmes mariées vivant chez leur mari, n'y ont pas droit (art. 1037).

(3) Quoique ces dispositions ne soient pas directement relatives à la preuve de la filiation, il est bon de les connaître, parce que tout jugement rendu en vertu de ces dispositions constatera indirectement la filiation, le défendeur ne pouvant pas être déclaré auteur de la grossesse sans être déclaré par là même père de l'enfant.

210ᵉ et 285ᵉ jours à dater de la cohabitation (1).

Art. 1104. Si, dans le cas de la plainte rendue par la femme enceinte, la cohabitation est niée, le juge, à défaut d'une preuve complète, doit juger, dans tous les cas, plutôt d'après le serment nécessaire que d'après le serment attribué (2).

Art. 1108. S'il peut être prouvé qu'il a existé précédemment des relations intimes entre les deux parties, que la femme plaignante ait mené d'ailleurs une vie irréprochable, et que la conduite du défendeur ait été de nature à le faire soupçonner d'être l'auteur du fait, il faudra ordonner le serment supplétoire préférablement au serment purgatoire (3).

Art. 1109. Il en sera de même lorsque le défendeur aura avoué extrajudiciairement la cohabitation, quoique sans avoir fixé l'époque d'une manière précise.

Art. 1110. Des démarches particulières pour traiter avec la partie plaignante relativement à son dédommagement, ne seront assimilées à un tel aveu extrajudiciaire, que dans le cas où la conduite antérieure des deux parties viendrait à l'appui de cette présomption.

Art. 1111. Si le défendeur s'est vanté de privautés

---

(1) Ici commence la série des règles auxquelles l'art. 619 ci-dessus renvoyait. Si la preuve est la même pour les dommages et intérêts et pour la paternité, comme on le voit ici, c'est que les dommages et intérêts sont motivés par le fait qui constitue la paternité.

(2) Le serment nécessaire paraît être celui qu'une des parties défère à l'autre, et qui la met dans la nécessité de jurer ou de référer le serment. C'est le sens de l'expression *jusjurandum necessarium* en droit romain. Voy. au Digeste, liv. XII. tit. II, la rubrique de *jurejurando sive voluntario, sive necessario, sive judiciali*. Le serment nécessaire est opposé au serment déféré par le juge.

(3) Ce sont deux caractères du serment déféré par le juge ; car le juge peut le déférer (art. 1105 et 1106), quoique l'art. 1104 lui recommande de se décider plutôt d'après le serment *nécessaire* que par le serment *attribué*.

charnelles avec la partie plaignante, celle-ci peut, sur ce motif, être admise au serment supplétoire.

Art. 1112. L'allégation que ces sortes de propos étaient seulement des plaisanteries, ne débilitera point cette présomption légale (1).

Art. 1113. Le défendeur doit être admis au serment purgatoire, principalement lorsqu'il paraîtra qu'il a mené jusqu'alors une vie irréprochable, et que la femme plaignante se sera rendue suspecte d'une conduite déréglée.

Art. 1114. Le soupçon d'une mauvaise conduite atteint :
— Ceux qui sont convaincus d'avoir eu commerce précédemment avec d'autres personnes, sans mariage ;

Art. 1115. Ceux qui fréquentent des maisons de débauche ou suspectes de libertinage, sans que leurs fonctions les y appellent ;

Art. 1116. Ceux également qui ont été trouvés plusieurs fois dans des endroits solitaires avec des personnes suspectes;

Art. 1117. Enfin ceux chez lesquels des discours, gestes ou actes indécents et libertins deviennent habitude;

Art. 1118. Si les présomptions légales qui existent entre les deux parties, laissaient le juge dans le doute s'il doit déférer le serment supplétoire ou le serment de justification, il ordonnera toujours le premier plutôt que le dernier.

Art. 1119. Néanmoins, dans un tel cas douteux, le défendeur ne pourra être condamné qu'au dédommagement fixé par l'art. 1028, et à une dotation moins considérable.

Art. 1120. Lorsque la cohabitation est prouvée, mais l'époque indiquée par la femme plaignante contestée, il faut appliquer également les présomptions légales résultant du caractère et de la conduite des parties.

(1) L'excès dans les détails est un des traits de la loi prussienne. Il est aisé d'apercevoir le danger de ces règles minutieuses.

Art. 1121. La femme plaignante sera principalement admise au serment supplétoire, lorsque le défendeur, après avoir d'abord nié la cohabitation ou les liaisons suspectes, les aura ensuite avouées ou en aura été convaincu.

Art. 1122. S'il était avoué ou prouvé que la femme est devenue enceinte par le fait du défendeur, mais que la promesse de mariage fût niée, la femme plaignante, à défaut d'autres moyens de preuve, sera admise au serment supplétoire, surtout lorsque le défendeur l'aura fait passer pour sa fiancée, ou qu'on lui aura entendu dire qu'il avait l'intention de l'épouser.

Art. 1123. Lorsque l'accusé soutient : ou qu'il a été entraîné à la cohabitation par la plaignante, ou que la promesse de mariage lui a été surprise, le juge, pour se décider entre le serment supplétoire et le serment purgatoire, doit également consulter les présomptions déduites du caractère personnel et de la conduite antérieure de l'une et de l'autre partie.

Art. 1124. Un motif de présomption légale contre la plaignante, est surtout le cas où elle serait majeure sans que l'accusé le fût.

Art. 1125. Si les deux parties sont mineures ou toutes les deux déjà majeures, la présomption milite pour l'homme s'il est d'une, de deux, ou de plusieurs années plus jeune que la femme enceinte.

Art. 1126. La même présomption a lieu pour l'accusé, lorsque la cohabitation s'est effectuée chez lui, et que la plaignante ne peut indiquer de motif valable pour lequel elle s'y soit trouvée alors.

Art. 1127. S'il y a eu cohabitation par viol, dans le sens de la loi (1), l'auteur est tenu, envers la femme enceinte, de

____

(1) Le code pénal a été traduit en français en même temps que le code civil; il se trouve à la suite, 2e partie. Voy. les art. 1048 et s.

tout ce qu'il lui devrait dans le cas où elle le serait devenue sous la promesse de mariage.

Art. 1128.....

Art. 1129. Lorsqu'un homme actionné pour avoir rendu une femme enceinte sans mariage, a disparu secrètement après la signification de la plainte, il sera regardé comme le père véritable, jusqu'à ce que le contraire soit démontré.

Art. 1130. Ses biens doivent être séquestrés, jusqu'à ce que le contraire de la présomption soit décidé, ou que la femme ait obtenu une satisfaction légale.

Art. 1131. Si celui qui est désigné comme père, meurt sans avoir écarté la présomption qui milite contre lui, la mère et l'enfant seront dédommagés sur sa succession.

Nota. — On voit, dans l'ouvrage de M. Anthoine de Saint-Joseph, qu'en vertu d'un rescrit du 17 novembre 1800, la filiation naturelle ne peut pas être constatée après le décès du père, quand même l'enfant serait né après son décès.

14° *Roumanie.* — Code promulgué le 4 décembre 1864 (1).

Art. 307, comme l'art. 340 du Code français.

Art. 308, comme l'art. 341 du Code français.

— *Russie* (2).

15° *Serbie.* — Code promulgué le 11 mars 1844.

(1) Ce code est calqué sur le nôtre, mais plusieurs dispositions du Code français n'y ont pas été reproduites, par exemple les art. 334 à 339, et l'art. 342. Il en résulte qu'on n'y trouve pas de règles précises sur la reconnaissance, que la filiation adultérine ou incestueuse peut être reconnue, et qu'on peut la rechercher dans les cas où la recherche de la filiation naturelle est admise. On peut même légitimer par mariage subséquent les enfants adultérins ou incestueux, car la disposition de l'art. 331 du Code français n'a pas été reproduite, quoiqu'on ait copié fidèlement les deux articles suivants.

(2) Je ne trouve rien, dans le Svod, sur la preuve de la filiation naturelle. Un ukase du 6 février 1850, qui s'occupe à la fois des enfants légitimes et des enfants naturels, dit seulement que les père et mère doivent nourrir leurs enfants, et leur inspirer le respect du gouvernement (art. 166). Il est probable que l'enfant naturel peut rechercher sa filiation pour contraindre ses parents à remplir envers lui les devoirs que la loi leur impose.

Art. 130. L'aveu seul de la mère, et les preuves fournies par elle qu'un tel a cohabité avec elle dans le temps déterminé par la loi, ne suffisent pas, et celui qu'elle désigne ne peut pas être déclaré père de l'enfant, à moins qu'il ne le reconnaisse lui-même.

16° *Suisse.*

On peut consulter avec fruit, sur cette matière dont les lois suisses se sont beaucoup occupées, 14 législations différentes :

Argovie,	Bâle,
Berne,	Fribourg,
Genève,	Glaris,
Lucerne,	Neufchâtel,
Saint-Gall,	Soleure,
Tessin,	Valais,
Vaud,	Zurich.

Il est nécessaire d'en donner quelques extraits.

1° *Argovie.* 1re partie (2e édition, exécutoire depuis le 1er janvier 1848).

Art. 216. Toute fille qui sera enceinte, doit en avertir aussitôt le tribunal des mœurs, qui transmettra au tribunal civil le procès-verbal de la déclaration qui aura été rédigé.

Art. 217. Le tribunal des mœurs demandera à la personne enceinte, le nom de l'auteur de la grossesse, le temps et le lieu où cette grossesse a pris naissance, enfin tout ce qui s'y rapporte ; il lui fera nommer aussitôt un curateur au ventre. On en fera dresser un procès-verbal qui sera envoyé au tribunal.

Art. 218. Le curateur surveillera la naissance de l'enfant, il sera de droit son tuteur ; il doit en particulier le faire attribuer par la justice au père ou à la mère, et intenter, s'il y a lieu, l'action de l'art. 229.

Art. 219. L'état civil des enfants naturels est fixé par le tribunal.

Art. 220. L'arrêt doit toujours décider si l'enfant sera à la charge du père ou de la mère.

Art. 221. L'enfant est à la charge du père si le père reconnaît la paternité.

Art. 222. Pour que la reconnaissance d'un enfant naturel soit valable, il faut que la déclaration en soit faite librement par le père, devant le tribunal de son lieu de naissance, dans un délai d'un an, à compter de la naissance de l'enfant, et que celui qui est reconnu soit représenté suffisamment.

Art. 223. La reconnaissance ne peut avoir lieu lorsqu'il doit être fait d'office une demande de contribution aux frais de nourriture et d'éducation de l'enfant (1).

Art. 224. Avant que le tribunal mette l'enfant à la charge du père, on doit en informer la commune du lieu de sa naissance.

Art. 225. Les communes peuvent opposer à la reconnaissance d'un enfant, toutes les exceptions que peut faire valoir un père auquel on demande de contribuer à l'entretien et à l'éducation de l'enfant.

Art. 226. La reconnaissance ne peut avoir lieu qu'avec le consentement de la commune du lieu de naissance du père, lorsqu'il a besoin de ce consentement pour se marier (2), ou lorsqu'il a déjà à sa charge un enfant naturel.

Art. 227. La reconnaissance peut cependant avoir lieu

(1) En d'autres termes : lorsque la mère ne peut pas agir (voy. art. 231 et s.). Si le père ne peut pas faire la reconnaissance dans ce cas-là, c'est sans doute parce qu'il aurait une exception, s'il était poursuivi par la femme (art. 231) ; or, l'exception qu'il aurait, la commune de son lieu de naissance peut l'opposer à la reconnaissance qu'il veut faire (art. 225). Sans doute, si la mère est pauvre, l'enfant reste à la charge de sa commune, et celle-ci peut agir ; mais le père ne peut pas aller au-devant de la charge qui lui sera imposée, en faisant la reconnaissance. Tel paraît être le sens de l'article.

(2) Ce consentement est nécessaire si l'une des parties a reçu du conseil communal des secours comme pauvre, et n'a pas remboursé ; ou lorsque des enfants de lui ont été élevés par la commune (art. 72).

en tout temps et dans tous les cas, lorsque la commune du lieu de naissance du père y consent.

Art. 228. Si la paternité n'a pas été constatée, l'enfant sera à la charge de la mère.

Art. 229. Si l'enfant est mis à sa charge, la mère peut faire une demande contre celui qu'elle accuse d'être le père, pour le faire contribuer à l'entretien et à l'éducation de l'enfant.

Art. 330. Le tribunal compétent est celui du lieu où le père putatif a son domicile, ou son droit de cité s'il se trouve à l'étranger.

Art. 231. La femme ou la fille ne peut exercer aucun droit contre le père de son enfant, si elle a déjà eu un enfant naturel, ou si elle était mariée au temps de sa faiblesse, ou si elle avait été condamnée criminellement.

Art. 232. Elle ne pourra exercer aucune action contre le séducteur s'il est décédé, à moins qu'il ne lui ait verbalement promis de l'épouser.

Art. 233. Elle ne pourra non plus exercer aucune action contre un homme marié, ou si elle est majeure, contre un mineur. Dans ces deux cas, il faut que l'homme soit marié ou mineur entre le 300° et le 180° jour de la conception.

Art. 234. Il en est de même si elle n'a pas averti de sa grossesse le tribunal des mœurs, au moins 30 jours avant sa délivrance; si elle a varié dans ses déclarations sur l'auteur de sa grossesse; si elle est accouchée avant le 180° ou après le 300° jour à dater du moment qu'elle avait désigné comme étant celui de la conception; si elle n'a pas porté plainte au plus tard dans l'année qui a suivi l'accouchement.

Art. 235. Avant de communiquer la demande au père putatif, le tribunal recherchera s'il existe une fin de non-recevoir, et, le cas échéant, il déclarera la demanderesse non recevable.

Art. 237. Le défendeur est dispensé de s'expliquer sur le fond, s'il existe des fins de non recevoir, s'il prouve l'impossibilité d'avoir cohabité avec la plaignante à l'endroit et dans le temps indiqués par elle, s'il prouve que la demanderesse a cohabité avec un autre homme entre le 300° et le 180° jour avant l'accouchement.

Art. 238. On admet toutes les preuves qui sont autorisées par les dispositions du Code de procédure, sauf le serment du défendeur.

Art. 239. La demanderesse peut, à l'appui de sa demande, prêter le serment indiqué par l'art. 240. Cependant elle ne le peut que lorsque le défendeur, ayant présenté des exceptions, n'a pas été renvoyé de la plainte.

Art. 240. Le serment de la demanderesse est ainsi conçu : « Je prends solennellement à témoin le Dieu tout-puissant qui sait tout, que du 300° au 180° jour avant mon accouchement, du....., au....., je n'ai cohabité avec aucun autre homme que N., et qu'il est le père de l'enfant né de moi le... Je le jure, que Dieu me soit en aide. C'est la vérité. »

2° *Bâle.* — Ordonnance de 1719, section 7.

Art. 92. Lorsque le père d'un enfant illégitime peut être découvert, il sera tenu de payer à la mère, comme indemnité pour les frais de couches, au moins 12 fr., plus une pension alimentaire convenable pour l'enfant jusqu'à sa 16° année accomplie...

Art. 93. Lorsque le père est absent, et qu'il ne comparaît point après les citations d'usage, alors, s'il possède des biens dans le pays, la mère et l'enfant recevront sur ces biens une indemnité...

Art. 94. Lorsque celui qui est accusé d'être le père de

l'enfant ne peut pas en être convaincu, ou ne l'avoue pas lui-même, et que néanmoins il peut en être suspecté, le tribunal matrimonial s'informera d'abord avec soin de la conduite antérieure des deux parties ; d'après le résultat de cette enquête, et suivant le plus ou moins de gravité des soupçons, il déférera le serment à l'une des deux parties.

Art. 95. Mais si le juge trouve dangereux de déférer le serment à l'une ou à l'autre des parties, la demanderesse sera déboutée de sa demande.

Art. 96. La femme enceinte qui fait une demande en reconnaissance de paternité, doit, avant l'expiration du 6e mois de sa grossesse, au plus tard, faire une déclaration détaillée qui sera remise au président du tribunal matrimonial, soit par elle, soit par le pasteur du lieu ; cette déclaration écrite sera conservée dans les actes du tribunal matrimonial ; elle doit énoncer positivement que la femme est enceinte, des œuvres de qui, et depuis quelle époque elle l'est.

Si on laisse expirer le délai, la demande ne sera admise plus tard que dans le cas où la demanderesse pourra justifier que celui qu'elle accuse de l'avoir rendue enceinte, lui avait été fiancé en bonne forme.

Outre la déclaration ci-dessus prescrite, la femme rendue enceinte hors mariage est tenue, sous peine de perdre ses droits, de former la demande, soit pendant sa gestation, soit pendant les trois premiers mois qui suivent ses couhces. Dans le premier cas néanmoins, si le défendeur le demande, la décision pourra être différée jusqu'après les couches.

Art. 97. La femme enceinte perdra ses droits lorsqu'il sera démontré qu'à l'époque où elle a conçu, elle avait cohabité avec plusieurs individus, ou qu'elle se livre au désordre pour en tirer de l'argent.

Art. 98. Lorsqu'il sera prouvé que la demanderesse avait attiré elle-même celui qui l'a rendue enceinte, elle ne pourra prétendre que celui-ci contribue aux frais de couches, et à l'entretien de l'enfant, que lorsqu'elle sera absolument sans moyens.

Art. 99. Une personne qui a été rendue enceinte par un homme marié, lorsqu'elle avait joui jusqu'alors d'une réputation irréprochable, ne peut prétendre aux frais de couches et d'alimentation, que lorsqu'elle ignorait que celui qui l'a rendue enceinte était marié; mais, si elle le savait, elle pourra seulement prétendre qu'il contribue aux frais d'entretien de l'enfant.

Si elle ne jouissait pas d'une bonne réputation, le père ne sera tenu de contribuer aux frais de l'entretien de l'enfant que lorsque la mère est sans moyens.

Art. 100. La demande en reconnaissance de paternité ne pourra être formée contre les héritiers d'un défunt, que lorsque celui-ci a avoué qu'il avait rendu enceinte la demanderesse, et lorsque cet aveu peut être constaté, soit par une déclaration écrite, soit par un acte authentique, soit par la déclaration de deux témoins impartiaux. Cette demande doit être intentée dans le délai légal.

Art. 101. Lorsque la mère est décédée, c'est à l'enfant que passe le droit d'exiger que la pension alimentaire soit fournie, ou que l'on contribue à son entretien. Mais si ce droit n'a pas encore été judiciairement reconnu, la demande en doit être faite dans le délai de trois mois.

3° *Berne.* — Code civil (1re partie, exécutoire depuis le 1er avril 1826).

Art. 167. Le père d'un enfant naturel, avec l'autorisation de sa commune, peut demander à le faire reconnaître par le tribunal matrimonial...

Art. 168. La mère d'un enfant naturel a le droit de faire condamner par le tribunal matrimonial, à contribuer à l'entretien de l'enfant, celui qu'elle prouve en être le père. Si elle n'use pas de ce droit elle-même, la commune peut l'exercer pour elle.

Art. 169. Pour la fixation de cette part contributoire, le tribunal doit considérer la fortune et les ressources de l'accusé, et le degré d'importance de la preuve fournie contre lui (1).

Art. 170. Le tribunal matrimonial doit, en outre, condamner le père d'un enfant naturel à une indemnité envers la commune de l'enfant.

... Art. 173. Une femme non mariée doit déclarer sa grossesse, au plus tard 210 jours après sa conception, au pasteur ou à un autre membre du tribunal paroissial de son domicile, qui lui donne un certificat.

Art. 174. Le membre du tribunal paroissial auquel la preuve aura été faite, doit en avertir le tribunal, à sa première séance, et faire dresser procès-verbal du jour de la déclaration de la grossesse.

Art. 175. Le tribunal paroissial interroge la femme sur l'auteur, le lieu, le temps et les circonstances de la grossessse, et dresse procès-verbal de ses réponses; il lui donne ensuite l'ordre de faire venir à ses couches, outre le médecin nécessaire en ce cas, deux témoins capables, de l'un ou de l'autre sexe, et de faire constater par eux le moment de l'accouchement.

Dans chaque commune, on doit désigner plusieurs personnes qui, dans ce cas, doivent agir comme témoins, et auxquelles il faut adresser la femme. Le témoignage doit porter seulement sur le moment et le lieu de l'accouchement, et sur le sexe de l'enfant.

(1) Cela ne peut s'expliquer que par l'intérêt des communes : on condamne sur un soupçon de paternité; plus les apparences sont fortes, plus la somme à payer s'élève : la paternité de cet homme est prouvée jusqu'à concurrence de telle somme, et non au delà.

Art. 176. Dès que la femme a été entendue par le tribunal paroissial, le pasteur doit faire venir celui qu'elle a désigné comme l'auteur de la grossesse, lui commnniquer le procès-verbal, et lui demander ce qu'il a à répondre à l'accusation. L'accusé peut faire sa réponse de vive voix, ou par écrit. Le pasteur, à la première séance du tribunal paroissial, dresse procès-verbal de sa réponse, ou de son refus d'en donner.

Art. 177. Si l'accusé est domicilié dans une autre commune, le tribunal paroissial lui fait communiquer, par le pasteur de sa commune, le procès-verbal d'interrogatoire de la femme, et joint aux actes de la procédure la réponse écrite du pasteur.

Art. 178. La femme doit transmettre, dans le délai d'un mois, le procès-verbal de ses couches, au tribunal paroissial, qui en envoie un extrait à l'accusé, et expédie tous les actes au tribunal matrimonial.

Art. 179. Le tribunal matrimonial confie l'enfant à la mère, sauf dans le cas de l'art. 167, et communique sa décision à la commune à laquelle appartient maintenant l'enfant.

Art. 180. Si l'accusé se reconnaît père de l'enfant, le tribunal matrimonial le condamne à contribuer selon ses moyens à l'entretien de l'enfant, et à payer une indemnité à la commune.

Art. 181. Si l'accusé ne s'est pas reconnu être le père, le tribunal matrimonial, dans son jugement, réserve le droit de la mère et celui de la commune contre l'auteur de la grossesse.

Art. 182. Dans le cas de l'article précédent, la mère peut porter plainte dès que l'enfant lui a été confié, pour demander la contribution à l'entretien ; elle doit le faire dans un délai de trois mois à compter du jour où on a fait connaître que l'enfant lui était confié, sauf le cas où l'accusé se trouve absent dans ce moment.

Art. 183. La mère d'un enfant naturel a le choix de porter plainte devant le tribunal paroissial dans le ressort duquel elle accouche, ou devant celui de son domicile.

Art. 184. Cette plainte doit indiquer le temps, le lieu et les circonstances de la conception, le certificat de la grossesse, le moment de l'accouchement, et le procès-verbal de l'interrogatoire de la plaignante.

Art. 185. L'accusé peut faire rejeter la plainte quand il peut prouver :

1° Qu'il a été dans l'impossibilité d'être l'auteur de la grossesse au lieu et au moment désigné ;

2° Que la demanderesse mène une vie dissolue ;

3° Qu'elle a déjà eu deux enfants naturels, ou que le divorce a été prononcé contre elle pour cause d'adultère ;

4° Qu'elle a varié dans ses déclarations lorsqu'elle a indiqué le père ;

5° Qu'elle a été condamnée à une peine qui entraîne la privation des droits civils.

Si l'accusé a été convaincu d'adultère, ou a été condamné deux fois pour attentat à la pudeur, ou a été frappé d'une peine qui entraîne la privation des droits civils, il ne peut reprocher à la demanderesse une faute dont il est lui-même coupable (1).

Art. 186. La femme perd le droit de porter plainte

---

(1) Si la femme n'est pas écoutée dans les cinq cas prévus par l'article, par exemple quand elle a varié sur la désignation du père, c'est qu'on se défie d'elle, peu importe que le père ait des mœurs dissolues. Mais le législateur passe ensuite à l'idée d'une peine, qu'il convient d'appliquer au père naturel, dans l'intérêt de la commune.

quand elle néglige de faire constater sa grossesse, ou qu'elle le fait trop tard.

Art. 187. La demande en contribution à l'entretien de l'enfant ne peut plus avoir lieu, lorsqu'elle n'est pas faite dans le délai de l'art. 182, si l'accusé est dans le pays; s'il est absent, la demanderesse doit porter plainte dans le délai d'un an à compter de son retour.

Art. 188. Le tribunal matrimonial peut, d'office, admettre des excuses dans le cas d'inobservation des art. 182 et 186, lorsqu'il y a des motifs suffisants.

Art. 189. Une femme âgée de plus de 24 ans ne peut pas poursuivre, comme auteur de sa grossesse, un homme de moins de 16 ans.

... Art. 191. Lorsque l'accusé produit une des exceptions des art. 185, 189...., ou qu'il résulte des actes ou des contrats que le droit de porter plainte peut être éteint par suite d'un des motifs indiqués dans les art. 182 et 186, le tribunal paroissial, après une procédure sommaire sur ces demandes provisoires, doit joindre aux actes les témoignages des parties, et les envoyer au tribunal matrimonial.

Art. 192. Le tribunal matrimonial assigne les parties devant lui, et prononce sur la demande provisoire, après une procédure de vive voix.

Art. 193. S'il ne survient aucune demande provisoire, ou si celles qui surviennent ont été jugées, l'accusé doit faire dresser procès-verbal de sa défense, et le tribunal matrimonial poursuit l'affaire.

Art. 194. Si, après instruction, il reste des doutes au tribunal matrimonial sur la culpabilité ou l'innocence de l'accusé, il peut, quand l'accusé n'est pas marié, lui déférer le serment, si les apparences sont pour lui, ou, dans le cas contraire, le déférer à la femme.

Art. 195. Lorsque la femme prête le serment de grossesse, elle doit affirmer qu'entre le 300ᵉ et le 180ᵉ jour avant l'accouchement, elle n'a cohabité avec aucun autre homme que l'accusé. Quand l'accusé se justifie par serment, il doit affirmer qu'entre le 300ᵉ et le 180ᵉ jour avant l'accouchement, il n'a pas couché avec la plaignante.

Art. 196. Quand l'accusé reconnaît les faits, ou est convaincu par la plaignante, le tribunal matrimonial le condamne à contribuer, selon ses moyens, à l'entretien de l'enfant.

Art. 197. Il doit payer cette part contributoire jusqu'à ce que l'enfant ait 17 ans.

... Art. 200. Lorsque le père est défunt, sa paternité doit être prouvée par un acte écrit et signé par lui, ou par un aveu fait publiquement devant un tribunal, ou devant un notaire et des témoins.

4º *Fribourg.* — Code civil (1ʳᵉ partie, exécutoire depuis le 1ᵉʳ janvier 1836).

— *De l'adjudication des enfants naturels.*

Art. 216. Tout enfant né hors mariage doit être adjugé au père ou à la mère.

Art. 217 et 218, comme l'art. 173 du Code de Berne.

Art. 219. Immédiatement après cette déclaration, le juge commence l'instruction.

Art. 220. En cas de désaveu de la part de l'accusé, le juge constate la naissance au moment des couches, ou dans les deux fois 24 heures qui suivent l'accouchement, et interpelle de nouveau l'accusatrice de lui indiquer le véritable père de l'enfant[1].

____

(1) C'est ainsi que, dans notre ancien droit, il était d'usage, en certaines provinces, de faire renouveler à la femme sa déclaration, à l'époque de ses couches. Voy. Fournel p. 87, *de la Séduction.*

Art. 221. La commune du père et de la mère peut intervenir dans la cause, et opposer à l'adjudication tous les moyens de droit :

1° Lorsqu'elle estime qu'il y a collusion ;

2° Lorsque celle des parties qui lui appartient fait défaut ou n'est pas en état de se défendre.

Art. 222. Si le défendeur allègue une des exceptions suivantes:

1° Que l'accusatrice a cohabité charnellement avec deux ou plusieurs hommes, à des époques assez rapprochées pour qu'il puisse exister un doute sur le véritable père de l'enfant ;

2° Qu'à l'époque indiquée de la cohabitation, il était, soit pour cause d'éloignement, soit par l'effet de quelque accident, dans l'impossibilité physique de cohabiter avec l'accusatrice ; — il est libéré de la paternité s'il est trouvé fondé dans l'une de ces exceptions.

Art. 223. Si aucune des exceptions mentionnées au précédent article n'est alléguée par le défendeur, ou s'il y est jugé mal fondé, et qu'il persiste dans son désaveu, l'accusation sera soutenue par le serment supplétoire de l'accusatrice. Cependant il ne peut lui être conféré, à moins que l'accusé n'y consente :

1° Lorsqu'elle n'a pas déclaré sa grossesse au juge dans le temps prescrit par l'art. 218 ;

2° Lorsqu'elle a négligé d'appeler le juge au moment de ses couches, ou dans les deux fois 24 heures qui suivent l'accouchement ;

3° Lorsqu'elle a varié dans ses déclarations au sujet de la paternité ;

4° Lorsque, par suite d'un commerce illégitime, elle a été enceinte antérieurement ;

5° Lorsque le défendeur prouve qu'elle a mené une vie

dissolue et scandaleuse, ou qu'elle a été condamnée à une peine infamante.

Dans ces cinq cas, le serment purgatoire est déféré au défendeur, à moins qu'il n'ait lui-même consenti à ce que le serment supplétoire soit conféré à l'accusatrice.

Art. 224. L'enfant est adjugé au père, s'il y a de sa part aveu de la paternité, s'il a été convaincu par le serment supplétoire de l'accusatrice, s'il a refusé, y étant appelé par le juge, de prêter le serment purgatoire.

Art. 225. L'enfant est adjugé à la mère, si le défendeur a été trouvé fondé dans l'une des exceptions mentionnées à l'art. 222, si elle n'a pu soutenir sa déclaration, y étant appelée par la loi et le juge, si le défendeur a prêté le serment purgatoire.

L'enfant est aussi adjugé à la mère dans les cas où l'accusation en paternité n'est pas admise.

Ces cas sont :

1° Lorsque le prétendu père est décédé ;

2° Lorsque le prétendu père n'avait pas 16 ans accomplis à l'époque indiquée de la cohabitation, mais que la mère en avait 24 révolus ;

3° Lorsque la mère ou l'accusé sont imbéciles, ou privés de leurs facultés mentales ;

4° Lorsque le père, quoique confessant ou convaincu, est étranger au canton, et appartient à un pays où les lois n'admettent pas la recherche de la paternité, et dans lequel, par conséquent, l'adjudication ne serait pas valable.

5° *Genève*. — (La loi civile en vigueur est le Code français, sans modification sur notre matière.)

6° *Glaris*. — (Landbuch. 1re partie, publiée en septembre 1852.)

Art. 59. Les enfants naturels doivent être élevés et mariés par la partie à laquelle l'enfant aura été adjugé....

7° *Lucerne.* — Code civil (art. 1 à 199, exécutoires depuis le 1er janvier 1832).

Art. 81. Toute femme non mariée doit déclarer sa grossesse, dès qu'elle en a la certitude, au président du tribunal appelé à statuer sur la demande en reconnaissance de la paternité.

Art. 82. Le président du tribunal fait comparaître devant lui le père désigné, l'interroge sur le fait qui lui est imputé, et, en cas de contradiction, procède à une confrontation.

Art. 83. Le président donne avis de la grossesse, et de la déclaration qu'il en a reçue, au conseil communal du lieu de naissance du père désigné, ainsi qu'à celui de la femme. Ce dernier conseil doit immédiatement nommer un curateur.

Art. 84. Ce curateur doit surveiller la naissance, et ensuite établir l'état civil de l'enfant.

Art. 85. Si la femme, lors de sa délivrance, n'a pas reçu de l'auteur de sa grossesse une satisfaction et une reconnaissance suffisantes, elle doit, avant, pendant, ou après l'enfantement, déclarer formellement le nom du père de l'enfant, en présence de la sage-femme, ou, à défaut de celle-ci, en présence d'une autre femme et de deux témoins dignes de foi.

Lors de l'accouchement, l'amman de la commune, ou le juge le plus voisin, doit être appelé sur-le-champ pour recevoir les déclarations de la femme.

Cette déclaration, ainsi reçue, sera signée par l'amman, la sage-femme et les témoins, et sera remise au président du tribunal compétent.

Art. 86. L'état civil d'un enfant naturel est, dans tous les cas, établi par les tribunaux, par l'effet de la reconnaissance ou de l'attribution de l'enfant au père ou à la mère. Il sera immédiatement donné avis de ce jugement, par la voie du greffe, aux magistrats respectifs, pour qu'il soit inscrit sur les registres de naissance et de baptême.

... Art. 88. Dans le cas où il n'est produit aucune désignation de paternité, la reconnaissance judiciaire de l'enfant est effectuée par le tribunal.

Art. 89. Le tribunal qui, par son jugement, établit l'état civil de l'enfant, prononce, en même temps, contre la mère et le père reconnu, une peine conforme aux dipositions de la loi pénale de police.

Art. 90. L'enfant est attribué au père désigné, dans les cas suivants :

1° En cas d'aveu ;

2° Si la déelaration de la grossesse a été faite, deux mois au moins avant l'accouchement, au président du tribunal compétent ; si, lors de l'accouchement, la femme persiste à désigner le père, et qu'ensuite elle confirme par serment, devant le tribunal, sa déclaration.

Art. 91. Mais la mère ne sera pas admise à prêter serment, et l'enfant lui sera attribué :

1° Si elle n'a pas fait la déclaration de sa grossesse, deux mois au moins avant l'accouchement, au tribunal compétent ;

2° Si, lors de l'accouchement, les formes prescrites n'ont pas été observées ;

3° Si le père désigné prouve son incapacité de procréer des enfants ;

4° S'il établit son absence du lieu où s'est opérée la conception ;

5° Si l'enfant n'est pas né lors du 300ᵉ jour, ou s'il est né avant le 180ᵉ *à dater de la déclaration de la grossesse*[1].

6° Si le développement de l'enfant ne s'accorde pas avec

---

[1] Le traducteur a commis une erreur évidente ; il doit y avoir dans la loi : « à dater de l'époque indiquée comme étant celle *de la conception.* »

la grossesse déclarée. La supposition qui prévaut en tout temps est que l'enfant a acquis son développement normal. Si la sage-femme qui assiste à la naissance d'un enfant naturel remarque en lui des signes de naissance hâtive ou tardive, l'amman communal appelé lors de l'accouchement doit veiller à ce que l'enfant soit examiné par le médecin du district, lequel devra donner sur son développement une attestation qui sera remise au président du tribunal compétent.

7° En cas de contradiction, dans la déclaration, sur l'auteur de la grossesse;

8° Si la femme enceinte a mené une conduite immorale, par exemple si elle a déjà eu des enfants hors mariage, ou s'il est constant ou prouvé qu'elle s'est livrée à plusieurs hommes;

9° Si elle a été condamnée à une peine criminelle.

Art. 92. Dans les procès de paternité, il sera préliminairement examiné s'il est permis ou interdit à la plaignante de prêter serment, conformément aux dispositions précédentes.

Art. 93. Le serment à prêter par la femme, après l'observation des solennités d'usage, doit être conçu dans les termes suivants :

J'affirme et jure par le Dieu tout-puissant, que la demande en reconnaissance de paternité intentée par moi contre N. est vraie et sincère ; que je n'ai eu aucune relation charnelle avec un autre homme, à une époque où il aurait pu être le père de l'enfant, et que, par conséquent, N. est le père de l'enfant par moi mis au monde le. . . . . Je l'affirme et le jure, aussi vrai que Dieu et les saints me soient en aide (1).

(1) On sait ce que deviennent ces formules, dans la pratique ; un greffier les lit rapidement, personne ne les entend ni ne les connaît.

Art. 94. Aucune demande en reconnaissance de paternité n'est admise contre un mort, à moins que la paternité ne soit prouvée par une attestation écrite et signée de sa propre main, ou rédigée devant des magistrats publics, ou devant un notaire et des témoins.

... Art. 96. Les communes ont le droit d'intervention, dès qu'elles peuvent craindre une atteinte à leurs droits par suite de la collusion des parties.

8° *Neufchâtel.* — Code civil (1re partie, exécutoire à partir du 1er mars 1854).

Art. 239. La reconnaissance d'un enfant naturel par le père ne peut avoir lieu avant la naissance de l'enfant; elle doit être spontanée pour être valable, et ne peut jamais être le résultat d'un jugement.

Art. 240. Comme l'art. 334 du Code français.

Art. 241. L'acte de naissance régulièrement dressé, forme, contre la mère qui y est dénommée, et en faveur de l'enfant, une présomption légale de reconnaissance (1).

Art. 242. Si la mère de l'enfant n'est point dénommée, dans l'acte de naissance, sous son véritable nom, ou si l'enfant dont elle réclamait la maternité est désigné comme né d'une mère inconnue, elle ne pourra reconnaître l'enfant pour le sien sans y être autorisée par un jugement contradictoirement rendu avec l'enfant, s'il est majeur, ou avec son tuteur, s'il n'a point atteint sa majorité.

Art. 243. L'enfant né d'un commerce incestueux ou adultérin, ne pourra jamais être reconnu par le père.

---

(1) C'est une manière embrouillée de dire que l'acte de naissance fait preuve de la filiation quant la mère y est dénommée. Cet article et le suivant sont mal rédigés, ou plutôt l'un est mal rédigé, et l'autre mal traduit, car on ne peut le comprendre que si l'on suppose (ce qu'il ne dit pas exactement), que les énonciations de l'acte de naissance contredisent la reconnaissance.

... Art. 245. Comme l'art. 339 du Code français.

Art. 246. Comme la première phrase de l'art. 340 du Code français.

Art. 347. Comme l'art. 341 du Code français.

9° *Saint-Gall*. — Loi du 23 juin 1832, sur la Paternité, et sur l'état des enfants naturels.

Art. 1. Toute femme qui se trouve en état de grossesse illégitime, doit, avant la première moitié du septième mois de sa grossesse, en faire part à l'amman de la commune de son domicile, et nommer celui qui l'a rendue enceinte.

Art. 2. L'amman de la commune prend les noms, prénoms, âge, confession, profession ou état de la femme enceinte et du père présomptif, s'informe s'ils sont mariés ou non, désigne le temps et le lieu où la femme a été rendue enceinte, et dresse procès-verbal du tout.

Art. 3. Si l'accusé est habitant du canton, l'amman de la commune est tenu de lui faire part de la déclaration qui lui a été faite d'après l'art. 2.

Si l'accusé habite un autre canton de la Suisse, ou s'il est étranger, c'est à la demanderesse à le poursuivre comme elle jugera convenable.

... Art. 5. Il ne sera pas donné de certificats pour les demandes de paternité qui ne seront pas intentées conformément à l'art. 1, et elles ne pourront être formées devant les tribunaux.

Art. 6. Le droit de porter plainte s'éteint également si la demande n'a pas été faite dans les 90 jours, à compter du jour de la naissance de l'enfant.

... Art. 8. Les femmes qui ne sont pas du canton, tant que le petit Conseil ne leur a pas accordé le droit de domicile, soit personnellement, soit comme membres d'un mé-

nage, sont entièrement exclues du droit à la demande en
reconnaissance de paternité.

Art. 9. Les demandes de paternité pour cause de grossesse, précédée d'une promesse de mariage, seront, sous
tous les rapports, assimilées aux autre demandes de paternité.

10° *Soleure.* — Code civil (1ʳᵉ partie, exécutoire depuis le 1ᵉʳ avril
1842).

Art. 281. La mère d'un enfant naturel a le droit de réclamer en justice, de l'homme par le fait duquel, suivant
son assertion, elle est devenue grosse, une pension pour
l'entretien et l'éducation de l'enfant, et pour les frais d'accouchement.

... Art. 283. La demande consiste dans la désignation
précise de l'époque et du lieu de la grossesse, et de son auteur...

Art. 284. Aucune demande de cette nature ne peut être
formée par une femme mariée non divorcée ou non séparée
de corps.

La demande doit également être rejetée quand elle est
formée par une femme séparée de corps contre son mari.

... Art. 286. Le président du tribunal du bailliage procé-
dera à l'enquête, mais il ne la clôra qu'après l'accouchement
de la demanderesse.

Art. 287. Si le père décédait avant le jour fixé pour la
comparution, ou l'enfant avant le jugement au principal,
il ne serait donné aucune suite à la demande.

Art. 288. Le serment doit être déféré à la demanderesse
pour prouver la paternité alléguée.

Art. 289. Toutefois, le serment ne sera pas accordé dans
les cas suivants, malgré le consentement du père :

1° Si la plaignante a été condamnée à une peine criminelle ou à une peine de police infamante, et n'a point obtenu sa réhabilitation ;

2° Si elle ne jouit pas de ses facultés intellectuelles ;

3° Si elle a déjà enfanté hors mariage ;

4° Si elle n'a point formé sa demande avant l'accouchement ;

5° Si l'accouchement a eu lieu avant le 180° jour, ou après le 300° de l'époque attribuée à la conception ;

6° S'il est établi, ou s'il y a des motifs puissants de soupçonner que, dans l'intervalle du 300° au 180° jour avant l'accouchement, la plaignante a eu des relations avec un autre homme ;

7° Si, à l'époque de la grossesse, le père n'avait pas 16 ans, et la plaignante 24 ;

8° Si le père démontre l'impossibilité où il se trouvait, à l'époque et au lieu allégués, d'avoir eu des relations avec la demanderesse ;

9° Si la plaignante a été déjà condamnée comme fille publique ;

10° Si enfin les circonstances sont telles qu'il y ait lieu de présumer la fausseté de la dénonciation.

Art. 290. Après la clôture de l'enquête, le tribunal décidera si le serment doit être accordé ou refusé à la demanderesse.

Art. 291. Si le serment est accordé, un prêtre fera comprendre à la mère toute l'importance de sa déclaration.

Art. 292. Le serment peut être prêté en l'absence de celui qui est accusé de la grossesse.

Art. 293. Si, après l'admission au serment, un des empêchements énoncés à l'art. 289 venait à être connu, le tribunal le refusera.

... Art. 295. Si la plaignante meurt après sa demande,

mais avant la prestation du serment, sa demande doit être accueillie (1).

... Art. 297. La reconnaissance de la paternité n'a d'effet que si elle est faite devant le président du tribunal du bailliage, avant l'accouchement de la femme, ou dans le délai d'un an après la naissance de l'enfant, et hors des cas de l'art. 289, n°ˢ 3 et 4 (2).

11° *Tessin*. — Code civil, exécutoire depuis le 1ᵉʳ janvier 1838.

Art. 85. La reconnaissance d'un enfant naturel peut être faite par le père et par la mère, dans un acte authentique, si l'enfant n'a pas été reconnu dans l'acte de naissance.

... Art. 87. La recherche de la maternité est seule permise aux enfants naturels.

Art. 88. La recherche de la paternité et de la maternité est également interdite aux enfants adultérins ou incestueux.

12° *Valais*. — Code civil, exécutoire depuis le 1ᵉʳ janvier 1855 (3).

Art. 138, comme l'art. 334 du Code français.
Art. 139, comme l'art. 335.
Art. 140, comme l'art. 337 (4).
Art. 141, comme l'art. 339 (5).

---

(1) C'est là une disposition bien rigoureuse pour le défendeur ; il sera condamné sur une simple accusation, et sans avoir eu la garantie du serment. Au fond, c'est toujours l'intérêt communal qui conduit le législateur : il faut que l'enfant trouve un père.

(2) Cette disposition nous paraît incompréhensible ; ne serait-ce pas aux n°ˢ 5 et 6 que le renvoi est fait ?

(3) Ce code est très-remarquable, car il suit la loi française, tout en cherchant à la corriger.

(4) Le rédacteur a pensé, avec raison, qu'il était superflu de reproduire l'art. 336 de notre Code.

(5) L'art. 338 du Code français n'est pas reproduit ; en effet il est étranger à la preuve de la filiation naturelle.

Art. 142. La paternité de l'enfant naturel qui n'a point été reconnu par le père, ne peut être recherchée, et l'enfant adjugé, que dans les cas suivants :

1° Lorsqu'il serait prouvé que l'individu désigné comme père de l'enfant a donné à celui-ci une suite de soins d'où l'on puisse inférer la paternité (1) ;

2° Lorsqu'on représente un écrit émané de l'individu désigné comme père de l'enfant, par lequel cet individu déclare sa paternité (2) ;

3° Dans le cas d'enlèvement ou de viol ;

4° Lorsque la mère établit que dans le temps qui a couru depuis le 300° jusqu'au 180° jour avant la naissance de l'enfant, le prétendu père a cohabité avec elle (3).

Art. 143. L'aveu circonstancié, même extrajudiciaire, suffit pour établir la preuve de la cohabitation.

Art. 144. L'action en paternité sera rejetée :

1° Si le défendeur prouve que dans le temps qui a couru depuis le 300° jusqu'au 180° jour avant la naissance de l'enfant, la mère a cohabité charnellement avec un autre homme ;

2° Si l'action est intentée contre un décédé.

Art. 145. L'action en paternité de la part de la mère doit être intentée dans les cinq ans depuis la naissance de l'enfant, dans le cas prévu au n° 1ᵉʳ de l'art. 142, et dans les trois mois de la même époque dans les autres cas mentionnés au dit article...

.... Art. 148. Comme l'art. 341 du Code français ; et l'on

(1) On ne voit pas très-bien si les soins donnés à l'enfant, et dont on peut inférer la paternité, la prouvent en effet, sauf à la faire constater, dans le délai de droit, par le tribunal. Ce qui peut faire penser que le 1° de l'art. renferme l'hypothèse d'une véritable preuve, c'est qu'il en est ainsi du 4°.

(2) On voit que le législateur s'efforce de développer le Code français.

(3) Ici, le développement renverse la règle. C'est une singularité législative des plus curieuses qu'il y ait.

ajoute : « ou quand les présomptions ou indices résultant de faits dès lors constants seront assez graves pour déterminer l'admission (1). »

13° Vaud. — Code civil, exécutoire depuis 1819.

— *De l'adjudication des enfants naturels.*

Art. 182. Tout enfant né hors mariage doit être adjugé au père ou à la mère par le tribunal.

.... Art. 186. La commune du père ou de la mère peut intervenir dans le procès, et s'opposer à l'adjudication :

1° Lorsqu'elle estime qu'il y a collusion ;

2° Lorsque celle des parties qui appartient à cette commune fait défaut.

.... Art. 188. L'enfant sera adjugé à la mère dans l'un des cas suivants :

1° Si le défendeur prouve qu'à l'époque indiquée de la cohabitation, il était, soit pour cause d'éloignement, soit par l'effet de quelque accident, dans l'impossibilité physique de cohabiter avec la demanderesse ;

2° S'il prouve qu'elle a mené une vie dissolue et scandaleuse, ou qu'elle a été condamnée à une réclusion de 6 mois au moins...

3° Si l'action est intentée contre un décédé ;

4° Si, à l'époque indiquée de la cohabitation, l'une ou l'autre des parties était mariée ;

5° Si la demanderesse a déjà eu un ou plusieurs enfants illégitimes.

Art. 189. La preuve des faits allégués par la mère se fera par titre ou par témoins.

____

(1) C'est une addition heureuse au texte du Code français. Nous l'avons déjà rencontrée dans le Code italien et dans le Code des Iles ioniennes.

Art. 190. Lorsque la mère n'aura pas fait la preuve des faits allégués par elle, le juge pourra, selon les circonstances, déférer ou le serment supplétoire à la mère, ou le serment purgatoire au défendeur.

Art. 191. Toutefois, pour que la mère soit admise au serment supplétoire, il faut :

1° Qu'elle ait déclaré sa grossesse au juge de paix de son domicile, avant le 180° jour, dès l'époque de la cohabitation, en lui indiquant l'auteur de sa grossesse, le temps et le lieu de la cohabitation ;

2° Que l'époque de ses couches se rapporte à celle de la cohabitation par elle indiquée.

Art. 192. Le serment supplétoire que prête la mère, consiste à affirmer que, pendant le temps qui a couru depuis le 300° jusqu'au 180° jour avant la naissance, elle n'a eu commerce avec aucun autre homme que le défendeur.

Art. 193. Le serment purgatoire que prête le défendeur, consiste à affirmer que, pendant le temps qui a couru depuis le 300° jusqu'au 180° jour avant la naissance de l'enfant dont il est accusé d'être le père, il n'a pas eu commerce avec la mère de cet enfant.

Art. 194. La mère âgée de 23 ans accomplis n'est pas admise à intenter une action en paternité contre celui qui n'avait pas 16 ans révolus à l'époque indiquée de la cohabitation.

Art. 195. L'action en paternité de la part de la mère est prescriptible par trois mois à compter du jour de la naissance de l'enfant.

Art. 196. L'action en paternité ne pourra être intentée contre celui qui est absent du canton et qui n'aurait été ni confessant ni convaincu avant son départ, à moins que la notification ne l'ait atteint.

14° *Zurich*. — Code civil (1re partie, exécutoire depuis le 31 mars 1854).

Art. 284. Toute femme non mariée qui devient grosse, a le droit de poursuivre l'auteur de sa grossesse en reconnaissance de paternité.

Art. 285. La demande en reconnaissance de paternité doit être intentée seulement pendant la grossesse de la mère.

Art. 286. Lorsqu'il existe des fiançailles entre la femme enceinte et l'auteur de sa grossesse, ou une reconnaissance de paternité formelle et écrite, de la part de ce dernier, la demande peut être faite dans les six semaines de la naissance de l'enfant.

Art. 287. La demande en reconnaissance de paternité doit être faite devant le Conseil de la paroisse du domicile de la demanderesse.

Le prêtre prendra note de la demande sur le registre de la paroisse, en donnera connaissance au Conseil communal de la demanderesse et au défendeur, et demandera à ce dernier s'il désavoue ou non la paternité.

Art. 288. Si la paternité est reconnue, le prêtre inscrira, dans les actes de la paroisse, la reconnaissance signée du défendeur, et en fera immédiatement la déclaration au tribunal de district dans le ressort duquel le défendeur est domicilié.

Art. 289. Le tribunal déclare alors la paternité du défendeur, en donne acte à la mère si elle le désire, prend les mesures nécessaires pour l'accord des parents, et en fait la communication officielle au Conseil communal de la mère.

Art. 290. Si la paternité n'est pas reconnue, le prêtre transmet la demande au tribunal du district dans le ressort duquel le défendeur est domicilié.

Art. 291. La demande en reconnaissance de paternité est inadmissible :

1° Si le défendeur n'avait pas encore 16 ans au moment de la grossesse ;

2° Si le défendeur était marié au moment de la grossesse, et que la demanderesse le sût ;

3° Si la demanderesse était mariée au moment de la grossesse ;

4° Si, devant le prêtre ou devant le tribunal, elle a désigné une autre personne comme l'auteur de la grossesse, à moins qu'elle n'y eût été induite par les menaces ou la ruse du véritable auteur de la grossesse ;

5° Si, dans le courant des deux dernières années, la demanderesse a été fille publique, ou s'est livrée à d'autres hommes pour de l'argent ;

6° Si, dans le même délai, la demanderesse a vécu dans un lieu de débauche ou dans une maison de tolérance, ou si elle a souvent fréquenté des lieux semblables, d'une manière suspecte ;

7° Si la demanderesse, à cause de son genre de vie débauchée, par exemple : parce qu'elle a déjà eu plusieurs enfants naturels, ou parce qu'elle a été condamnée pour adultère, ou enfin parce qu'elle a entraîné le défendeur à la débauche, est regardée comme indigne de demander la reconnaissance de la paternité.

.... Art. 293. On suppose qu'un enfant ne doit pas être conçu avant la 42ᵉ et après la 38ᵉ semaine qui précède la naissance.

— *Turquie* (1).

(1) Dans les lois turques, il ne paraît pas y avoir de dispositions particulières sur la preuve de la filiation naturelle. D'ailleurs, il est à croire que la discipline sévère sous laquelle les Turcs tiennent les femmes, la polygamie, et la règle admise à dessein, pour éviter le déshonneur des femmes, que la grossesse la plus longue est de 24 mois (voy. d'Ohsson, *Tableau général de l'empire ottoman*), font que le nombre des enfants naturels est moins grand en Turquie que partout ailleurs : la plupart doivent être nés de prostituées ; ce qui semble l'indiquer, c'est que l'épithète de *bâtard* est la plus grave injure qu'un Turc puisse recevoir.

(AMÉRIQUE)

1° *Bolivie.* — Code civil de 1843.

Art. 229. La reconnaissance des enfants naturels par leur père ne pourra être faite que :

1° Sur le registre de la paroisse ;

2° Par acte public, même par énonciation ;

3° Par un écrit signé du père et présenté à une autorité publique ;

4° Par un testament légal non révoqué.

Art. 230. La reconnaissance d'un enfant naturel, faite par un homme marié, par un testament olographe, ne pourra avoir d'effet qu'à dater du jour où il aura été déposé chez un notaire, ou entre les mains d'un fonctionnaire tenant registre, et qu'autant qu'il n'aura point été révoqué.

Art. 231. La reconnaissance d'un enfant naturel peut également se faire avant sa naissance.

Art. 232. La reconnaissance d'un enfant naturel faite par un mineur, est valable toutes les fois qu'il ne l'a pas rétractée avant d'avoir atteint sa vingt-sixième année (1).

Art. 233. La reconnaissance faite par le père, d'un fils naturel prédécédé, ne lui donne pas droit à la succession de

(1) Cpr. l'art. 337 du Code hollandais.

celui-ci, (1) ni à celle de ses descendants, mais ceux-ci acquièrent les droits qui résultent de la reconnaissance.

Art. 234. A défaut d'une des reconnaissances énoncées en l'article précédent, toute action, preuve ou recours tendant à l'obtenir, est inadmissible. Un acte sous seing privé est rejeté pour la reconnaissance, même dans le cas de l'art. 1366 (2).

Art. 235. Néanmoins, dans le cas d'enlèvement, les juges pourront, après décision sur le délit, reconnaître et déclarer la paternité, lorsque l'époque de l'enlèvement se rapportera à celle de la conception et de l'accouchement, et autres circonstances de la cause.

Art. 236. Les mères peuvent reconnaître leurs enfants naturels, même par acte sous seing privé, pourvu qu'il soit rédigé en présence de deux témoins au moins, dont l'un signera pour la mère, si elle ne sait pas écrire (3).

Art. 237. Comme l'art. 341 du Code français.

Art. 238. La preuve testimoniale mentionnée dans l'article précédent, doit avoir pour objet :

1° La réalité de l'accouchement ;

2° L'identité de l'enfant demandeur avec celui qui est né à l'époque à laquelle se rapportera la demande (4).

Art. 239. La maternité de la mère qui ne sait point écrire, sera recherchée à l'aide de deux témoins, sans que la preuve par écrit soit nécessaire, et en se conformant pour le reste aux dispositions de l'article précédent.

(1) C'est une question controversée dans notre droit.

(2) Cet article correspond à l'article 1322 du Code français, qui suppose l'acte sous seing privé reconnu par celui à qui on l'oppose, ou légalement tenu pour reconnu.

(3) Cette disposition finale est très-dangereuse ; quant à la première partie de l'article, elle refuse sans raison aux femmes une protection qui a paru nécessaire pour les hommes.

(4) Cet article est plus clair que l'art. 241 du Code français, que le rédacteur avait sous les yeux.

Art. 240. L'action conférée par les articles précédents aux enfants naturels est imprescriptible.

.... Art. 242 et 243. Comme les art. 336 et 337 du Code français.

Art. 244. Comme l'art. 339 du Code français.

.... Art. 247. Comme l'art. 335 du Code français.

2° *États-Unis* (1). — (Extrait de l'ouvrage de Kent, *Commentaries on american Law*, tome II, p. 214, édition de 1836).

The mother or reputed father, is generally, in this country, chargeable by law with the maintenance of the bastard child... The reputed father is liable to arrest and imprisonment, until he gives security to indemnity the town chargeable with the maintenance of the child. These provisions (*ces dispositions*) are intended for the public indemnity, and were borrowed from the several english statutes on the subject (2).

3° *Haïti.* — La loi civile, publiée le 27 mars 1825, est le Code français à peu près intact.

Les art. 305 à 315 sont la copie textuelle des art. 334 à 342 du Code français. — Voyez les *Codes haïtiens traduits et annotés*, par Linstant-Pradine (Code civil, 1 vol. in-8°, 1865).

4° *Louisiane.* — Code civil de 1824.

Art. 221. Comme l'art. 334 du Code français, mais on ajoute : « nulle autre preuve ne sera admise en faveur des enfants de couleur. » Ce qui n'est pas complétement exact : voy. le 2° alinéa de l'art. 226.

(1) C'est le droit commun des États-Unis que nous indiquons ici ; pour la Louisiane, il y a une loi codifiée dont nous donnerons ci-après un extrait.

(2) C'est donc à la loi anglaise qu'il faut se reporter pour savoir comment se fait la preuve de la paternité ; mais la loi anglaise fut modifiée vers 1835 ; en a-t-il été de même aux États-Unis ? L'édition dont nous avons fait usage, la seule qu'on trouve à la bibliothèque nationale, n'est pas assez récente pour que nous puissions le savoir.

Art. 222 et 223. Comme les art. 335 et 336 du Code français (1).

Art. 225. Toute réclamation de la part de l'enfant naturel pourra être contestée par tous ceux qui y auront intérêt.

Art. 226. La recherche de la paternité de la part des enfants illégitimes qui n'ont pas été reconnus, est permise en faveur des enfants libres et blancs. Elle est également permise en faveur des enfants de couleur libres, mais seulement lorsque le père qu'ils recherchent est homme de couleur.

Art. 227. Dans le cas où la recherche de la paternité est admise, d'après l'article précédent, la paternité s'établit:

1° par toute espèce d'actes privés du père, où celui-ci a reconnu le bâtard et lui en a donné le nom ;

2° Lorsque le père, soit en public, soit en particulier, l'a reconnu comme son enfant, ou lui en a donné le nom dans ses discours, ou l'a fait élever comme tel ;

3° Lorsque la mère de l'enfant était reconnue pour vivre en concubinage avec le père, et demeurait à ce titre dans sa maison, à l'époque de la conception de l'enfant.

Art. 228. Le serment de la mère, appuyé de la preuve de la cohabitation du père putatif avec elle hors de la maison, ne suffit pas pour établir la paternité naturelle, si la mère est reconnue pour être de mœurs dissolues, ou pour avoir eu un commerce illicite avec un ou plusieurs hommes autres que celui qu'elle accuse d'être le père de son enfant, avant ou depuis la naissance de cet enfant.

Art. 229. Comme la 2e phrase de l'art. 340 du Code français.

Art. 230. La recherche de la maternité naturelle est ad-

(1) L'art. 337 du Code français n'est pas reproduit.

mise en faveur de toute espèce d'enfants illégitimes, pourvu que la mère qui serait ainsi recherchée ne soit pas une femme mariée.

L'enfant qui recherchera sa mère sera tenu de prouver qu'il est identiquement le même que l'enfant dont elle est accouchée.

FIN DU VOLUME.

TABLE DES MATIÈRES

PIÈCES JUSTIFICATIVES.

FIN DE LA TABLE DES MATIÈRES.

Corbeil, typ. et stér. de Crété fils.

CORRECTIONS ET ADDITIONS

Page 10, 13ᵉ ligne (avant la fin) : suffirait, *lisez :* suffisait.

— 12, note 5 : Chapitre III, *lisez :* § 4.

— 20, — 1 : Cod. pr., *lisez :* Comparer.

— *ibid.* : § 1, *lisez :* § 2.

— 21, 12ᵉ ligne (avant la fin) : isolées ; *lisez :* isolées,

— 80, note 2 : Belost-Joliment : *lisez :* Belost-Jolimont.

— 88, — 4 : § 2, *ajoutez :* p. 103 et s.

— 90, — 1 : § 4, *ajoutez :* p. 101 et 102.

— 92, — 1 : § 2, *ajoutez :* p. 103 et s.

— 94, — 3, 1ʳᵉ ligne, (avant les mots *voy. aussi,*) *ajoutez :* Cass., 3 avril 1872 ; Sir., 72, I, 126.